U0145793

周勛初文集

徐波外集

周勋初文集

门弟子徐兴无 敬书

周勋初文集

馀波外集

周勋初 著

凤凰出版社

图书在版编目（ＣＩＰ）数据

馀波外集 / 周勋初著. -- 南京 ： 凤凰出版社，
2023.9
　（周勋初文集）
　ISBN 978-7-5506-4011-5

　Ⅰ．①馀… Ⅱ．①周… Ⅲ．①文史－中国－文集
Ⅳ．①C52

中国国家版本馆CIP数据核字(2023)第186819号

书　　　名	馀波外集
著　　　者	周勋初
责 任 编 辑	郭馨馨
装 帧 设 计	徐　慧
责 任 监 制	程明娇
出 版 发 行	凤凰出版社（原江苏古籍出版社）
	发行部电话025-83223462
出 版 社 地 址	江苏省南京市中央路165号，邮编:210009
照　　　排	南京凯建文化发展有限公司
印　　　刷	苏州市越洋印刷有限公司
	江苏省苏州市吴中区南官渡路20号,邮编:215104
开　　　本	880毫米×1230毫米　1/32
印　　　张	12.125
字　　　数	293千字
版　　　次	2023年9月第1版
印　　　次	2023年9月第1次印刷
标 准 书 号	ISBN 978-7-5506-4011-5
定　　　价	98.00元
	（本书凡印装错误可向承印厂调换，电话:0512-68180788）

周勋初简介：

周勋初，上海市南汇县人，1929 年生，副博士研究生肄业。

现为南京大学人文社会科学荣誉资深教授，历任南京大学研究生院副院长、古典文献研究所所长、中国古代文学重点学科学术带头人，兼任江苏省文史研究馆馆长。

目 录

西学东渐和中国古代文学研究

引　言

　　中国历史悠久,几千年来一系相承,向以文化上的优势称雄东方。加上土地广大,人口众多,因此向以世界中心的泱泱大国自居。但在清代道光二十年(1840)时,却为向被视作蕞尔蛮夷的英国战败,首次订立屈辱的不平等条约。其后英法联军、中法战争、八国联军等强加而来的侵略战争接踵而至,清政府在战败之后,都以订立丧权辱国的条约而求得苟延一息。特别是光绪二十年(1894)甲午战争,向以天朝上国自居的清政府竟败于昔日的文化输入国日本,更是引起了朝野的剧烈震动。人心思变,觉得中国已经落后于世界潮流,如不改弦更张,只有一步一步地走向覆灭之路。就在这种形势下,清政府宣布变法维新,加派学生赴欧美和日本学习,私人赴日本求学的人也越来越多,大家都急于睁眼看世界,希望学得新的知识,来挽救腐败落后而处于危殆状态中的祖国。

　　从当时留学生的情况来说,到欧美去学习的人,大都从事工业制造,学习人文科学的人绝无仅有,学习社会科学的人也很少,但后来有个别人物,出于关心国家发展的根本问题,转而介绍西洋社会科学方面的成果,起过广泛的启蒙作用。如去英国学习海军的严复,翻译了许多资本主义启蒙时期的经典著作,曾给中国读者打开了新的视野。特别是他翻译的《天演论》一书,其中宣扬的物竞天择的崭新观点,给处于积弱状态而濒于亡国危险中的人民强烈的刺激。清末民初的仁人志士无不受其影响,曾在思想界起过巨大而深远的作用。

但在这股声势浩大的留学潮中,去日本留学的人为数尤多。张星烺在《欧化东渐史》中分析道:

> 日本以前步趋中国。明治维新以后,模仿西洋,一举而为强国,自有其长,可作中国之镜鉴也。日本距中国近,费用较西洋为轻。文字障碍,亦较西洋为少。故往日留学者甚众。……中国留学生所学者,皆日本人自西洋贩来之西学。此间接输入之欧化,较之直接自欧美输入者为尤要。一则留日人数众多,二则文字相近,驾轻就熟故也。……今国中所用之新名辞,全自日本输入。每年出版书籍,多自日文翻译。三十年来,中国文体变迁,当导源于日本。①

民国之后,胡适等人自美国回来,引进了更为完整、更为系统的西学,产生的影响尤大。这时清室已亡,民国虽已建立,但新旧思想之间的冲突极为激烈,列强亡我之心不死,举国要求建立一个真正的民主国家,于是兴起了波澜壮阔的五四运动。胡适等人顺应潮流,举起了"文学革命"的旗帜,于是中国文学的发展揭开了新的一页。

文学观

《论语·先进》篇中记载,孔子曾以举例的方式介绍过四类学生,此即孔门四科之说。后来一些记载名人言行的小说如《世说新语》《唐

---

① 见《欧化东渐史》第一章《欧化东渐之媒介》,商务印书馆 1934 年版,第 50 页。

语林》等，都把德行、言语、政事、文学列在全书篇目之首。由于这些书的"文学"门中保存着很多讨论诗文的文字，读者习焉不察，以为古人所说的文学和现在的用法差不多，这就忽视了二者之间的差别。实则随着时代的演变，文学的内涵已有很大的不同，这里有很多问题值得探讨。

"文学"一词的引进与认同

鲁迅在《门外文谈》中论述《论语》等语录体文字时说："用那么艰难的文字写出来的古语摘要，我们先前也叫'文'，现在新派一点的叫'文学'，这不是从'文学子游子夏'上割下来的，是从日本输入，他们的对于英文 Literature 的译名。"①

因为这一名词的大量使用时当清末，亦即 19 世纪、20 世纪之交。彼时英国正处在资本主义如日中天的极盛时期，东亚各国，社会发展落后，面对西方的富强，无不相形见绌，于是一些先进人物竞相学习新学。在这东亚社会发生转轨变型的过程中，日本走在前面，该国学者用汉字对译欧美的名词，他们首先采用"文学"一词作为 Literature 的译名，随后为中国学术界所接受，并被普遍运用。

观察中国近百年来的变化，在文学领域中出现的新观念，就应追溯曾在日本滞留过的一些中国学者，不论是清末因谋求种族革命而流亡日本的章太炎、刘师培，还是因避辛亥革命之锋芒而流亡日本的罗振玉、王国维，他们都曾大量使用"文学"一词。以其用法而言，与日本学术界的情况类同。

---

① 此文最初发表于 1934 年 8 月 24 日至 9 月 10 日的《申报·自由谈》，后收入《且介亭文集》，人民文学出版社 1981 年新一版，第 93 页。参看王力《汉语史稿》(修订本)第四章《词汇和发展》第五十六节《鸦片战争以后的新词》(二)《尽量利用日本的译名》，中华书局 1980 年版，第 519—528 页。

对"文学"的不同理解

但细察各家对"文学"一词的用法,可知学者间由于个人学术渊源的不同,对"文学"一词的理解也有不同。

王国维于光绪三十二年(1906)撰《文学小言》十七则,声称:"文学者,游戏的事业也。""文学者,不外知识与感情交代之结果而已。"可知这时王国维的文学观,完全接受了西洋资产阶级的学术体系。因为王氏早年热衷西学,喜欢阅读西方哲学家的一些理论著作,涉猎西洋的文艺理论,文学游戏说云云,即属纯粹的舶来品,中国自古至今未有此说。

王国维通日语与英语。他在学习西方理论时,读的大都是原著,他在介绍理论时,时而原封不动地照搬国外学说。例如光绪三十年(1904)时所作的《红楼梦评论》,有人予以高度评价,以为开中国近代文学评论之先河,实际上这类文字很难说是严格意义上的学术论文。王国维只是以《红楼梦》为例证,阐述叔本华的悲观主义学说。但以其影响而言,他所从事的工作曾开风气之先,也是不容漠视的。

时至今日,王国维声誉日高,人们莫不以国学大师目之。但拿他与同时的章太炎、刘师培等人相比,则其成名之时要晚得多。如以学者本人与清代学术之间的渊源而言,也要疏远些。

王国维出身于一个亦商亦吏的家庭。他在 22 岁时入《时务报》,再入"东方学社",后又东渡日本求学。这一时期,王国维潜心探讨的是人生问题,因而攻读康德、叔本华、尼采哲学,兼攻近代西方伦理、心理、美学、逻辑等学术。至于文学与中国传统文化的关系,文学观念的古今演变等等,也就很少引起他的关注。

刘师培与章太炎的情况就不同了。刘师培出身于仪征一个三世传经的家庭,属于扬州学派中的重要人员。他自年幼时起就精通古代典籍,这样在他的思想上,必然会引起新旧文学观念的比较问题。章太炎的情况有类似处。他曾入杭州的诂经精舍学习，投入清末朴学大师俞樾的门下，接受过严格的汉学的训练，于是在他日后的学术活动中，新旧观念的冲突，必然也会有所反映。

在刘师培和章太炎的早期著作中，可以发现这些直承清代学术传统的国学大师，也曾努力学习西学。刘、章二人因从事革命而先后流亡日本，他们自然会接触到中西学术不同的问题。

刘师培于光绪三十一年(1905)起在《国粹学报》上陆续发表《论文杂记》中的各篇。此书《序》中首言："西人分析字类，曰名词、代词、曰动词、静词、形容词，曰助词、联词、副词。名词、代词者，即中国所谓实字也。动词、静词、形容词者，即中国所谓半虚实字也。助词、联词、副词者，即中国所谓虚字也。"可见他对西学的关注。而这又反映出了清代学术传统的特色，即"论文"先从识字谈起。文固有不同，识字也得有所比较。

章太炎于光绪二十八年(1902)起，在《新民丛报》上连载《文学说例》一文，首云："文学之始，盖权舆于言语。自书契既作，递有接构，则二者殊流，尚矣。……夫炎、蚩而上，结绳以治，则吐言为章可也。既有符号，斯淆杂异语，非通古今字知先代绝言者，无能往来，况夫审别流变耶？世有精练小学拙于文辞者矣，未有不知小学而可言文者也。"韩愈曾说为文"宜略识字"，清儒恪守此训，刘、章等人在接受西洋学术之时，也还是要首先强调这一重要原则。

章氏用作比较的著作，有社会科学著作多种，中如武岛又次郎《修辞学》、谷利亚《英国文学史》、涩江保《希腊罗马文学史》等书，均有可供中国学者参考的价值。章太炎概括《希腊罗马文学史》中语曰："世谓希腊文学，自然发达。观其秩序，如一岁气候，梅花先发，次及樱花，桃实先熟，次及柿实。故韵文完具而后有散文，史诗功善而后有戏曲。"随后他就据之续作介绍："韵文先史诗，叙述复杂大事者也。二种诗,叙述小说者也。三物语,四歌曲,短篇简单者也。五正史诗,即有韵历史也。六半乐诗,乐诗、史诗混合者也。七牧歌,八散文作话,毗于街谈巷语者也。"章氏考察至此,表示欣然接受,故曰:"征之禹域,秩序亦同。"

但章太炎又认为,中西学术虽偶有会通处,实质上却有根本区别,《与人论朴学报书》曰:"中西学术,本无通途,适有会合,亦庄周所谓'射者非前期而中'也。"因此不能援引西方学术说明中国固有文化。

由上可知,西方学术,包括文学方面的观念,以日本为中介,而影响到我国各种类型的学者。尽管各人的学术渊源有异,但已普遍接受文学一词,用以指称彼时广泛流行的作品。而在一些直承清代学术传统的著名学者眼中,论及本国文学,则仍维护传统,而与学术混杂,例如刘师培撰《论近世文学之变迁》一文,仍从义理之文与考据之文叙起。他们说的"近世",实指清代而言,故言及顺、康之文,乾、嘉之际,而又归罪于桐城文派的空疏,与师法龚(自珍)、魏(源)的奇诡一派。文章末尾又说:"故文学之衰,至近岁而极。文学既衰,故日本文体,因之输入于中国。其始也,译书撰报,据文直译,以存其真。后生小子,厌故喜新,竞相效法。夫东籍之文,冗芜空衍,无文法之可言,乃时势所趋,相习成风,而前贤之文派,无复识其源流,谓非中国文学之厄欤?"显然,他已看到由于社会的发展,本国文学深受日本文体的影响,报章杂志上的通俗文字风靡社会,原有的文派已难维持其原有局面,中国已面临着文学变革的新局面。

学界三派的纷争

上面所介绍的,是西学东来之后,知识阶层中所引起的反响。中国文学于是呈现为发展多元化的态势。新的文派不断兴起,旧的文派仍在文坛树帜。他们对"文学"的内涵竞作新的阐发,这里也有探讨中国文学特点的用意。

北京一直是我国政治文化的中心。废除科举后，培养知识阶层的任务改由高等学堂担任。清末建立的京师大学堂，民国初年改为北京大学，一些学术背景不同的学者于此任教。由于宗旨不同，也就引起了纷争。

自康熙时兴起的桐城派，经曾国藩等人的支持与倡导，一直在清代文学领域中占有重要地位，所谓"天下文章，其在桐城乎"，可见其盛况。清末民初，这一流派中的重要人物马其昶、姚永朴、姚永概、林纾等先后在京师大学堂及其后身的北京大学任教，在学术领域内占据了重要位置。

辛亥革命成功，章太炎以革命者的巨大声望，加上他在学术上的重要地位，声名显赫，北京大学意欲请他去任教，章氏正热心于政治活动，遂改荐其弟子黄侃前往。民国六年（1917），刘师培助袁世凯称帝失败，章太炎又改荐他入北京大学任教。刘师培与黄侃都是宗奉《文选》学的人，于是也就有人称之为"文选派"。

桐城派与《文选》派之间引起了尖锐的冲突。

姚永朴曾将讲授内容编成讲义计二十五篇，以《文学研究法》为名公开发表。① 黄侃讲授《文心雕龙》时系统地阐发了自己的学术观点，其后也将讲义三十一篇编成《文心雕龙札记》一书。② 从这两本书中，可以看到两家文学观念的不同。

《文学研究法》在开端《起原》《根本》二章中，先是引用了孔子、董

---

① 《文学研究法》，京华印书局，民国三年（1914），民国五年（1916），第 6 页下、第 9 页上。商务印书馆民国二十二年（1933）又发行新版。

② 《文心雕龙札记》（文化书社 1927 年版）内收《神思》以下二十篇，为黄侃手自编校。黄氏殁后，中央大学 1935 年《文艺丛刊》纪念专号刊出《原道》以下十一篇札记，中华书局上海编辑所于 1962 年将之合为一册，以中华书局名义出版。

仲舒、王通、韩愈等人的理论，后引周敦颐《通书》中的"文以载道"之说，云是"是故为文章者，苟欲根本盛大，枝叶扶疏，首在于明道"，次在于"经世"，"然后可以商量修齐治平之学，以见诸文字，措诸事业"。由此可见，桐城派的宗旨仍在追求学韩、欧文章，继程、朱学行，封建色彩浓烈。

黄侃援用《淮南子·原道》《韩非子·解老》与《庄子·天下》篇中有关"道"的学说来诠释刘勰之"道"，反对桐城派的"文以载道"之说。在他看来，"道"是形成万事万物本来面目的一种自然规律，这就把文道之说引入了研究文学写作法则的轨道上去。

刘师培在北京大学时也讲授《文心雕龙》，并有一些讲义流传。但他与黄侃还有不同。刘氏推尊乡先辈阮元的文笔论，认为应把骈文作为我国文学的正宗，把散文逐出文苑。阮元在《文韵说》中提出："凡为文者，在声为宫商，在色为翰藻。"这种学说，注意我国语言文字中固有的特色，有其合理的地方。他强调文学必须讲求宫商、翰藻，也是针对桐城派的不足而提出的挑战。

刘师培早年在《文章源始》中推阐阮氏之说，亦称"骈文一体，实为文体之正宗"。而"明代以降，士学空疏，以六朝之前为骈体，以昌黎诸辈为古文，文之体例莫复辨，而文之制作不复睹矣。近代文学之士，谓天下文章，莫大乎桐城，于方（苞）、姚（鼐）之文，奉为文章之正轨。由斯而上，则以经为文，以子史为文；由斯以降，则枵腹蔑古之徒，亦得以文章自耀，而文章之真源失矣"。

针对上述情况，刘氏在《广阮氏〈文言说〉》中提出的总结性意见是文章"必以彣彰为主"。

由此可见，姚、黄之间的不同观点直承前代学说而来，桐城派与《文选》派之间新一轮的尖锐冲突，反映了自古以来重视散文与重视骈文者之间的不同观点。①

但刘师培的这一观点，却遭到了章太炎的强烈反对，并在《文学总略》中展开了猛烈的批判。他对我国文学发展过程中的一些问题作了历史考察，开宗明义地指出："文学者，以有文字著于竹帛，故谓之文；论其法式，谓之文学。凡文理、文字、文辞皆言文；言其采色发扬，谓之彣。……今欲改文章为彣彰者，恶乎冲淡之辞，而好华叶之语，违书契记事之本矣。"这是因为阮、刘之说不能圆满解释古今对"文"的内涵，故章氏提出了"以文字为准，不以彣彰为准"的见解。

章太炎的这种理论，考证字源而标举宗旨，用的是朴学家的基本手法，可以说是一种朴学家的文论。

由上可知，章、刘二人之间的争论，牵涉到对文学特点的不同认识，从而对文学的范畴持不同看法。刘师培以"沉思"、"翰藻"为文学的特征，注意音韵与排偶这样一些我国语言文字所特有的美感因素，章太炎则认为以此衡文，势必要把一大批作品逐出文学领域之外，不合国情。因此他追本溯源，主张凡是见之于竹帛的文字，都应归入文学范畴。

但章太炎的文学观，以为凡是见之于文字的东西都可称为文学，在今人看来，显然过于空泛。就在他于东京讲学时，鲁迅听后已经觉得不可接受，许寿裳记载说：

① 有关姚永朴与黄侃之间的争论，参看王乘六、诸祖耿记《章氏国学讲习会讲演记录》（南京大学中文系古典文学教研室、《南京大学学报》编辑部编印《章太炎先生国学讲演录》本）中《文学略说》部分，第 203 页。拙作《论黄侃〈文心雕龙札记〉的学术渊源》，原载《文学遗产》1987 年第 1 期，后改称《黄季刚先生〈文心雕龙札记〉的学术渊源》，收入《当代学术研究思辨》，南京大学出版社 1993 年版，第 1—17 页。

章先生问及文学的定义如何，鲁迅答道："文学和学说不同，学说所以启人思，文学所以增人感。"先生听了说：这样分法虽较胜于前人，然仍有不当。郭璞的《江赋》，木华的《海赋》，何尝能动人哀乐呢。鲁迅默然不服，退而和我说：先生诠释文学，范围过于宽泛，把有句读的和无句读的悉数归入文学。其实文字与文学固当有分别的，《江赋》《海赋》之类，辞虽奥博，而其文学价值就很难说。这可见鲁迅治学"爱吾师尤爱真理"的态度！①

　　由此可见师生两代之间观念的差异。鲁迅代表新的观点，不满其师过于宽泛的文学界定。

文学史家的探讨

　　但章太炎的文学观念仍有很多人信从，这从当时文学史的编写与讲授中可以看出。

　　清代末年，林传甲在京师大学堂任教时，仿日人笹川种郎《支那文学史》一书而编成教学所需的《中国文学史》讲义。② 内容包罗万象，第一篇讲文字，第二篇讲音韵，第三篇讲训诂，第四篇至第六篇讲古今文章内容作法之流变，第七至第十一篇讲经、史、子之文，第十二至第十四篇讲汉魏至"今"文体，第十五、十六两篇讲骈散两种文体。从今人眼中来看，实属庞杂而缺乏体系，但无论日本学者还是中国学者，大家都认为若要学习中国文学，就得这么办。日人古城贞吉于明治三十年（1897）著《支那文学史》，或为彼邦出现的第一部较完整的文学史，

---

　　① 许寿裳《亡友鲁迅印象记》七《从章先生学》，峨嵋出版社 1947 年版。此据人民文学出版社 1953 年新版，第 27 页。
　　② 侯官林传甲编著《中国文学史》，武林谋新室印行兼发行，宣统二年（1910）版，中国本土由上海科学书局发行。

内容就很相似。① 反映了那一时期人们的普遍看法。学习文学而无经、史、子方面的知识,则如无根之木;学习经、史、子而不从小学入手,则入门不正,难以取得成绩。显然,这是乾嘉朴学兴起之后形成的传统。

民国初期,章太炎的好几位学生进入北京大学任教,中国文学史课即由朱希祖担任。

陈中凡先生这时也在北京大学毕业后留校任教,熟知这一时期高校中开设新课的情况。他介绍说:

> 其时北京大学开有文学史课,由朱逖先先生主讲。看他的讲义,分经、史、辞赋、古今体诗等篇,近于文学概论。读其内容,实则是学术概论,非文学所能包括。②〔胡〕小石因举焦循《易馀龠录》说,大意谓:"一代文章有一代之胜,《诗经》、楚辞、汉赋、魏晋南北朝乐府诗。以及唐诗、宋词、元曲、明制义,各有它的特色,至后代摹拟之作,便成了馀气游魂,概不足道。"③

---

① 此书于明治三十年(1897)由东京经济杂志社出版,明治三十五年(1902)由东京富山房,育英舍出订正版。后由昆明王铁珊(灿)译出,改名《中国五千年文学史》,开智公司民国二年(1913)版,台北广文书局 1976 影印出版。

② 朱希祖(1879—1944),字逷先,一作逖先,浙江海盐人。章太炎在日本讲授国学时,朱氏与黄侃、钱玄同、周树人(鲁迅)、周作人等同往听课。民国初期进北京大学中文系任职。曾撰《中国文学史要略》,北京大学出版社民国五年(1916)版。

③ 《悼念胡小石学长》,《雨花》1962 年第四期,第 34 页。焦氏此说亦有所承,原为辩护元曲之正统地位而发,其后乃因此而成为对文学史发展的普遍性解释,见龚鹏程《南北曲争霸记》三《文学史的思考》(一)一代有一代之文学,载《文学史》第二辑,北京大学出版社 1995 年版。

谢无量于民国七年（1918）在中华书局出版了《中国大文学史》一书，采用章太炎《文学总略》中"以有句读文无句读文分类"的意见，将我国古今文章体制分为十六科，且列表以明之。此书体系庞大，包容了当时所谓国学中的大部分内容，但仍博得大家的欢迎，一再重版加印，可见这种文学观念潜力之深厚。①

黄侃在《文心雕龙札记》中对姚永朴的桐城派理论展开了激烈的批判，并对章太炎、刘师培两位老师的文学观点作出折衷的解释。他以为刘勰论文，本有宽窄两种不同的看法，"书以文字，著之竹帛者，皆谓之'文'"，这是"文"的初级阶段。其后经过有句读之文，即经传诸子阶段，而发展为文采斐然的文章，也就进入了六朝文学阶段了。谢无量、钱基博等人都曾发表过同样的意见。谢氏并引庞科士（Pancoast）《英国文学史》中的解说，所谓文学有广义与狭义之别，以广义说为理论根据而撰写其《大文学史》。但随着学术分科观念的日益明晰，文学史家大都采取狭义说而竟以纯文学为研究对象了。

胡小石先生于民国九年（1920）至北京女子高等师范学校讲授中国文学史。他受《天演论》的影响，在观察文学发展时也持进化的观点。

他在《中国文学史讲稿》的《通论》部分首引《易馀籥录》中"一代有一代之所胜"的学说作为理论依据，以为此说具有四种崭新的观念：（一）阐明文学与时代的关系，（二）认清纯文学之范围，（三）建立文学的信史时代，（四）注重文体的盛衰流变。② 这就把文学史的研究推

---

① 此书于民国七年（1918）由上海中华书局出版，至民国二十一年（1932）时已重印十七次。1967年台湾中华书局又发行新版，至1983年时已重印六次。大陆地区于1992年由郑州中州古籍出版社影印再版。

② 此书于民国十九年（1930）春，由上海人文社排印发行，原名《中国文学史讲稿上编》。上海古籍出版社后又重印，金启华从笔记中又整理出《宋代文学》一章，补入《讲稿》，辑入《胡小石论文集续编》，上海古籍出版社1991年版。

进到了一种崭新的境界。

一些继承乾嘉朴学的传统，而又学习西学的人，考察文学发展时，大都受到焦循这一学说的影响。王国维在《宋元戏曲史序》中说：

> 凡一代有一代之文学：楚之骚，汉之赋，六朝之骈语，唐之诗，宋之词，元之曲，皆所谓一代之文学，而后世莫能继焉者也。[①]

由此可见，胡小石先生讲述中国文学史时坚持的文学进化观，其核心为文体发展观。在他同时的人中，也有同一论调，说明这在当时有其代表意义。比之过去的桐城派、《文选》派，或者代表章太炎文学观点的朱希祖等人的文学观，显得更为符合时代潮流。

胡小石先生终身在高等学校中任教，一直开设中国文学史课，学生中也有不少人以讲授中国文学史为专业。其间薪火相传，曾在这一领域中发生很大的影响。

在他早期的学生中，冯沅君、苏雪林、胡云翼、刘大杰等人在中国文学史这一学科的建设中贡献尤为突出。冯沅君、苏雪林为民国九年（1920）北京女子高等师范学校时的学生，冯氏后与其夫陆侃如合著有《中国诗史》《中国文学史简编》等书，苏氏亦撰《中国文学史》《辽金元文学史》等著作多种。胡云翼、刘大杰为民国十一年（1922）武昌高等师范学校时的学生，二人分别著有《新著中国文学史》《中国文学发展史》等书，这些书中都可发现师说的影响。

可以说，冯沅君、陆侃如、刘大杰在中国文学史的建设中贡献最大。

随着时代的发展，后起的文学史家当然论证得更周密了。他们往

[①] 此书于民国四年（1915）由上海商务印书馆出版。民国十六年（1927）罗振玉辑入"海宁王忠悫公遗书"时改名《宋元戏曲考》。

往结合社会的变化说明作家的创作成就,但文体的变异和发展,始终是文学史研究中的重点。

罗根泽先生在评论郑宾于著《中国文学流变史》时,曾结合政治、经济、文化的多重影响,考察 30 年代之前编写中国文学史的情况,说是:

> "五四"以前泰半是用观念论的退化史观与载道的文学观来从事著述,例如谢无量的《中国大文学史》和曾毅的《中国文学史》;"五四"以后则泰半是用观念论的进化史观与缘情的文学观来从事著述,例如陆侃如和冯沅君合编的《中国诗史》,郑振铎的《插图本中国文学史》,以及本书。最近大出风头的是辩证的唯物史观与普罗文学观,本此以写成的有贺凯的《中国文学史纲要》和谭洪的《中国文学史纲》。①

这一分析符合实际,可以看出文学史编著发展的轨迹。

50 年代之后,大陆地区的文学史编写,一直在唯物史观和阶级观点的主导下进行,受苏联理论界的影响甚大。80 年代之后,由于政治空气的趋于宽松,文学史的编写重又出现多元化的态势。

文学批评史家的辨析

在早期的文学史著作中,常有一章讨论文学的定义,作者总是从中国古时"文学"一词的用法叙起,再介绍欧美许多学者关于"文学"一词的定义,进行比较,参照欧美学说构拟中国文学发展的历史。但他们对古来"文学"一词内涵的演变仍是没有作出多少分析。

---

① 罗根泽《郑宾于著中国文学流变史》,载《图书评论》1934 年 2 卷 10 期,后收入《罗根泽古典文学论文集》,上海古籍出版社 1983 年版,第 54 页。

只是到了中国文学批评史这一新兴学科建立之后，文学批评史家出于实际需要，才致力于文学封域的鉴定。学者辨析各种文学观念的演变，进而分析各种文体的创作成就时，才能把我国古来有关文学的各种概念作出科学的概括和说明。

最早建设中国文学批评史这一学科的几位学者，对此作出了重要贡献。郭绍虞与罗根泽二人的《中国文学批评史》中都花了很大的篇幅辨析"文学"观念的演变，其中尤以郭绍虞的贡献为大。

郭绍虞于民国十六年(1927)在《东方》二十五卷一期上发表了《文学观念与其含义之变迁》一文，详细分析了这一问题。这篇文章是用归纳法写成的。作者收集了大量材料，如"文"、"学"、"文章"、"文学"等词，在不同时代的典籍中具有哪些特殊的涵义，经过分析、排比、归纳，然后作出结论。因为方法科学，结论也就比较可信。不像前此学者撰文时，仅用举例的方式标示，凭印象发表议论，结论的可信与否就难以判断。①

郭氏综合考订所得，列为两张图表，今移录于下，以供参考。

第一期(周秦)文学——包括文章博学二义。

第二期
(两汉)｛
文学
(学)——指学术言，本于周秦时"文学"一语中"博学"一义。
文章
(文)——指词章言，本于周秦时"文学"一语中"文章"一义。
其义近于近人所称广义的文学。

第三期(魏晋南北朝)——学｛
其他各学
(即两汉文学之义)｛儒——通其理。
学——识其事。
文学
(即两汉文章之义)｛文——近于纯文学。
笔——近于杂文学。

---

① 郭氏此文，后收入《照隅室古典文学论集》上编，上海古籍出版社 1983 年版，第 88—104 页。

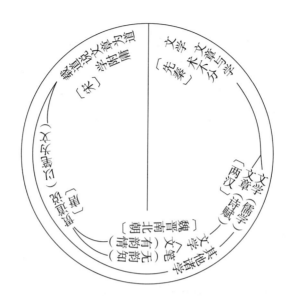

后来的文学史著作大都不再理会前人关于"儒""学"之类的成果，而把注意力集中在"文——近于纯文学"一类，但为照顾一下中国古代文学的实际，偶尔叙及一些著名的"笔——近于杂文学"就是了。

学界继此而作研究者甚多，各有建树。日本学者兴膳宏撰《文学与文章》一文，对此二词分别作了历史的考察，认识又有所深化。在《论语》中，"文学"一词含文学、学术之意，"文章"一词，指威仪文辞。后代词义虽有变化，但始终与初义没有切断关系。后人考察文学问题时，自不能不注意中国的这一传统特点。①

---

① 兴膳氏此文，原为参加《文心雕龙》1988年国际研讨会提交的论文，后收入《文心雕龙研究荟萃》，上海书店1992年版，第110—122页。

发展观

19世纪英国科学家达尔文研究生物的变异,建立了现代科学意义上的进化论。时至19世纪之末,学界将此原理运用于分析社会问题,建立了社会进化论。帝国主义者将它作为侵略弱小民族的理论依据,但在中国,却又激发了优秀知识分子救亡图存的爱国热忱。

光绪二十二年(1896),严复译出了赫胥黎的《进化论与伦理学》一书,取名《天演论》,在政治、经济、文化等各个领域都曾产生深刻而广泛的影响。今就文学演变、"文学革命"和通俗文学的受到重视等方面,说明它在文学领域中的反响。

文学的演变

随着世界潮流的激荡,西洋政治、军事、经济势力的入侵,中国知识阶层开始猛醒,逐渐认识到了自身的不足与落后,转而接受资产阶级的一些先进观念。但因中国的文化积累极为丰富,故而每当人们引进一种新的理论时,常是会从古代寻找一些类似的学说作为理论依据,有意无意地作为回应。例如五四时期的学者强调文学必须主情时,也就经常引用昭明太子《文选序》中的"事出于沈思、义归乎翰藻"之说。湘东王萧绎在《金楼子·立言》中说"吟咏风谣、流连哀思者,谓之文。……至如文者,惟须绮縠纷披,宫徵靡曼,唇吻遒会,情灵摇荡",更与近代文学主情而重形式的主张相合。其时齐梁文学的地位有所提高,与西洋学说中主情之说的引进似不无关系。

说到文学进化之说,古代也曾出现过一些类似的言论。

东晋葛洪在《抱朴子》一书中就曾依据彼时科技发展的情况,推论文学也应随着时代发展而变化,从而提出了文学今胜于古之说。他在

《尚博》篇中说："不以璞非昆山，而弃耀夜之宝；不以书不出圣，而废助教之言。是以闾陌之拙诗，军旅之鞠誓，或词鄙喻陋，简不盈十，犹见撰录，亚次典诰。百家之言，与善一揆。譬操水者，器虽异而救火同焉；犹针灸者，术虽殊而攻疾均焉。"这就为通俗文学的登上文坛作了理论上的准备。后来刘勰在《文心雕龙》中撰有《谐隐》等篇，当与此有关。

世上万事万物都在变化，那么人们观察文学问题为什么不能持发展的观点呢？

世纪之交的人们接受进化学说后，每每引用焦循《易馀龠录》卷十五中的一段话，建立中国文学发展史观，如胡小石先生的讲授文学史，王国维之攻治戏曲史，可见文学进化观在中国古代文学研究领域中产生的巨大影响。它突出了中国各个朝代中应该作为重点研究的文学对象，提示后人注意探讨各种文体之间递嬗变化的历程，例如四言、五言、七言之间的发展与古体、近体之间的变迁，诗何以演化为词，词何以演化为曲……中国古代几种主要文体之间的递嬗与兴衰，一直成为研究者所关注的焦点。

但是这一说法后来也产生了一些流弊，程千帆先生批评道：

> 近人治文学史者，颇循清儒焦里堂"一代还其一代之所胜"之论，诗尊唐，词标宋，曲崇元，推而广之，旧所斥为小道之小说、戏剧遂亦得与诗、古文辞比肩文苑，此王静安《宋元戏曲考》之所由作也。然若误解其说，以为文学之发展悉显示于文体之变迁，以文学发展史等同于文体变迁史，甚或以为唐后无诗，宋后无词，元后无曲，举宋以来之诗、元以来之词、明以来之曲悉屏诸诗史之外，如某二氏所著书者，则不谓为昧于文学历史之全貌不可也。①

---

① 　程千帆《中国文言小说史序》。此书为吴志达所著，齐鲁书社 1994 年版。

文体的旋兴旋衰,是由多种因素所促成的,但这不是说,唐诗之后已无好诗出现,尽管明代前后七子曾有"宋无诗"之说,鲁迅也有"一切好诗,到唐已被做完"之说,①但客观地说,自宋之后,仍然代有好诗。即如为五四前后的新兴学者所丑诋的同光体而言,也不乏具有独特风格的好诗。尤其是宋人诗歌,继唐人之后,多方寻找新的发展方向,形成了一代风貌迥殊的宋诗。唐宋诗歌的比较研究,正是值得中国文学研究者大力发掘的一个重要课题。因此,后人在确认文学进化观的时候,自不能对此作偏狭的理解。

　　"文学革命"及其他

　　辛亥革命的成功,未能迅速扭转中国政治上的落后状态。随着反帝反封建力量的壮大,西方影响的加强,以及苏联社会主义革命的影响,终于导致五四运动的爆发,知识分子高举民主和科学的旗帜,对前此的学术文化进行冲击,历史揭开了新的一页。

　　五四运动中声势浩大而颇著实效的一项活动,便是所谓"文学革命",陈独秀、胡适等人宣布过去用文言文写作的一切文字都是"死文学",而用与口语一致的白话文写作的文学才是"活文学"。这时学术界的许多先进人物纷纷尝试,写作白话诗、白话小说和演出现代话剧,取得了不少成绩。

　　过去人们总认为白话文运动的成功,胡适起了决定性的作用。应该说,胡适先后在《文学改良刍议》(《新青年》二卷五号,1917)、《建设的文学革命论》(《新青年》四卷四号,1918)等文中响应"文学革命"的主张,不但在理论上作了阐述,而且提出了一些行之有效的措施,对于

---

　　① 致杨霁云,1934 年 12 月 20 日,载《书信》,《鲁迅全集》12,人民文学出版社 1981 年版,第 612 页。

推动这项运动确是起到了很大作用。但我们也应看到，自清末起就一直有人在大力提倡白话。

不管是立宪派还是革命派，既要进行资产阶级革命，就得争取群众，培植力量。而且在人民大众文化水平很低的情况下，也只能采用白话进行宣传，才能取得效果。

梁启超写作了不少政论文字，形成了一种通俗易懂的新文体。他自我介绍道：

> 启超夙不喜桐城派古文。幼年为文，学晚汉、魏晋，颇尚矜练，至是自解放，务为平易畅达，时杂以俚语韵语及外国语法，纵笔所至不检束，学者竞效之，号新文体。老辈则痛恨，诋为野狐。然其文条理明晰，笔锋常带情感，对于读者，别有一种魔力焉。①

可以说，这种"新文体"恰是古文在向白话发展的过程中出现的一种过渡性的文体。

20世纪之初，杭州、上海、无锡等地即有地区性的"白话报"出现。光绪三十年（1904），陈独秀在芜湖创办《安徽俗语报》；民国四年（1915），他在上海创办《新青年》杂志，成了反对旧文学、提倡新文学的堡垒。民国六年（1917），陈独秀在《新青年》二卷六号上发表了《文学革命论》一文，提出文学革命的三大主义：

> 曰推倒雕琢的阿谀的贵族文学，建设平易的抒情的国民文学；曰推倒陈腐的铺张的古典文学，建设新鲜的立诚的写实文学；

---

① 朱维铮校注《清代学术概论》，《梁启超论清学史二种》，复旦大学出版社1985年版，第70页。

日推倒迂晦的艰涩的山林文学,建设明了的通俗的社会文学。

陈独秀对古文从内容到形式都进行了攻击,其态度要比胡适激烈得多。

其时钱玄同对当时文坛上的两大流派——重视骈文的《文选》派和重视散文的桐城派展开了猛烈的攻击,称之为"桐城谬种"和"选学妖孽"。① 随着政治形势的演变,人民大众力量的壮大和知识阶层结构的变化,这些旧的文学流派也就逐步退出了文坛。

周作人在《中国新文学大系·散文一集》的《导言》中说:"在清末戊戌前后也曾有过白话运动,但这乃是教育的而非文学的。""那时办白话报等的人大都只注重政治上的效用也是事实,而且无论理论如何写出来的白话文还不能够造成文艺作品,也未曾明白地有此种企图。"②这一解说明白地区分开了白话文运动前后阶段的不同,但二者之间仍不宜作截然割裂的划分。据阿英统计,晚清小说的创作估计大约有一千种以上,其中不少是用白话创作的,能说这些作品中绝无文艺的成分么?③

胡适为了宣扬白话文的源远流长,富有生命力,于是讲授"国语文学史",撰写"白话文学史",宣布"古文"早已死亡。他在《白话文学史》的《引子》中说:

---

① 钱玄同首先在《寄胡适之》的信中提出了"桐城谬种、选学妖孽"之说,载《新青年》三卷六号(1917)。后来又在替胡适《尝试集》作序时加以申论,序载《新青年》四卷二号(1918)。

② 《中国新文学大系》,赵家璧主编,良友图书印刷公司 1935 年版,《散文一集》为《大系》的第六集,引文见第 1、3 页。

③ 参看阿英《晚清小说史》第一章《晚清小说的繁荣》内"晚清小说统计",作家出版社 1955 年版。

> 我为什么要讲白话文学史观呢？
>
> 第一，我要大家知道白话文学不是这三四年来几个人凭空捏造出来的；我要大家知道白话文学是有历史的，是有很长又很光荣的历史的，我要人人都知道国语文学乃是一千几百年历史进化的产儿。……
>
> 第二，我要大家知道白话文学在中国文学史上占一个什么地位。老实说罢，我要大家都知道白话文学史就是中国文学史的中心部分。①

中国文学源远流长，自先秦至民国初期，留下的作品，差不多都是用所谓"古文"写下的。胡适说白话文学在历史上占如此大的比重和起这么大的作用，又是怎样论证的呢？这里他就只能在概念的内涵上做文章。自云："我把'白话文学'的范围放的很大，故包括旧文学中那些明白清楚近于说话的作品。"

由此可见，胡适等人所看重的白话文学，也就是俗文学，也就是民间文学。他们依据的理论，也就是民间为一切文学的源头之说。

这种理论似乎取得了很大的胜利，但白话之取代文言，只是时代发展的需要，并不真像他们所说的，古典文学已成了槁木死灰。作为传统文化中的重要部分，古典文学仍然得到了广大人民的喜爱，于此也可看到当时的一些学术界人出于政治需要而提出的一些过激之论，并不切合实际。

五四时期的"文学革命"阵营中一些先进人物所写的文学史和作品选，目下仍为读者爱读的为数甚少，这类书籍仅以是否接近口语为衡量作品的标准，而不从思想、艺术、技巧等方面去全面加以衡量，他

---

① 胡适《白话文学史》上卷，上海：新月书店 1928 年版，第 3 页。

们所推崇的，往往是一些浅近通俗之作，并未把各人的最佳作品选入，也就难以博得广大读者的喜爱。因此，就像胡适的《白话文学史》和《词选》，本身也只是成为研究五四时期时代特点的一种标本而被解剖，本身很难说是已在古代文学研究上取得了什么成就。

而且这种文学进化观在现实生活中还产生了不少流弊。周作人与钱玄同在《新青年》五卷五号上以《论中国旧剧之应废》为题展开讨论。在他们看来，应用大白话的文明戏出现后，那些昆曲、京戏等等自然应该归于淘汰。只是那些千锤百炼经过无数代人熔铸而成的"旧剧"，正是传统文化的活化石，它不但博得了现在具有高度文化修养的观众的热爱，而且还博得了国外人士的广泛推崇。每一个国家都在花巨大的力量保存其传统文化，包括他们的古代戏剧。于此可见，五四时期的一些先进人物的革命文学理论中夹杂着很多狭隘的虚无主义的理论，其危害一直延续至今。

"俗文学"的受到重视

中国小说发生较早。《汉书·艺文志》中著录的小说家，其中成分很杂，但也包容着与现代小说内容相近的著述。其后文言小说代代弗绝。自宋元起，白话小说开始发展起来，明清时期，更出现了《水浒传》《三国演义》《红楼梦》《儒林外史》等艺术上极为完美的杰作，但在正统文人眼下，这类著作仍属不登大雅之堂的下里巴人之作。直到乾隆时修《四库全书》，仍拒收任何一本白话小说。

中国戏剧发展较迟，但到唐宋之后也就慢慢成型了。只是古人贱视优戏，以为这类以技艺娱人的俳优无独立人格，因此历朝历代都在政治上加以压制，把从事优戏者视作贱民。

这一情况与西洋的历史传统大相径庭。中国人向西洋学习，势必先在小说、戏剧等通俗文学方面表示认同。

清代末年，朝政日非，国势危殆，人心思变。当时的立宪派或革命党人，都有利用小说、戏剧用作宣传工具的认识与实践。他们为此编了许多杂志，如《小说林》《二十世纪大舞台》等，并且写了许多文章，论证小说、戏剧这些文体的重要价值。梁启超作《小说与群治之关系》，成为轰动一时的重要论文。吴沃尧(字趼人)《月月小说序》曰："吾感夫饮冰子《小说与群治之关系》之说出，提倡改良小说，不数年而吾国之新著新译之小说，几于汗万牛，充万栋，犹复日出不已而未有穷期也。"①可以窥知其影响之大。

就在这种社会潮流的冲击下，满清王朝的正统思想已经难以束缚人心，人们于经史之学外，每向小说、戏剧等方向发展。王国维之研究戏曲，鲁迅之研究小说，都是顺应历史发展取得重大成果的佳例。

辛亥革命成功，成立了中华民国。既言"民国"，则自与前时的老大帝国不同，人民当家作主，至少在观念上已如此认可。民间文学，人民大众的创作，也就受到了重视。五四运动之后，科学与民主的观念越发深入人心，19 世纪兴起于英国的民俗学于这时输入，一些知识分子结成种种社团，有组织地采集民间文学中的歌谣、故事、谚语和谜语，这与当时先进知识分子中的反封建意识有关，也为一种模糊的阶级意识所驱使。

于是他们径称自己从事的工作为"俗文学"，藉与上层社会中的贵族文学(或称雅文学)相对抗。

在提倡"俗文学"的人中，郑振铎作出了巨大的贡献，很有代表性。他在《中国文学研究序》中说："我写了不少中国文学的论文，尤以有关小说、戏曲研究的为多。……且受了从西方输入的'进化论'的影响，

---

① 原载《月月小说》创刊号，1906 年 11 月。今转引自黄霖、韩同文选注《中国历代小说论著选下》，江西人民出版社 1985 年版，第 230 页。

也想在文学研究方面运用这样的'进化论'的观念。"①

郑振铎于民国二十七年(1938)作《中国俗文学史》，为古时的俗文学争地位，对不登大雅之堂的文体作了系统的总结。他声称："俗文学不仅成了中国文学史主要的成分，且也成了中国文学史的中心。"②

对此他也作了一些论证。其第一条理由是说："哪一国的文学史不是以小说、戏曲和诗歌为中心的呢？而过去的中国文学史的讲述却大部分为散文作家们的生平和其作品所占据。"可知他是以西洋文学为标准而对中国古代文学进行裁断的。

郑振铎努力贯彻他的俗文学观点，在晚唐诗中，他也发掘出了许多已经成为民众口头禅的句子，如罗隐的"今朝有酒今朝醉，明日愁来明日愁"，"采得百花成蜜后，不知辛苦为谁甜"等。这些发掘出来的例证，或许可以说明通俗诗歌的影响之大，但要说这类诗歌就是唐诗的极品，还是无法令大多数人首肯的。

但郑振铎举出的第二条理由，却对研究古代文学者有很大启发。他说：

> 因为正统文学的发展，和"俗文学"的发展是息息相关的。许多的正统文学的文体原都是由"俗文学"升格而来的。像《诗经》，其中的大部分原来就是民歌。像五言诗，原来就是从民间发生的。像汉代的乐府，六朝的新乐府，唐五代的词，元、明的曲，宋、金的诸宫调，那一个新文体不是从民间发生出来的。
>
> 当民间发生了一种新的文体时，学士大夫们其初是完全忽视

① 《中国文学研究》，作家出版社 1957 年版。

② 《中国俗文学史》，商务印书馆 1938 年版，今据人民文学出版社 1954 年版，第 2 页。

的,是鄙夷不屑一读的。但渐渐的,有勇气的文人学士们采取这种新鲜的新文体作为自己创作的型式了,渐渐的这种新文体得了大多数的文人学士们的支持了。渐渐的这种的新文体升格而成为王家贵族的东西了。至此,而它们渐渐的远离了民间,而成为正统的文学的一体了。①

文体递兴递衰之说,前人言之者已多,今亦略事征引。
王国维在《人间词话》中说:

> 四言弊而有《楚辞》,《楚辞》弊而有五言,五言弊而有七言,七言弊而有律绝,律绝弊而有词。盖文体通行既久,染指遂多,自成习套。豪杰之士,亦难于其中自出新意,故遁而作他体,以自解脱。一切文体所以始盛终衰者,皆由于此。故谓文学后不如前,余未敢信。但就一体论,则此说固无以易也。

王国维仅就文体的递嬗加以考察,立论较稳健。其后的新进学者在每一种文体初起时认为均起于民间,也就提高了俗文学的地位,新的文学发展观也就随之成立了。
胡适于民国十五年(1926)所写的《词选序》中作了系统的阐发:

> 文学史上有一个逃不了的公式。文学的新方式都是出于民间的,久而久之,文人学士受了民间文学的影响,采用这种新体裁来做他们的文艺作品。文人的参加自有他的好处:浅薄的内容变丰富了,幼稚的技术变高明了,平凡的意境变高超了。但文人把

---

① 《中国俗文学史》,第23页。

徐波外集

这种新体裁学到手之后,劣等的文人便来模仿;模仿的结果,往往学得了形式上的技术,而丢掉了创作的精神。天才堕落而为匠手,创作堕落而为机械。生气剥丧完了,只剩下一点小技巧,一堆烂书袋,一套烂调子! 于是这种文学方式的命运便完结了,文学的生命又须另向民间去寻新方向发展了。①

这一观点影响甚大。前叙郑振铎《中国俗文学史》的写作,也就是这一理论的体现。一种文体,是不是都产生于民间,都有其酝酿、兴盛、衰落的过程,值得考察。目前还不宜遽作结论。

胡适《白话文学史》中对杜甫的评述,显得十分吃力,难以自圆其说。因为杜甫的作品距离白话甚远。他写作乐府,也看不出他曾在何时向民间文学学习,而他最为擅长的,却是格律谨严的律诗。胡适提到"律诗的起来"时,说是:"其实所谓盛唐律诗只不过是极力模仿何逊、阴铿,而得其神似而已。""盛唐律诗的玄妙不过尔尔,不过如杜甫说的'恐与齐梁作后尘'而已。"②轻描淡写,与实际距离甚远。按照胡适的观点,只能把杜甫看作擅长"僵死的文学"的时代落伍者。但杜甫在诗歌上的地位,阴、何无法比拟,也是运用任何西方外来理论无法动摇的。这就说明,有关"俗文学"与"雅文学"的复杂关系,尚需多作探讨才能说清。

文学思潮递兴的阐述

在文学研究中,中国本有一套传统的名词术语,如豪放、绮靡、沉

---

① 此据《胡适作品集》30《胡适选注的词选》,台湾远流出版公司出版 1986年版。

② 胡适《白话文学史》,第 155、156 页。

郁、气势等。清代末年，中国学人广泛接触西方文化，介绍他们的作家、作品和研究成果时，因为对方所使用的一些名词术语，与我国原有者大不相同，也就一起把他们习惯使用的名词术语引进了国门。

与此情况相同，中国学者研究古代文学，自然会参照西方学者研究他们的古代文学的方式，这样也就必然会引进他们所使用的名词术语。

世纪之交，正值清廷解体，民国肇兴，一批先进的知识分子，办报纸，编杂志，介绍西方政治学术，开通民智。他们注意到了小说的作用。康有为《闻菽园居士欲为政变说部以诗速之》曰："我游上海考书肆，群书何者销流多？经史不如八股盛，八股无如小说何。"一些报馆也就致力于发表小说，藉以扩大销路。光绪二十三年（1897），严复、夏曾佑在《国闻报附印说部缘起》中："夫说部之兴，其入人之深，行世之远，几几出于经史上，而天下之人心风俗，遂不免为说部之所持。……本馆同志，知其若此。且闻欧、美、东瀛，其开化之时，往往得小说之助，是以不惮辛勤，广为采辑，附纸分送。"①

戊戌政变失败之后，梁启超流亡日本，鉴于"美、英、德、法、奥、意、日本各国政界之日进，则政治小说为功最高焉"，故"特采外国名儒所撰述，而有关切于今日中国时局者，次第译之，附于报末。爱国之士，或庶览焉"。梁氏后又把它集合起来，编成《政治小说》一书，并作《译印政治小说序》以阐发小说之效用。②

梁启超在《论小说与群治之关系》中对小说何以具有吸引读者之原因作了理论上的探讨。一种情况是："凡人之性"，常不能满足于"现

---

① 此文原不署作者，所以知为严、夏二人合作者，梁启超于《小说丛话》中曾叙及。今转引自《中国近代文论选》，人民文学出版社 1959 年版，第 194 页。

② 此文原载《清议报》第一册，1898 年 12 月 23 日刊。后收入《饮冰室文集》之十，《饮冰室合集》二，中华书局 1936 年版。

境界"，而人身能直接感触到的境界很有限，因此常想"间接有所触，有所受"，"小说者，常导人游于他境界，而变换其常触常受空气者也。"另一种情况是：人对自己怀抱的想象和经历的境界，常若知其然而不知其所以然，"有人焉，和盘托出，彻底而发露之"，则必感人至深。其后他复加以总结而阐发道：

> 小说为文学之最上乘也。由前之说，则理想派小说尚焉；由后之说，则写实派小说尚焉。小说种目虽多，未有能出此两派范围者也。①

梁启超所作出的解释，已经进入创作方法的研究：前一类小说，近于浪漫主义；后一类小说，近于现实主义。这当然是吸收了西洋关于小说的理论而提出的。

"理想""写实"二派之说，不限于使用在小说这一文体上。18 世纪末、19 世纪初欧洲兴起过声势浩大的浪漫主义运动，在文坛上发生过重大影响，现实主义也在 19 世纪得到了充分发展。诗歌、戏剧等领域均为这两大思潮所支配，但要以小说界所呈现的两种创作风格最为明晰。

王国维从创作方法的不同区分词的不同流派时，也运用这一对西洋通用的学术用语。《人间词话》中说：

> 有造境，有写境，此理想与现实二派之所由分。然二者颇难分别。因大诗人所造之境，必合乎自然；所写之境，亦必邻于理想

---

① 此文原载《新小说》第一卷第一期，1902 年刊。后收入《饮冰室文集》之三，《饮冰室合集》一，中华书局 1936 年版。

故也。

"写实"诗人的特点在于客观地反映现实,"理想"诗人的特点在于主观地构拟境界。这里作家所表现出来的两种不同的创作态度,也就是现实主义和浪漫主义两种不同的创作方法的问题。

可以说,像梁启超、王国维等近代学术的先行者为文学领域中新的名词术语的输入奠定了基础,也就促进了中西古代文学的比较研究。

在西洋文学史上,什么古典主义、浪漫主义、现实主义、现代主义等等,递兴递废,组成了一幅幅绚丽多彩的场景。我国一些努力构建新文学史的研究工作者,自然也会起而效尤,依此写作新型文学史了。

朱维之写作《中国文艺思潮史略》,就是早期规仿西洋文学史而写作的一部有代表性的著作。他在自序中说:

> 我写这书的最初动机,起于十多年之前。那时因为羡慕西洋文艺思潮底眉目清楚,有条有理,使读者容易把握历代文艺底精神;很想编写一部中国文艺思潮史,使我们头绪纷繁,枯燥无味的文学史,也能成为眉目清楚,又简要又不枯燥的东西。可是这工作谈何容易! 要从浩如烟海的作品和零星的论文中找出一条线索来,决不是短时间内所能办到的。①

----

① 朱维之《中国文艺思潮史略》,上海:合作出版社,长风书店发行,1939年两次印刷。上海:开明书店,1946年重排初版,1949三次印刷。台北:地平线出版社,1974年版。香港:港青出版社,1978年版。天津:南开大学出版社,1988年出重写本。

这一工作之所以困难,在于必须按照西洋的尺度搜集中国的材料,然后一一对号入座加以比附。朱氏写作此书,早在 20 年代时即已酝酿,其后屡经调整,前后颇有变化。他在 1939 年写作的自序中对唐以后两种不同的分期法就曾列表加以说明:

(思潮)	(初稿分法)	(本稿分法)
社会问题和复古运动	盛唐中唐	盛唐中唐
唯美主义底高潮	晚唐至北宋	中唐至北宋
民族意识底抬头	南宋元前叶	宋、元
古典主义	元末明前叶	元、明
浪漫主义	明后叶清初	明、清
写实主义	乾隆以来	清以来

这书问世后,颇受各界欢迎,一再改版重印。但文学史界也有与此截然相反的看法,刘大白就认为不能采用文艺思潮的演变这种西洋模式来写作。他在《中国文学史》的《引论》中说:"中国文学史中,本来没有什么古典主义,罗曼主义和自然主义,写实主义等迭兴递禅的痕迹,所以势不能用主义的迁变分期。"①

这一问题,为什么会有如此不同的看法呢?参考西洋的文学史观②,将中国古代未经科学清理的材料理出头绪并且参考西洋的文学理论对相应的作家流派进行阐发,这样的研究,有鉴赏,有分析,比之前人偏重陈述而缺乏归纳的编写方式,自然会有更多的吸引力。但中

---

① 刘大白《中国文学史》第一篇《引论》,上海:大江书铺 1933 年版,第 34 页。

② 参看谢无量《中国大文学史》第一编《绪论》第二节"外国学者论文学之定义",第 4 页。

国古代文人所生活的环境与西方古代文人情况大有不同,二者之间,在思想、文字、背景等方面存在着巨大差别,强行比附,势必会有很多削足适履的地方。这是绝大多数的文学史家不敢轻易染指的根本原因。但大势所趋,一般文学史著作中像朱氏那样全然生搬硬套者为数不多,但却或多或少地分别采用"浪漫""现实""唯美""象征"等词区别各种不同流派了。

时至今日,大家好像已经习惯成自然,非此不足以成文了,例如专家们研究唐代两大诗人李白、杜甫时,无不以浪漫主义诗人与现实主义诗人呼之,并且根据这两种不同的创作方法所显示的艺术特征区别二人的个性特点,大家似乎已经不再感到有什么扞格而难以适应之处了。

文学发展规律的探求

文学的发展似乎无轨迹可寻,但自近代以来,文学集团和文学思潮的递兴递废,又似透露出一丝消息,可以寻找规律。人们假如能在丰富多彩的文学创作中寻找出一条发展的规律,不但能用来解释过去的创作,而且能指导目前的创作,预测未来的创作,岂非一大快事?这是促使人们锲而不舍地寻找规律的动力所在。

有关规律的探求,中国学术界形成声势而曾有影响者,前后发生过两次。前一次为发生在民国时期的"载道、缘情"交替说,此说乃承"学问所以启人思,文学所以增人感"说而来。

西洋学术界有关这一问题的论述甚多,但为时人广泛引用的,有19世纪英国文学家德昆西(De Quincy)之说,大意为:

> 文学之别有二:一属于知,一属于情。属于知者其职在"教",属于情者其职在"感"。

日本早期的汉学家儿岛献吉郎撰《中国文学概论》一书,在"内容论"中就把中国文学区分为"理智文学"和"感情文学"两大部分。① 儿岛氏并著有《中国文学史纲》一书,②二书都曾发生过很大的影响,先后有多种译本行世。

1932 年 3、4 月间,周作人在北京辅仁大学作了一系列讲演,追溯"中国新文学的源流",从而对前此的文学历史作了考察,援引古代思想领域中的两种主导观点,将古今文学归为两大流派:(甲)诗言志——言志派;(乙)文以载道——载道派。他把中国文学史上的每一个发展阶段和"言志""载道"两大潮流联系起来,说是"这两种潮流的起伏,造成了中国的文学史。"③

他曾列过一张表格,展示考察的结果,今征引如下:

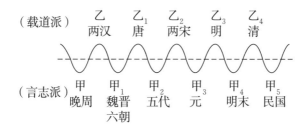

周作人的这种分析方法,有其代表性,后出的一些文学史中,颇多采用这种两分法而交错构成其史观者。

---

① 《支那文学概论》,东京:京文社,昭和三年(1928)年版。中国先后有黄玉斋译本,厦门:国际学术书社 1928 年版;有胡行之译本,上海:北新书局 1930 年版,印行三次;有张铭慈译本,上海:商务印书馆 1930 年版。有隋树森译本,上海:世界书局 1931 年版,取名《中国文学》,印行三次;1943 年发行新一版,改名《中国文学概论》。台北:启明书店,1958 年又印行。

② 东京富山房,明治四十五年(1912)年版,印行八次。

③ 周作人的讲演由邓恭三记录,整理后交北京人文书店,于 1932 年出版。1934 年订正后再版,印行三次。

如果说,这种"理智"与"感情"说在周作人的讲演中构成了文学史体系的话,那么在罗根泽先生的《中国文学批评史》中,也就构成了古代文学理论的发展体系。罗先生把古今诸多文论归入言志、缘情两大系统。他所说的"缘情",也就是周作人所说的"言志"。严格说来,"言志"与"缘情"有别,但古人运用这类概念时,常是不作细析,因而二者时而相通,时而严格有别。

罗先生对中国古代文学作了全面的考察,得出了如下结论:

> 编著中国文学史或文学批评史者,如沾沾于载道的观念,则对于六朝、五代、晚明、五四的文学或文学批评,无法理解。如沾沾于缘情的观念,则对于周、秦、汉、唐、宋、元、明、清的文学或文学批评,无法认识,无法理解。[①]

如将上述两家之论作一比较,可知二者结论大体相同,只是周作人将晚周与元代归入言志派,罗先生将周、秦与元代归入载道派。但罗先生认为楚辞也是"抒情唯美"的,故而对于晚周的分法两家实际上无出入。

中国自古以来强调知人论世。自秦汉起,中国建立起了高度集中的中央政权,士人的出处,无不受到政治的影响,因此中国文学与中国文学批评史的研究者结合时代变迁考察文学的变化,寻找其间的发展规律,是有意义的。这一结论也有可供参考之处。这一时期的一些其他学者,或多或少也曾接触这一分析方法。

----

① 罗著《中国文学批评史》第一篇《周秦文学批评史》第一章《绪言》十"历史的隐藏"。此书于民国二十三年(1934)首由北京人文书局出版,民国三十二年(1943)改由商务印书馆出版。

周作人制作的这一表格,看起来还像是"一阴一阳之谓道",带有循环论的色彩。罗根泽先生则申明他所运用的是黑格尔的辩证法,用正反合的观点加以考察。不论此说是否属实,比之前人,此说自有其可取之处。但文学问题内容复杂,后起的文学创作,或是模拟前人技法,或是采用前人学说,因为所处的时代不同,自有另一些与前截然有异的社会因素在起作用,研究工作者如不作细析,研究"载道"、"缘情"的沿袭时只求其"同"而不去致力于求"异",那么这一得出的规律往往流于表面形式的考察而不能抉发其本质。

罗先生认识到楚辞的本质为缘情而又将它归入载道派,也就暴露了这种学说内部存在着障碍。按照他的习用词汇,载道又称尚用、功利、宗经……缘情又称尚文、言情、爱美……楚辞固有缘情、尚文、言情、爱美的特点,但屈原自抒怀抱,意在感悟楚王,则又怎能说是没有一丝尚用与功利的目的? 王逸《离骚经序》曰:"《离骚》之文,依诗取兴,引类譬喻。故善鸟香草,以配忠贞;恶禽臭物,以比谗佞;灵修美人,以媲于君;宓妃佚女,以譬贤臣;虬龙鸾凤,以托君子;飘风云霓,以为小人。"中国文学由此还形成了比兴说诗的传统。可知文学问题甚为复杂,理智、感情本来无法全然割断,尚文、尚用甚难截然割裂。人的感情往往为理智所支配,理智也要通过某种表情方式而展现。因此这种两分法的研究方法,使用必须适度,强调过分,就会矛盾迭出,无法自圆其说。

文学界又一次的文学发展规律探求,发生在中华人民共和国成立后的中国大陆地区,所谓"现实主义与反现实主义的斗争"之说,此说受到苏联理论界的影响。

苏联建国之后,随着社会发展史中五阶段说的确立,学术界更从阶级斗争的角度探求文学发展的规律。20 世纪 60 年代,苏联兴起了所谓现实主义与反现实主义斗争的理论,认为文学就是在这种斗争中不断发展的,这也就是文学发展的根本规律。

茅盾依傍这种理论,结合中国实际,为中国古代文学勾出了一条现实主义与反现实主义相斗争的线索。他也知道"反现实主义"一词内容太含混,故而又申述道:

> 所谓反现实主义,不能理解为一种创作方法,而应当理解为各种各样、程度不同的反人民和反现实的各不相同的若干创作方法。它们有一共同点是脱离现实,逃避现实,歪曲现实,模糊了人们对现实的认识;因此,在政治上说来,它们实在起了剥削阶级的帮闲的作用。①

由此可见,这种研究工作的特点重在为古代文学家政治上定性。由于古代文人大都出身地主阶级,因此从激进的革命者看来,真正站在人民立场上讲话者不多,鲁迅就曾将古代文学归之为"帮忙文学"和"帮闲文学"两类而一笔骂倒,②茅盾这里所作的分析,和文学思潮的研究也就距离颇远了。

这种研究与事实距离颇远,可以说是偏于政治评价的判断。一般读者阅读古代文学中的优秀作品时,并不像那些突出政治的文学评论家那样先去追究此人的出身经历,而丰富多彩的文学作品也不会被后人蒙上反现实主义的帽子而退出历史舞台。这种简单化的规律探讨,不久即被人抛弃。随着政治干预的逐步淡化,这种理论也就不再有人信奉了。

---

① 《夜读偶记》三《中国文学史上的这些事实的意义》,百花文艺出版社1958年版,第36页。

② 《帮忙文学与帮闲文学》,载《集外集拾遗》,《鲁迅全集》7,上海:鲁迅全集出版社1938年版。

但从茅盾的用语中却不难看出，他是彻底采用西方理论来评价中国古代文学的，不过就是从以前引入的西方理论来说，像前此早已对号入座而归为浪漫主义、自然主义等流派的作家，都要再加评判，而归入现实主义和反现实主义两大阵营中去，其手续之烦难，分析之不易，也是让人望而却步的。这也说明，西化日深，而将中国古代文学视作可以随意搓捏的对象，任情装扮，这样的探求规律，虽然成效不显，但人们乐此不疲，结果不但可笑，而且是可悲的。

思　考

近代学术的总趋势是分科发展。文学独立成科，人们首先就得对文学的"领域"进行界定。由于各国传统的差异，语言文字的不同，中国人对文学内容的理解与欧美学者的有关论述差别甚大，对文学内部诸美感要素的追求也颇为不同，于是人们在探索的过程中出现了各种分歧意见。

西洋的文学观点，主要建立在诗歌、小说、戏剧的基础上，彼方学者总结这些文体的成就而建立起了有关文学的理论。中国文学向以诗歌、散文为主体，小说、戏剧出现较迟，于是人们又把中国的文学传统称之为杂文学传统。

"杂"字显然寓有贬意。这一名词的使用对有些人来说，只是随缘而已，但首先提出这种分法的人则在为追求"纯"而努力。这样做或许符合现代化的潮流，也是西学东渐的自然结果。但这样做的结果，拿"纯"的标准去裁断"杂"文学，必然会把一大批向为前代文士所重视的作品逐出文学的殿堂。

中国文士自有其传统的写作规范，追求所谓"下笔成文"，即使是一些随手抒写的笔札，或是官府颁布的文告，都能写得文采斐然，邀人激赏。但人们如以西洋文学观念为标准，例如要求"形象鲜明"云云，那就只能将此视作非文学而予以遗弃。于是研究古代文学的人也就出现了这样的局面，研究小说、戏剧的人大为增加，研究诗歌的人仍占绝大多数，研究散文的人比例最小，而且每为牵合西洋文学理论触处多碍而感到苦恼。

诸多文体中首先遭到否定的作品为汉赋，不论以前期重情的标准来看，还是以后起的阶级观点来裁断，都应打入冷宫。现在的人几乎无法理解前人何以会给这些大块文章以最高评价？又如新诗兴起后，旧诗遭到批判，以为束缚感情。殊不知这类韵语充分体现出了中国的语言文字之美。前人阅读散文时也重吟诵，因为这里也有中国语言文字特点的问题，但人们对此简直不屑一顾。

近百年来的历史表明，国人借鉴西洋文学的成就而审视本国文学，观念大为明晰，促进了诗歌、小说、戏剧等文学样式的研究，并取得了不少成绩，但也遗落了散文与其他问题的研究，这在人们的日常生活中也产生了不良影响。诸如政府的报告，机关的公文，都以达意为满足，不再追求文采之美。举目所见，全是"的了吗呢"近于口头表达的文字，这是有违于我国悠久的文学传统的。

从赋体的评价上也可看出古今文学观念的巨大差异。前人重大赋，从而有"作赋需大才"之说。因为中国古代向来重视儒林、文苑兼长的人物：博学而无文才，则被视作书簏；有文才而无学识，则有"一命为文人，便无足观"之说。写作赋体的作家，必须兼具学识与文才，兼擅散文与韵文。在此传统观念的影响下，中国的一些小说名家，如曹雪芹撰《红楼梦》，也是具有百科全书式的学识，所以能够写出全面展现人生众相的巨大画卷。后起的一些在纯文学观念下培养出来的作家，也就无法具备这样的恢宏的气派了。

世界历史发展到了今天，由多元文化融合而成的全球化的趋势已经出现，有识之士都认识到，每一个民族都有它自己文化上的优胜之处。将来的文化，不全是西洋文化，也不全是东方文化，而是吸收各种文化之长，融合成一种兼综各种文化之长的文化。那么，中国文学传统中的散文部分，是否应该以其"杂"而定要淡出文苑？

中国人应该了解文学的历史。自 20 世纪初，也就出现了系统介绍前人成就的文学史。早期的文学史仍然包容甚广，20 年代之后，要求"纯"文学的呼声抬头，于是谢无量一系的"大"文学史受到冷落，但先秦时期的著作对后代的影响实在太大，略去不谈，也就难于说明文学发展中的前因后果，于是中国文学史的写作往往采用"杂"中出"纯"的方法：汉代之前兼容各体，《史记》《汉书》也得列入，汉代之后步入正轨，转以诗歌、小说、戏剧为主了。散文部分的比例，则视各家所见而异，有的收入《论衡》等书，有的则略去不谈，这里似无准则可言，各家也就随个人之所见而可自由处理。50 年代之前，学术界以感情为文学的主要特征；50 年代之后，大陆地区更以形象为文学的主要特征，这是受到苏联学术界的影响，实际上是贯彻西洋标准最为彻底的时期。步入 80 年代，人们开始产生怀疑，因为有些文体实在难以用"形象"作为主要标准去要求。我国古代本以抒情诗为大宗，五六十年代的文学理论家无法用"形象"去分析，于是又有什么"作家个人形象"等等婉转为之解说，其迂曲难通之处，也可看出纯用西方理论规范我国实际扞格难通。目下人们改用"意念"等概念加以解释。但用什么样的一些学术用语探讨中国古代文学，仍然是有待解决的问题。

我们重温前人有关文学史的争论，是否也可从中得到启发。写作文学史时，真正百花齐放，有的写作包容丰富的大文学史，有的写作抉择甚精的纯文学史，读者可就性之所近，去选读有关著作。学生读过纯文学史之后，也可选读一些大文学史，这样或许可以培养出一些眼光更为宽广的中国文学研究者。

韩 非

一、韩非生活的时代

韩非是先秦时期百家争鸣高潮中涌现出来的一位思想家。他生活在战国后期，可以说是先秦诸子中的最后一位大师了。

实际说来，韩非应该算是周朝人，因为其时周天子仍然存在，尽管是名存实亡。"战国"只是后人依据政治形势的特点划分出来的一个历史阶段。

周朝前后历时八百多年。自周武王灭商定都镐京（今陕西省西安市）始，史称"西周"；而在周平王为犬戎所迫东迁雒邑（今河南省洛阳市）起，又称"东周"。东周时周天子的声威已经大为削弱，政权实际上落在了各地掌握武力的诸侯手中。于是这一时段的前一时期又称"春秋"，这是因为彼时史实记载在鲁国史书《春秋》上的缘故；后一时期称为"战国"，这是因为彼时有七个大的诸侯国和众多中小国在不断争战的缘故。

周初武王姬发率领各族人马灭商。这支队伍，自然以周族为主力。为了统治全国，周王室把同一宗族中人分封各地。《荀子·儒效篇》上说，周公主持国政分封了七十一国，姬姓独占五十三人。周室后人，只要神经不出毛病，无不名列天下显要诸侯。这种地域上的分散状态经由血统上的宗法制度加以编织，借以凝聚力量而巩固统治。只是建立在血统上的情分却挡不住政治与经济方面利益的驱动，各地封君之间的兼并自始至终就没有停止过。而且封国之内，大夫起来推翻诸侯,家臣起来推翻大夫,"上下交征利而国危矣"！即以韩非的先辈而言,卿族韩氏联合赵、魏两家三分晋室,迫使周天子封其为诸侯,于是建立起了一个以姓氏命名的封新中国成立家。韩灭郑后一直定都于其故地(今河南省新郑市)。

诸侯国中的君主为了提升实力,往往不再把新占有的土地分封出去,而将之改为直辖的郡、县,这样更便于集中财力与兵力。一些处于边鄙地区的诸侯,扩边战争成功之后,为了便于有效管理,采取郡、县制的地方更多。宗主在新开拓的地方,无不鼓励生产,努力垦荒,于是自春秋至战国,人口与土地的数量都有很大的发展,比之西周时期,生产力有了很大的提高。

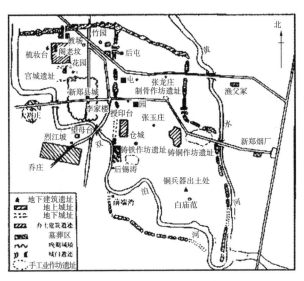

图一　20世纪中期新郑郑韩故城遗址平面图

时代进入战国,情况有了更大的变化。这时铁制的农具已经得到广泛的运用。水利的兴修、牛耕的推广,更使农业的生产水平急遽提高。社会财富的积累,使手工业和商业也不断得到发展,这时各地都已有著名的物产:东方接近渤海,饶鱼盐之利,还有麻布等著名织物,西方多高原,富于金属矿藏,还盛产皮革和染上颜色的牦牛尾等,南方生产木材和海货,还有象牙、犀牛皮和羽毛等特殊产品,曾青(碳酸铜)、丹砂(硫化汞)等特殊矿物;北方生产家畜和果树,家畜中以犬、马、骆驼的数量为多,果树中以枣、栗的数量为多。这就说明各地的原料生产和加工生产都已达到相当繁荣的程度,并且已有众多的商人从事沟通有无的贩运工作。

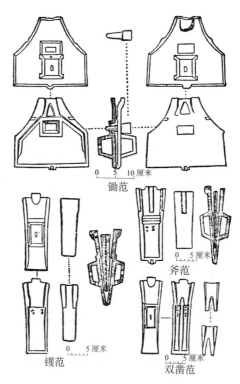

图二 河北兴隆发现的战国生产工具铸范

随着社会财富的不断增长、科学文化水平的提高、人民生活条件的改善,人口密度也不断增长。各地又出现了许多人口集中的城市,诸如齐国的临淄(今山东省淄博市)、楚国的鄢郢(今湖北省江陵县)、赵国的邯郸(今河北省邯郸市)、魏国的大梁(今河南省开封市)、燕国的蓟(今北京市)、韩国的郑(今河南省新郑市)、秦国的咸阳(今陕西省咸阳市)……既是各诸侯国的政治中心,也是它们财富集中的地方,除了居住有国君、贵族、各级官吏和数量众多的甲士之外,一般都有居民数万户,可见其时地方经济的发展已达相当的高度。

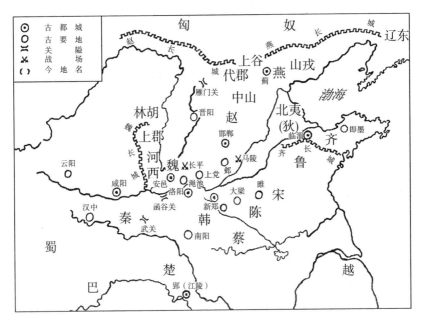

图三　战国形势图

社会经济的迅速发展,要求全国出现一个统一、稳定的政治局面。但自春秋以来,随着诸侯国地方势力的抬头,全国陷入了严重的分裂局面。这时周天子的声威已经扫地以尽,五霸争雄的时代也已结束,而在不断进行的兼并战争中,许多国家遭到了淘汰,最后剩下了秦、楚、韩、赵、魏、齐、燕七个大的诸侯国,这就是历史上著名的"战国七雄"。七雄之间仍然不断展开着激烈的斗争，一些政治活动家耍弄纵横捭阖的手段，他们组合成各种政治联盟，既进行军事上的较量，又进行政治上的角逐，从而穿梭般地进行着种种错综复杂的外交活动，于是出现了号称纵横家的一批人物。

"合纵""连横"，这一对概念的内涵，随着政治形势的发展，相应地也起着变化。战国中期的"合纵""连横"，是以各诸侯国的地域观念命名的。所谓"合纵"，是把山东六国联合起来，西向抗秦，因为自北方的燕到南方的楚，合起来成纵向，故称"合纵"。"连横"的概念则与此相反，主张山东六国分别事秦，因为这是以西方的秦国为主体而设计的一种方案，故称"连横"。情况说明，秦国的力量一直很强盛，始终处在支配局面的位置上。山东六国中，魏国首先崛起，武力一时称盛，但不久即为齐国所击败。齐、秦一时相持不下，有过相互推尊为帝的打算，但齐国至湣王之时，又为燕国所击败，力量遭到削弱。楚国疆域广大，也是一股巨大的力量，但在楚怀王时，由于不断遭到秦国的打击，国力一蹶不振。赵国的力量也很可观，曾对秦国构成威胁，然而长平一战，秦国坑杀赵军主力四十余万，这个山东六国中的后起者也就遭到了致命的打击。燕国和韩国的力量一直比较弱小，从来没有对秦国构成过威胁。时至战国中、后期，"合纵""连横"的内容也就起了变化，韩非在《五蠹》篇中说："从者，合众弱以攻一强也；而衡者，事一强以攻众弱也，皆非所以持国也。"韩非是反对政治舞台上这一批人的活动的。

燕国距离秦国最远，在山东六国中灭亡较迟；韩国的地理位置却不妙，它处在中国的中部，南邻楚国，东连赵国，西界秦国，北接魏国，是一个"四战之国"。这些邻国的力量都要比它强大得多。它们随着政治形势的变化，不断施加压力，这就常使韩国处在左右为难的境地。不论合纵还是连横，韩国总是首当其冲，大受其害。因为韩国地当秦国东出的门户，如果参加合纵，就得带头攻打秦国；如果改从连横，就得首先向秦国表示臣服,而到头来又要遭到山东其他国家的打击。这就说明,一个弱小的国家不能单纯地从外交策略中去寻求出路,它必须从根本上去寻求拯救国家的方针大计。

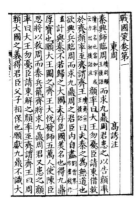

图四 读未见书斋重雕剡川姚氏本《战国策》

图五 元至正十五年刊鲍彪注本《战国策》

图六 马王堆汉墓出土帛书整理小组拟名之《战国纵横家书》片断之一

韩非是韩国的宗室公子。这种身份上的特点,使他与宗主国之间具有休戚与共的命运。公元前251年,秦昭襄王去世,其他诸侯国都派将相前去吊唁,韩桓惠王则与众不同,披麻戴孝,像孝子一样前去祭奠。眼看国家的衰弱,韩非深沉地发出了"主辱臣苦"(《存韩》)的慨叹。他急切地希望韩国富强起来,当务之急,就该坚决地实行政绩最佳的法治。这不但是现实的需要,而且也是历史发展的必然趋势。他是一个著名的政治理论家,为此作了全面的论证,而在他的代表作《五蠹》篇中,首先作了历史的考察。

二、人口论与社会进化观

孟子的特点是"言必称尧舜"。儒家好古成癖,他们把尧舜的时代形容为中国历史上的黄金时代,这样也就在该学派的政治思想上盖下了复古的烙印。

韩非的看法不同。他把尧舜的时代看作生产水平和生活水平非常低下的原始蒙昧时期。照他说,尧称王天下的时候,茅草盖的屋顶不加修剪,栎木做的椽子不加斫削,吃的是粗劣的食物,喝的是豆叶熬的浓汤,冬天穿小鹿皮做的质量很差的袍子,夏天穿葛做的粗布衣,即使是现在地位下贱者的供养也不会比这更差的了。禹称王天下的时候,自己拿着农具走在民众的前头,累得大腿消瘦,小腿上汗毛也磨光了,即使是现在奴隶的劳动,也不会比这更苦。这就说明,儒家所谓太平盛世的那些王,只是过着后代仆役一般的生活,从事着奴隶一般的劳动,因此他们的地位并不值得羡慕。儒家称道禅让,唐尧、虞舜等人大方地把位子让给别人,实际上只是摆脱了劳苦的沉重负担,因而他们的行动并不值得称道。而当代的县令,即使自己一旦死去,子孙也能世代乘高车驾大马,受到人家的艳羡。由此可知,古今社会观念的变化,完全是由政治、经济等客观的社会条件所决定的。

韩非还提出:古代草木茂盛,禽兽众多,男子用不着耕种,采摘现成的果实就可以果腹;妇女用不着织布,剥取禽兽的毛皮就足以护体。因此人们用不着争夺,还是可以得到富足的供养。但是人口却是在成倍地增加,一个人有五个子女不算多,每个子女又生下五人,祖父未死,下面已有二十五孙,人口日繁,财富也就日渐匮乏,人们即使奋力劳动,生活还是很艰苦,这样也就必然引起纷争。即使上级加重赏罚,社会还是免不了动乱。

战国时的形势就是这样,变乱迭起,人们进行着生存的竞争。如何解决这些社会问题,儒家主张实施仁政,他们引经据典,赞美古代的圣王,宣扬他们的美政,这就等于小孩在做游戏。他们拿泥土当作饭,把泥块化为汤,拿木片做成肉块,虽然能够玩个痛快,然而却无法用来果腹,不能解决当前的实际问题。所以韩非在《八说》中说:不能提供美好的食物而只是劝饿人吃饭,不能算是救活饥饿的人;不能开荒生产粮食而只是劝君主施舍赏赐,不能算是使民众富裕的人。现在学者的言论,不重视农耕而好谈论施舍赏赐,只晓得称引虚假的圣人来取悦于民众,这就像是没有美好的食物却劝饿人吃饭一样。这种画饼充饥式的说教,英明的君主是不会接受的。

图七 传洛阳金村韩墓出土战国长袖曲裾衣舞女玉雕

古今情况不同,民情风俗也就大有差异。在韩非看来,古代的百姓老实而愚蠢,当今的百姓聪明而狡猾。有人想用古代那种宽缓的行政手段来治理当代的民众,也就等于不用马笼头和鞭子而想驾驭烈马一样。韩非的意见也就是后代所说的"乱世用重典",要用严刑峻法来驱使民众,使他们就范而为上所用。

社会在发展,历史在前进,政治措施也应该不断调整。韩非总结历史经验道:"世异则事异"〔时代不同了,事情就会跟着变化〕,"事异则备变"〔情况变了,措施就要跟着改变〕。"故事因于世,而备适于事"〔所以政事随着时代的变化而变化,措施必须适应已经变化了的政事〕,"是以圣人不期修古,不法常可,论世之事,因为之备"〔因此圣人不羡慕远古的时代,不效法永恒不变的常规,而是研究当代的形势,从而采取相应的措施〕。

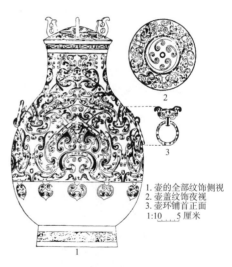

1. 壶的全部纹饰侧视
2. 壶盖纹饰夜视
3. 壶环铺首正面
1:10 ____ 5厘米

图八　传洛阳金村韩墓出土　　　图九　重庆涪陵战国末年墓葬出土
　　　金银错龙纹铜镜　　　　　　　　错银铜壶

应该说明,古代地广人稀,即使像韩国这样人口密度较高的地区,也还是大有发展生产的余地的。韩国土地瘠薄,人民生活比较困苦,当然也是国力弱的原因之一。但社会上的动乱，可不是因为人口增长过快的缘故。奴隶制的残余，贵族阶层的腐朽无能，统治阶级的残酷剥削，这些才是社会动乱的主要根源。韩非对社会问题的分析当然有不正确的地方，但他要求根据社会现状采取新的政治措施，则是正确的。他在考察社会问题时，不再抽象地谈什么仁义推让等等，而是根据时代的发展，从社会经济问题着眼，去考察种种社会现象的变化，这在观点上是一大进步。

三、变法的成败与国家的兴亡

主张以法治国的政治家，很早就已经出现，齐国的管仲、晋国的狐偃等人，都有明法的言论和措施。战国前期的吴起、中期的商鞅，都是著名的法家，并且为了实现自己的政治理想而献出了生命。实际说来，每一个阶级都有他们的法，法家主张实施的法，体现了地主阶级的意志，反映的是这个阶级的愿望和利益。

法治是与礼治相对而言的。时至周代，统治者出于维护等级秩序的需要，就已拟订出种种礼制，他们为贵族阶层的生活起居和行政措施规定了许多行动的准则。随着社会的发展，礼制日益细密，其中贯穿着"亲亲"〔亲爱亲人〕、"尊尊"〔尊重尊长〕的精神，这样做的目的，就是协调地主阶级的行动，维护统治集团的最高权力，使得上层人物能有巨大的力量管好下层民众。"礼不下庶人"，它只实施于当时的统治阶级；"刑不上大夫"，虽然这不是说对上层人物不再有诛戮之事，但它明确无疑地宣布，镇压的对象是下层百姓。

法家兴起之后，首先要求打破周初以来形成的等级制度和宗法制度，扫除"亲亲""尊尊""刑不上大夫"等传统观念。从原则上说，除最高统治者——"王"之外，所有的人都应守法。下层百姓如果立功，一样可以得奖；上层贵族如果犯罪，照样要受惩罚。秦孝公的太子触犯刑法，商鞅就把他的师傅捉去割掉了鼻子，说明法家确是不畏权势，坚决贯彻其政治主张。而实施法家的用人主张，也就废掉了前此的世卿世禄制度，能够起到推动历史前进的作用。

春秋、战国之交，各诸侯国中或先或后地兴起过变法的运动。哪一个国家变法成功，这个国家的力量就蒸蒸日上；哪一个国家变法失败，这个国家就日趋落后，最后终于灭亡。因为变法的成功与否，说明这个诸侯国中旧制度的改革是否彻底，新制度的建立是否牢固。对那些长期处在世袭贵族统治之下的国家来说，要想实行彻底的变法，当然是一场严重的斗争。秦国僻处西陲，文化落后，原先的社会发展阶段比较低，君臣之间都没有法制的观念，只凭私意处理一切事务，国家一直不能强盛起来。商鞅劝秦孝公变法，奖励耕战，抑制工商业，提倡告发坏人，巩固君权，改变社会风气，秦国的百姓却是习惯于过去的一套，有罪也不见得会受惩罚，无功也可以取得尊显，因此把触犯新法不当作一回事。商鞅严厉地加以惩治，不稍宽贷；对有功的人、告发的人，也严守信用，优予奖励。这样，坏人固然逃不出法网，但受刑的人多了，下面也怨声载道，不时反映到朝廷中来。秦孝公不听，坚决支持商鞅变法，百姓日后知道有罪一定会受到惩罚，有功一定会得到奖励，于是国家大治，国力日强，终于使这个后进的国家一跃而入先进的行列。这是法治取得良好效果的范例。

楚国的变法却是遭到了严重的失败。楚悼王时，吴起主张变法，把无能的官吏和不急需的官职一律裁撤，削减官吏的俸禄，把节约下来的钱财用于供养选练出来的士卒。他禁止私门请托，改变楚国风俗。在他的整顿下，楚国趋于强盛，曾经打败过魏国，势力一度侵入到黄河边上。这是战国初期的事。

但楚悼王一死，吴起就遭到了贵族的杀害。他们对吴起的变法痛恨至极。因为吴起曾规定，享有领地的贵族三世之后就要取消爵禄，有的贵族还得充实到地广人稀的地方去，这怎么会不引起他们的激烈反对？楚国旧贵族的力量是很强大的，吴起变法失败，这个国家也就不能再振作起来了。尽管楚国地广人多，物产丰富，但却无法与新兴的秦国抗衡，只能一步步地忍受欺逼而走上沦亡的道路。

韩国的国力是这么弱，而旧贵族的传统势力又是这么强，这就决定了这个国家只能长期处在窘迫的境地。韩非是多么希望在自己的宗主国内也出现一场彻底的变法运动，但它在历史上从未出现，而他自己又没有参与过政权的管理，无法施展他的抱负。他只能从事理论上的建设，总结前人有关法治的理论，结合新的情况，对这种先进的学说多方面地予以阐发。

四、法的内容和特点

(一) 为什么要实施法治

战国之末，社会经历着巨大的变革，新旧交替之时，人们的观念也经常陷入混乱的状态。韩非在《诡使》《八说》《六反》等文中对此作了深入的揭示。

譬如说：有一些怕死而逃避危难的人，打仗时就会投降败逃，而社会上却尊之为珍惜生命；有一些创建学说的人，触犯了法令，而社会上却尊之为搞学术活动；有一些人到处游说以取得优厚的俸禄，实际上是在混饭吃，而社会上却尊之为有能力的人；有一些人善于诡辩玩弄智巧，奸诈虚伪，而社会上却尊之为有口才、有智谋；有人仗剑行凶，是一些残暴的冒险分子，社会上却尊之为勇敢而有锋芒；有一些人隐藏盗贼包庇罪犯，应该判他们死罪，而社会上却又认为他们应该享有声誉。相反，有人奔赴国家危难忠诚献身，很有节操，社会上却贬之为不善于算计；有人见闻少而顺从，老实守法，社会上却贬之为浅薄愚昧；有人努力耕作，生产财富，社会上却贬之为低能；有人单纯朴实厚道，正派善良，社会上却贬之为蠢笨呆板；有人对待国家的事小心谨慎，尊奉君主，社会上却称之为胆小怕事；有人打击坏人，制止坏事，使君主明察，社会上却说他是在讲人坏话，拍上面的马屁。就这样，奸诈虚伪无益于国的人，却受到舆论的吹捧；努力耕战有益于国的人，却遭到舆论的诋毁。是非颠倒，大家思想上一片混乱，国家的政治又怎能走上正轨？

问题的严重性还不仅于此。人们受社会观念的支配，随波逐流，常是听从错误的舆论，而不去信从国家的法令，结果私利和公益之间起了尖锐的冲突。对待那些有益之民和无益之民，社会上出现了混淆不清、认识模糊的现象。因为他有功，因而给他爵位，却鄙视他做官；因为他耕作努力给他奖赏，却看不起他建立家业；因为他不愿意被录用而疏远他，却推崇他轻视世间荣辱；因为他触犯禁令而责罚他，却赞美他有勇气。毁誉赏罚互相矛盾，所以法律禁令被破坏，民众越发混乱。兄弟遭到侵犯，一定帮着反击，就认为有棱角；好友受到侮辱，立即替他报仇，就认为节操好。他们以此出了名，但却已犯了法。君主尊重这种忠贞、方正的道德，而忘了他们违反法令的罪过，所以人们逞勇犯禁，而官吏不能制止。有人不从事农耕，而衣食有余，又被认为是能人；有人不作战立功而地位显要，又被认为是贤才。君主喜欢这种"贤""能"的作为，而忘记了兵弱地荒的祸害。这样，就大大激发了谋私利的行为，而严重地损害了国家的利益。

改变这样的局面，统一全国的思想，也只能靠法治。法令确立，一切不符合法令要求的言行，都要制止。法令上明确规定，哪些行动得到鼓励，可以得赏；哪些行动必须制止，犯则获罪，大家的言论行动也就有准则可依。但有一些对新制度怀有二心的人，造作各种学说，诋毁法令，君主如果不能明察，慕其虚名，予以礼敬，那么也就有人搜索枯肠，处处与法令上的规定唱反调。长此下去，国家的法制也就会遭到破坏。所以韩非总结道：以法令治国，国家就强；用私意治国，国家就乱。法制牢固树立起来之后，也就没有一个人能谋私利了。

法是裁决是非的标准。办事缺乏准则，则不管你是怎样的高手，也会出差错。因此，治国的法，好比工匠制作时所用的尺度。善于造车的奚仲，如果不用规矩，也就制作不出一个车轮；著名的巧匠王尔，如果不用尺寸去比试而说长道短，符合标准的制品怕不能过半数。圣王如唐尧，如果废弃法术而专凭一心之运用，也就无法治好一国。所以韩非在《问辩》中说：“明主之国，令者，言最贵者也；法者，事最适也。言无二贵，法不两适，故言行而不轨于法令者必禁。”〔在英明君主统治的国家里，命令是最尊贵的言辞，法律是处理政事的唯一准绳。除命令外，没有第二种尊贵的言辞；除法律外，没有第二种行事的准绳：所以言论和行动不合乎法令的必须禁止。〕

（二）法治的基本内容

韩非是一个法治理论家，不是一个法令的制订者。在他看来，制订法令的权限，仅限于官府。因此，他给“法”下的定义是：

> 法者，宪令著于官府，刑罚必于民心，赏存乎慎法，而罚加乎奸令者也。此臣之所师也。〔所谓“法”，就是法令由官府制定，刑罚制度在民众思想上扎根，奖赏守法的人，惩罚犯法的人。这是臣下要遵循的。〕（《定法》）
>
> 法者，编著之图籍，设之于官府，而布之于百姓者也。〔法是编写成文，设置在官府里，公布到民众中去的。〕（《难三》）

由此可知，他讲的法，是指用文字详细规定下来的成文法。这种法令必须由上级制订，官府颁行；必须做到家喻户晓，作为人人遵守的准则。

君主治国必须以法为准则，臣子的行政措施，民众的日常行动，都应该符合法制的规定。

君主推行法治，关键在于掌握好"使法择人"和"使法量功"。韩非在《有度》中论述道：英明的君主凭法制来选择人才，不凭自己的好恶选拔；用法制来衡量功劳大小，不凭主观揣度。有才能的人不被埋没，坏人无从掩饰，徒有虚名的人不予提拔，被恶意诽谤的人不会免职，那么君主对臣下的是非功罪都能明辨清楚，国家就容易治理，所以君主应当一切依据法制办事。

君主有法度的观点，能够明察得失，也就不会被臣下的狡猾虚伪所欺骗；他以法度为准则，再去听取外边的意见，也就不会被是非颠倒的舆论所迷惑。相反，他若不依法办事，选拔人才时，只凭该人的名声；惩治下属时，只凭他遭受到的恶名，那么一般人也就会违法乱纪，只在外面拉关系，互相包庇利用。国家选拔不到能人，坏人却纷纷钻进朝廷，内外勾结，蒙蔽君主，他们即使犯了弥天大罪，而为之掩饰的人很多，君主也不会发觉。这样君主的处境也就危险，国家也就会遭到篡夺而灭亡。

国家设置许多官职，它们的职权范围，要求官吏做出什么成绩，在法律上都有明确的规定。每一个官吏都只担任一种职务，不兼职，不办第二种事务。英明的君主使他们办事互不侵犯，因此不会发生争辩；使臣下不兼其他职务，因此本领就有专长；使臣下不为同一件事立功，因此不会争功。争执没有了，本领又有专长，强的和弱的就不会相斗，正像冰和炭不在一个器皿里一样，天下的人不得相互伤害，这才是治国的最高境界。

韩昭侯喝醉酒后睡着了,主管帽子的小臣看到君主要着凉,就给他披上件衣服。昭侯醒来,很高兴,问是谁加上的衣服?左右回答:是主管帽子的人。韩昭侯就同时责罚主管衣服和主管帽子的人。责罚主管衣服的人,是因为他失职;责罚主管帽子的人,是因为他越职。韩昭侯并不是不怕着凉,而是以为越职的危害超过了受寒一事。这也是君主必须注意的原则。

一个国家如果能够获得臣民的竭诚拥护,也就可以收到富强的效果。这里的关键还在于赏罚是否得当。英明君主的施行赏赐,温润得像及时雨,百姓都受到他的恩惠;而他施行的刑罚,可怕得像雷霆,就是神圣也不能解脱。因此英明的君主没有随意的赏赐,也不赦免刑罚。确实有功劳,虽然是疏远卑贱的人,也一定给予赏赐;确实有了过错,虽然是亲近喜爱的人,也一定加以惩罚。这样办了,前者做事就不会懈怠,后者平时也不会骄横而违法。

巧匠用眼睛测量,虽能和墨线一样平直,但是必定先用规矩来量度;智慧极高的人虽能很快地把事情做得合适,但一定要用法度作为准绳。所以用墨线来量直,弯曲的木头就要砍削;用准来量平,凸出的部分就要削去。以法治国,只是依此处理罢了。法不偏袒地位高贵的人,犹如墨线不迁就歪曲的东西。受到法的制裁,有智慧的人不能用言辞辩解,好勇的人也不敢用武力抗争。惩罚罪过,对大臣也不饶恕;奖赏好事,连普通民众也不遗漏。所以矫正上面的过失,追究臣下的奸邪活动,平定纷乱,判断谬误,削减多余的,纠正错误的,统一人们的行为规范,没有比法更好的了。

那些理想中的圣王,他们实施的法治,赏赐足以奖励人们做好事,威刑足以制服暴乱,其措施足以保证法制不断完善。于是好的东西就会像春天的草木那样蓬勃生长,坏的东西就会像秋天的草木那样枯萎凋落。所以人们互相鼓励,乐于为国君尽忠竭力,这样君主与臣民也就相宜相得。

不管目标而乱放箭，即使射中了很小的目标，也不算技艺高超；不凭法制而无故发怒，即使把奸人杀掉，他们也不会害怕。所以治理得最好的国家，根据法制实行赏罚，而不凭个人的喜怒，所以圣人能够达到治国的最高境界；根据刑法杀人，而不逞私威害人，所以奸人也服罪。

只要真正按法办事，那么就是那些受到惩罚的罪人，对执法的官吏也不会有什么私怨。孔子在卫国做官时，弟子子皋任刑狱的官吏，砍掉犯罪人的脚，而又派他守门。有人在卫君面前中伤孔子说："孔丘想作乱。"卫君要捉拿他，孔子就逃走，弟子也四散逃奔。子皋跟着逃出了门，砍掉脚的人引导他逃到大门边自己住的一间屋子里，把他藏了起来。到了半夜，子皋问砍掉脚的人说："我不能破坏君主的法制，亲自下令砍断了你的脚，现在正是你报仇的时候，你为什么反而肯救助我？"砍掉脚的人说："我被砍掉脚，本来是罪有应得，没有办法的事。然而当你按刑法给我定罪时，你反复推敲法令，先后为我说话，很想免去我的罪，这我是知道的。等到定罪之后，你又感到局促不安，很不愉快，这我也是看得出来的。这并不是私情袒护我才这样做的，而是仁爱之心的自然表现，这就是我所以心悦诚服而对你有好感的原因。"

与上相反，臣子如果立了功，那也用不到感谢君主，因为按照法律上的规定，他应该得到这样的奖赏。田子方从齐国到魏国，远远望见翟黄乘着有骑队卫护的轩车，还以为是魏文侯出来了，赶忙把自己的车子移到另一条路上去。接近之后，始知是翟黄，田子方就说："你为什么乘这车子？"翟黄说："君主想讨伐中山，我推荐翟角而计谋得以确定；将去讨伐，我推荐乐羊而攻克了它；已经得到了中山，又担心如何治理，我推荐李克而治好了这个地方。因此君主赐我这种车子。"田子方说："翟黄得到的宠爱和他的功劳相比，还薄了一些。"

　　　　　　徐波外集

臣子平时有怎样的待遇,对外有怎样的排场,在法制上也有规定,不能有所出入。管仲出门时坐的车用朱红车盖和青色车衣,回来时又用鼓乐引路。庭院里陈列着大鼎,还拥有全国商税十分之三的收入。孔子说:"管仲是个好大夫,但他享受太过度,威胁到了君主。"孙叔敖做楚国令尹时,乘坐用竹木做棚的车子,用母马拉车,吃的是粗米和菜做的浓汤,用干鱼做菜肴,冬天穿羊皮袄,夏天穿葛布衣,面上常带饥色。孙叔敖是一个好大夫,但他过于俭朴,也就威胁到了下边的人。因为宰相的水平只是如此,那么位居下属的人又将如何享受呢?

在法制的拟定上,商鞅曾经作出过很大的贡献。商君之法规定,立功如何得奖,有罪如何责罚。法家先驱者的学说,当然会对韩非产生影响。

法家认识到君臣上下之间充满着矛盾,君主必须想出各种办法来钳制住民众。君主不能依赖民众对他的敬爱,而要让他们不得不爱,他要让天下人的眼睛都帮他看,天下人的耳朵都帮他听。具体的办法,就是把民众编制起来。商鞅在秦国就实行了连什伍之法,设告坐之制。户籍的编制,五家为伍,十家为什,一家有奸,九家告发;若不告发,九家同坐。韩非在《八经》中加以发展,说:"用一人察得十人的阴谋活动,是揭发下面阴谋活动的办法;用十人察得一人的阴谋活动,是揭露上面阴谋活动的办法。英明的君主兼用上、下两种办法,所以坏人不会有所遗漏。伍、闾、连、县各层组织人人都像邻居一样,互相监督,告发坏人的就赏,不告发坏人的就罚。上级对下级,下级对上级,也是这样。所以上面和下面,贵者和贱者,都相互畏惧而不敢违法,互相劝导立功得利。"这些镇压民众的手段,后代的统治者都奉为至宝,一直沿用下来。

总的说来,法家的宗旨是:法令是一切行政事务的准则。人们的一言一行,都按法令上的规定来办,而法令的制订权在官府,法令的解释权在官吏，所以韩非在《五蠹》篇中申述的理想是："故明主之国，无书简之文，以法为教；无先王之语，以吏为师；无私剑之悍，以斩首为勇。是境内之民，其言谈者必轨于法，动作者归之于功，为勇者尽之于军。是故无事则国富，有事则兵强，此之谓王资。既蓄王资而承敌国之衅，超五帝、侔三王者，必此法也。"〔所以英明君主的国家，不以文献典籍而以法令为教材，禁绝先王的言论而以官吏为老师，制止游侠刺客的凶暴举动而鼓励杀敌立功的勇敢行为。这样，国内的百姓一切言论必须合乎法令，一切行动必须有助农耕，一切勇力必须用于上阵杀敌。于是太平时国家富足，战争时兵力强盛，这就叫做称王的条件。已经积累起了统一天下的条件，再利用其他诸侯国的弱点，那么超过五帝赶上三王，一定得靠以上这些办法。〕

可以看出，韩非有关法的理论中有着许多合理的因素，可供后人借鉴。他对社会问题的分析，也有许多精辟的见解。但也正像孟子所说："徒法不足以为治。"即使韩非的理想全然实现，出现的情况也只能是：一国之内，没有文化，没有学术，只有各种法令，只有各级官僚。人们头脑简单，只是服从于官吏的管教，被编织在一个严密的法网中严加控制。就算是他们所制订的法令如何先进，但是那种赤裸裸的僵硬的官僚统治，也是何等可怕！

（三）立法的原则

韩非指出：国家的强盛和衰弱并不是一成不变的。君主坚决推行法治，国家就强；君主不去推行法治，国家就弱。魏国按照《立辟》这部法典从事法令建设时，有功者必赏，有罪者必罚，也就国力强盛，威行四邻；日后它执法马虎，论功行赏时胡乱给予，国力也就衰弱了。赵国和燕国的情况也一样。可见君主能不能正确地推行法治，对国家的命运来说，实在是至关重要的。

法令是否统一，是否稳定，影响到国脉的是否巩固，韩非把这看作国家存亡的根本，在《亡征》篇中再三强调，对君主一再发出警告。有的君主喜欢用小聪明去改变法制，经常用个人行动去扰乱国家事务，法律和禁令不断改变，号令前后矛盾的，国家就可能灭亡。能说会道而不合乎国家的法令，头脑聪明却缺少手腕，君主多才多艺而不按照法度办事的，国家也有可能灭亡。

英明的君主办事时，都把法令作为判断臣下功过的标准。从前舜使官吏治理洪水，有的官吏在命令下达之前就立了功，舜以为他擅自行动而把他杀了；禹朝天下诸侯于会稽之上，防风氏后至，禹也把他杀了。这就说明，一切不合法令要求的行动，都要受到惩罚。

吴起是著名的法家，执法极为严格，这在他日常生活中也反映出来。有一次他拿出一条丝带，叫妻子照样织一条，妻子织好献上，却比原来的还好。吴起就说："叫你织带，照这样子，现在却是特别的好，这是为了什么？"他的妻子说："用的材料是一样的，只是特别用了工夫，所以比原来更好。"吴起说："这不是我原来的吩咐。"也就把她休回娘家了。女方家长去请求，吴起说："我这里从不说假话。"法家的态度就是这样，说一不二，不为私人感情所动，一切以法为准。

法是裁决一切事物是非功过的标准。标准有它的客观性，不以人的主观意志为转移。它就像人们用来观照的镜子和衡量的衡器一样。镜子保持明亮而不受干扰，美丑就自行显示出来；衡器保持平正而不受干扰，轻重就自行显现出来。假如在照镜子时动摇它，那就无法看到正确的形象；在称量时动摇衡器，也就无法求得正确的斤两。法的情况也一样。所以立法的圣王把道作为治事的常规，把法作为立国的根本。遵循"道""法"办事可以取得万全的结果，凭借智能则往往导致失败。

在韩非的文章中，已经屡次出现"道""法"连用的情况。在《大体》

篇中,还提出了"因道全法"的观点。这也就是说,法之所以完美,是由于它依据着道。这里他又把道家的基本哲学概念作为思想资料引用了过来,加以改造,赋予规律性的新义。既然自然界的一切都是有规律的,那么作为处理各种社会关系的法,也就是自然界的规律在政治领域中的体现。世上万事万物包括人类社会在内都合乎规律,那不是理想境界出现了么?

应该说,法家论法而注意到道,这是政治思想史上的一大进步。他们所以能在道法的基础上构拟理想境界的蓝图,则是由于当时的地主阶级还处在上升时期,他们觉得自己还有前途,对自己的社会制度的优越性深信不疑,因而还想以此说服人们来信从这样的制度。

"法"的制定遵循着社会活动的规律。因此"法"的内容,不违背自然常规,不伤害人的本性,不吹毛求疵,不苛察隐微的事情;超出法禁之外,就不能宽恕;没有违犯法禁,就不能加刑。所以每一个人的得祸还是得福,取决于他是否遵守客观法则和国家法度,而不是由于主观上的喜爱和厌恶;招致荣誉和耻辱的责任在于自己,而不在于他人。这样的法,顺乎天理,合乎人情。这样的法,也就会得到群众的拥护。

法制上的规定,一定要实事求是,让官吏经过努力能够做到。假如君主树立了难以达到的标准,而去责怪臣下没有达到,臣下就会产生私怨;使臣下丢掉自己的专长而去从事难以胜任的事情,他们的心头也会积下怨恨。君主对他们的劳苦不加抚慰,对他们的忧伤不加同情,臣子之中也就会出现背叛的人。

法中规定的赏,必定是臣民能够达到的;规定的罚,一定是能够避免的。所以德才好的人受到鼓励,努力建功立业,而不会像伍子胥那样,反而遭到杀身之祸;德才不好的人也可减少犯罪,而不会像宋康王那样,有人因天生驼背的缺陷而受到他剖背的酷刑。这就等于瞎子处在平坦的地方而不会遇到深涧,愚痴的人保持安静的生活而不会陷入

徐波外集

危险的境地。人们生活在这样的法网中，不会感到有什么障碍。相反，"人无离〔遭到〕法之罪"，正像"鱼无失水之祸"，人们反而感到一刻也不能离开法而生存。

时代在变化，法令也应该随着变化。当今之计，必须制订出符合新时代要求的法令来。一些思想保守的人却总是嚷嚷地说："不要改变古法，不要改变常规。"韩非认为，法的变与不变，不应先验地加以决断，而要看它合不合乎实际，在现实生活中是否行得通。如果伊尹不改变殷代成法，太公不改变周代成法，那么商汤和周武王也就不能称王天下；假如政治家管仲不改变齐国的成法，理论家郭偃不改变晋国的成法，那么齐桓公和晋文公也就不能称霸天下。韩非是有进化观点的人，在法的问题上当然也会持同样的观点。社会不断向前发展，那么适应时代要求的法也应随之不断发展。所以他在《心度》篇中强调："故圣人之治民也，法与时移而禁与能变。"〔所以圣人的治理民众，法制要随着时代的发展而变化，禁令要随着玩弄智巧者的表现而改变。〕

法令确立之后，应该坚决贯彻执行，不宜朝令夕改，使人无所适从。他在《解老》篇中援用了道家虚静无为的学说来说明这种道理。法令的制订是国家的大事，一有改动，就会牵涉到千家万户的利害关系，如果改动多了，百姓的正常活动也就会被扰乱。这就等于像人们煎鱼一样，一会儿往这边翻，一会儿往那边翻，翻来翻去就把鱼翻烂了。所以韩非说，国家老是变法，民众也会感到痛苦，因此"有道之君贵静，不重变法"。这与前面要求改变古来成法的观点没有矛盾。他是强调适合时宜的法令确定之后，不要时时变动，以此来维护法令的权威作用。

推行法治，就得取信于民，历史上曾经传下许多有趣的故事。吴起为魏武侯守西河的时候，把一个车辕靠在北门之外，下命令说："有人能够把它搬到南门之外去的，赏赐给他上等的田宅。"人们开始不相信，没有人去搬它，后来有人姑且试试，吴起就照原先的命令如数给予赏赐。不久他又把一担赤豆放在东门之外，下命令说："有人如能把它搬到西门之外去的，给予上一次同样的赏赐。"这次人们就争先恐后去搬它了。吴起看到命令已经奏效，群众已经信任，于是下命令说："明天去攻打秦国的一个前哨堡垒，首先攀登上去的赐给他上等田宅，让他做大夫。"于是，人人争先恐后地前去攻打，一下子就把堡垒攻下了。

应该说明，韩非把法说得这么美妙，含有宣扬这种新思想的意思。作为一个法治理论家，对法能起巨大的作用，当然是深信不疑的。但从他所举出的一些例子中，又可看出法令苛细、动多拘碍，绝不像他理论中所说的那么美妙。商代的法令规定，对倒灰在大街上的人要砍掉手。子贡说："倒灰的罪很小，砍手的刑罚很重，古人为什么这么严酷?"孔子说："不去倒灰，这是容易做到的事;砍掉手，这是人人害怕的。使人做他容易做到的事，不去遭到厌恶的刑罚，这是正确的治国之道。"试想：人们要能适应这么苛酷繁密的法令，不知要付出多少代价，流下多少血泪。

齐景公时政治混乱，刑罚惨重，晏子劝谏他说："现在被砍掉脚的人太多，装假腿的人穿的鞋子价钱昂贵，而常人穿的鞋子价钱反而便宜了。"韩非认为晏子不懂得如何治理国家。执行刑罚，受刑多少无关紧要，问题在于是否"准"。刑罚恰当不嫌多，刑罚不当虽少也不好。晏子不以刑罚不当告诉景公，而以用刑太多来劝说景公，这也就是不懂得"术"的表现。韩非的这种看法，当然有其合理的地方，但受刑的人多了，这种刑罚合理与否本身就应加以考虑。从这些地方来看，韩非的法毕竟代表的是统治阶级的利益，为了政权的稳定，对下层民众可以毫无顾忌地鼓吹严刑。

由上可见，韩非的法治理论，既有它先进的一面，也有不可取的地方。这种地主阶级新的思想武器，在扫除贵族阶层"亲亲""尊尊""刑不上大夫"等社会观念和不合理的社会制度方面,是锐利的思想武器,因而在韩非的笔下,显得生气勃勃,富于幻想。但它又是地主阶级镇压广大人民的手段,因而有其残酷的一面。法的两面性,应该从这一阶段地主阶级的两重性中求得解释。

五、术的内容和特点

(一)术的产生

韩非是著名的法家。如上所言,他在法的问题上有许多重要的论述,但是近代有些研究韩非思想的人说,我们与其称他为"法家",还不如称他为"术家"。这是因为他在术的问题上下的工夫更深,论证最为充分。在《韩非子》一书中,有关术的文字在数量上要远远超过论"法"的文字。

追本溯源,人类产生法的观念,要比术的观念早得多。《左传·昭公六年》说:"夏有乱政而作《禹刑》,商有乱政而作《汤刑》,周有乱政而作《九刑》。"这些刑书的内容究竟怎样,因为年代久远,已经难以了解,只是随着私有财产的出现,阶级社会的产生,统治者为了维护自身的利益,也就制订了若干"法""律"性质的文件。随着时代的发展,社会问题日趋复杂,这类法制的内容也就越来越细密。一些著名的政治家,大都有过明法的言论和行动。可以说,韩非在阐述"法"时所凭借的思想资料,比之术的问题要丰富得多。

政治领域内出现术的问题,那是比较后起的。因为处在此前阶段的政治结构之下,用不着注意这问题。商、周两代逐步建立起了严密的宗法制度,居于统治地位的贵族按血统的亲疏远近组织起来,共同维护以大宗为代表的本族利益。随着宗法制度而出现的,是由分封制度而产生的各级地方政权。天子的兄弟、儿子领有封邑，他们在自己的领域内，是掌握大权的贵族；对王室来说，则是拥戴君主的臣下。这种封地内的首要人物，又把自己的兄弟、儿子分封出去。这样层层分封，把同一血统的人分封各地，利用亲属关系共同维护政权。一些并非出于同一血统的异姓诸侯，则用婚姻关系加以维系。因此，君主与异姓诸侯之间，不同姓的诸侯之间，仍有血缘关系，以此作为纽带而把大家团结起来。

这样的国家中的贵族，除个别外，辗转都有血缘关系。彼此之间不是同姓的亲族，就是异姓的亲戚。因此，周天子称同姓诸侯为"伯父""叔父"或"兄弟"，称异姓诸侯为"伯舅""叔舅"。这样的称呼，绝不是什么客气，而是实际情况的反映。

由此可见，这一阶段的君臣关系实际上是宗族制度的扩大，君主统治臣下犹如家长管教子女。家长一有命令，子女就得绝对服从，大家都为同一宗族的利益而统一行动。臣下如有不法行为，君主加以制裁，那也犹如族长按照族规惩治族人。同宗的人也会为了一族的利益而监督他人。因而这时还用不着提出什么防奸的术。

到了春秋之后，社会结构起了很大的变化，君主任用的臣子，不一定是属于同一血统之内的族人了。到了战国之后，这种情况已成常态。处在激烈的斗争中，君主必须选拔一些有能力的人到重要岗位上。这一类人，与君主之间大都没有什么个人的情谊，二者之间的结合，只是出于利害关系上的考虑，所以田鲔教育他的儿子田章说："君主出卖的是官爵，臣子出卖的是智力，所以只能自己依靠自己，不能依赖他人。"可见当时的人都已充分认识到君臣之间实际上只是一种买卖关系。

二者之间既然只是利害关系的结合，臣子为了获得权势就经常玩弄手段；而社会结构又起了很大的变化，原先用来维护上层统治者的

徐波外集

一套办法已经不起作用了，君主得时时提防臣下的阴谋活动。于是，察奸的术也就发展起来了。

（二）术的理论基础——人性论

韩非阐述"术"的原则时说明："术"之所以需要，各种手段之所以奏效，都与人的本性有关。他的学说建立在对人们心理分析的基础上。他认为，每个人都有趋利避害的本能。人与人之间的关系，都是利害关系。

他论证道：医生替人治病，甚至用嘴去吮吸伤口上的血。他和病人之间，又非骨肉至亲，所以如此做，只是为了利益就在于治好伤口这一举动上。所以造车的人希望人家升官发财，做棺材的人希望人家早死，这并不是说造车的人天性仁慈，做棺材的人天性刻毒，而是因为人家升官发财之后，就会来买他的车子；人家早死之后，就会来买他的棺材。二人心意如此，都是由他们的利害关系决定的。

人的本性无所谓好坏，都由他们的利害观念所决定的。君主拥有最大的权势和财富，有人若能取代他的位置，也就攫取了最大的利益，所以君主经常处在最危险的状态中。他像车辖辕上的心子，许多辐条归向他那里，实际上是追求利益的欲望都像辐条一样射向他。君主成了群臣对准的目标。

大家知道，韩非曾经提出过"备内"的说法，他认为君主跟他的妻子之间都有矛盾，后妃夫人也会希望君主早些死去。为什么呢？因为夫妻之间并没有什么骨肉之间的恩泽，丈夫爱她，关系就亲；不爱她，关系就疏。男人到了五十岁时，精力还很充沛，好色之意不减；女人到了三十岁，容貌就会衰退。以容貌日见衰退的女人去侍奉好色的君主，也就会遭到疏远和贱视。自己失宠之后，儿子也会因此而失掉继承人的机会。如果事情向另一方向发展，君主死去，后妃夫人立为王后,儿子继位为君主,那她大权在握,无所顾忌,可以找个小男人,重享男女之乐。可见君主的后庭内也充满着尖锐的矛盾。而且臣下还会利用君主夫妻之间的关系来攫取政权,他们看到后妃夫人得宠的有利条件,讨好她们,使之在适当的时候,例如君主酒醉饭饱之时,提出要求,迷惑君主,窃取权力。这对君主也构成了巨大的威胁。

韩非警告君主说:他的身边有八种奸人,第一种就是睡在一张床上的人,第二种就是身边的侍从,第三种就是家族中的父兄……有人说过,韩非的笔犹如医生的一把解剖刀,把社会上的种种病态一一剖开,把病痛血淋淋地暴露在你面前,使你感到心惊胆颤,而他不动声色,仍是把表皮剥去,一层层把肌体中隐藏着的疾患抉发出来。儒家描写的种种伦理关系,总是温情脉脉,强调的是人与人之间和谐协调的一面,韩非则着重揭发人们生活中隐私的一面,一些不便于启口的问题,他也说得出口,而且说得深,说得透,让你无话可说,只能在事实面前感到战栗。就像他分析君主夫妻之间关系的这些文字,你也不能说他没有道理,古往今来,帝王之家不是充满着夫杀妻、妻害夫的事例么?

但韩非所看到的,只是以私有财产为基础的社会中的一些现象。人们为了追求财富和权力,可以不择手段,君主拥有最大的财富和权力,那当然会成为争夺的最大目标了。从这个方面来看,他的学说还是符合实际的。但也并非人人都是如此。人与动物不同,他有思想,能够接受教育,树立起崇高的信念。舍己为公,舍生取义,这在中国历史上一直不乏其人,更不要说是接受了人人为我、我为人人的教育之后的一代新人了。由于时代的局限,韩非是不会也不可能认识到人世间是可以出现这种人物的。

但是君主首先需要防备的,毕竟首推臣子。因为这些人与君主关系密切,手中也有权力,容易控制政权,进而篡夺。法家治国,分为三个层次,君主、臣子和民众。民众散布各地,人数众多,君主又怎能一一把他们管束好? 有如人家失了火,你让官吏亲自提水去救火,那只能起到一个人的力量,你让他拿起鞭子驱策众人前去救火,那么也就可以起到很多人的力量。所以"圣人不亲细民,明主不躬小事",他应采取"治吏不治民"的原则。这也等于用网打鱼,假如要把网眼一一掰开后才能捕鱼,那也未免太烦劳了,你只要抓住纲,鱼也就在网中了。官吏就是网民的纲,君主只要抓紧这纲就行了。因此,他要加以控制的,主要也就是这类臣子。

有人想要暗害你,向你放冷箭,那你就得觑准来箭的方向预先准备。假如暗箭来自四面八方,那你就得构置一个铁室,置身其中,求得安全。这还是从消极防守方面着眼而采取的措施。从积极防治方面来说,则君主对待臣子,应当像驯养乌鸦的人调养这种飞禽一样:剪断它的翅膀和尾巴下边的羽毛,乌鸦就必须靠主人来喂食,怎能不驯服?君主畜养臣子也应如此,使他们不得不贪图君主给的俸禄,不得不服役于君主给的名位。贪图于俸禄,服役于名位,臣子怎么能不驯服呢?

韩非之前,"术"说的代表人物是申不害。他的著作叫《申子》,原有六篇,后已散佚,只在《群书治要》卷三十六中保留着《大体》一文。其中很多论点,曾为韩非所沿用。他的一些事迹,在韩非的书中也有记叙。但韩非在总结前人的基础上,对这一问题作了充分的阐述。

(三) 术的运用

韩非对"术"下的定义是:

> 术者,因任而授官,循名而责实,操杀生之柄,课群臣之能者也。〔所谓"术",就是依据才能授予官职,按照名位责求实际的功效,掌握生杀大权,考核群臣的能力。〕(《定法》)

术者,藏之于胸中,以偶众端而潜御群臣者也。〔术是藏在君主心中,用来汇合验证各方面的事情而暗中驾驭群臣的。〕(《难三》)

可见"术"是君主用来察奸和防奸的一种权术。从公开的方面来说,是用循名责实的办法来考核臣下;从秘密的方面来说,则是指暗中用来控制臣下的一些手段。

韩非有许多论术的专篇,如《三守》《内储说上(七术)》等;其他许多文章中,也有大量论术的文字,而在内、外《储说》中,则又收集了许多古今用术的小故事。

君主要保住政权,必须掌握三条原则,那就是:心藏不露、独自决断和独揽权柄。

臣子向君主进言,议论到当权大臣的一些过失、执政者的某些错误、一般臣子的隐情,君主听到之后,不深藏于心,而去泄漏给左右亲信和善于钻营的人,这就会使那些想向君主进言的人先屈从于亲信和"能人"的心意,这样君主也就了解不到外面的情况而受蒙蔽了。

堂溪公见韩昭侯说:"现在有一只白玉的酒器,但底部已坏;有一只瓦壶,底部却是好的。您喝酒时,用哪一只酒器?"韩昭侯说:"用瓦壶。"堂溪公说:"做君主的人,泄漏臣子的话,也就像是没有底的酒器。"韩昭侯自此以后,听到臣子的议论,就单独睡觉,惟恐做梦时在妻妾之前泄密。

君主还不能在臣下面前表露自己的喜好。齐桓公喜欢女人,又很妒忌,竖刁就阉割自己而去管理后宫;齐桓公还好饮食,易牙就把自己初生的长子蒸熟后供他享用。齐桓公对这二人宠信不疑,结果生病之后,被他们深锁宫门,死在床上一两个月,尸体上的蛆虫爬出门外,外边还不发觉。所以君主好贤,臣下就会粉饰自己的行动来迎合,这样他们的真情也就表露不出来。

因此，君主在臣子面前，应该表现出昏昏沉沉，像喝醉酒的样子。群臣纷纷动嘴动舌，我却始终不开口；他们议论激烈，我却越发装作糊里糊涂的样子。君主像躲在内室之中，紧闭着门，还上了闩，偷偷地向庭院中观察，那么事物犹如近在咫尺，一切都呈现在面前。

对于国家事务，君主本不该亲自动手，他应该无为而治，一切事情自有臣下分头承担。君主考核臣下，防止他们玩手腕，就得仔细考察刑名是否相合。所谓刑名，就是言论和事实。君主需要讲求的就是刑名之术。

臣子如有某种主张，提出某种建议，君主就根据他的言论分派事情，专门从这件事情上责求功效。功效和所做的事情相当，事情和他的言论相符，就奖赏；功效和他所做的事不相当，事情和他的言论不相符，就责罚。假如他说大话而功效小，那就处罚，不是罚他的功效小，而是罚他的功效和言论不相当；说小了而功效大也要罚，不是不喜欢功效大，而是因为言论和功效不相当其危害超过了功效大，所以仍然要罚。臣子各有分管的专职，有人越职而争取有所表现，也不能允许。

所以君主蓄养臣下，臣子不能超越职权去立功，不能陈述不适当的意见。超越职权的要处理，陈述意见不当的要惩罚。臣下恪守自己的职责，所说的话都很真实，也就不能朋党勾结而狼狈为奸了。

但有那么一些人，他们盘踞在职位上，不发表什么意见，君主又怎样处置呢？韩非认为，君主驾驭群臣，使他们承担说话不当的责任，还要承担该说不说的责任。说话无头无尾，辩词无从验证的，这就是说话不当的责任；用不说话来逃避责任，保持重要权位的，这就是该说不说的责任。君主对发表言论的臣子，一定要了解他说话的来龙去脉，从而责求其实效；对不说话的臣子，则一定要他明确表态，是赞成还是反对，从而明确他的责任。那么臣子就不敢乱说，又不敢不说了，说话和不说话就都负有责任了。

人的行动是否正确，必须通过事实的验证，才能看得清楚。韩非把这叫做"参伍之验"，也就是多方面地从各种角度用事实加以验证。铸剑时，光看煅炼时掺锡多少和火色如何，即使是能工巧匠区冶子，也不能判断这剑是好是坏；但若用它到水上去砍杀鹄雁，到陆地上去砍杀大小马匹，那么就是低能的人也不会弄错剑的利钝。掰开马口看牙齿，端详外形，就是相马专家伯乐也不能判断此马优劣；把马套在车上奔跑，看它能走多远，那么就是下等驭手也不难识别这马好坏。

人都睡着了，就分不清谁是瞎子；人都不说话，就分不清谁是哑巴。睡醒了让他们看东西，提问题要他们回答，那么瞎子、哑巴就原形毕露了。你想访求一个大力士，而只听应试者的自我介绍，那么力气平常的人和秦国的著名力士乌获也就区别不开；如果拿一只大鼎，要他们举起来，那么水平的高下也就立即分出来了。因此，对那些想做官的人来说，官职也就是测试他们的大鼎，试试他们能否作出功效，那么愚蠢和聪明也就立即区分开来。齐宣王听人吹竽，喜欢合奏，动辄三百人。南郭处士请求加入乐队，吹竽的水平很低，而姿态却很花妙，宣王大悦，赐给他吃官仓供应粮的待遇。宣王死后，齐湣王继位，喜欢听独奏，让吹竽者一一表演，南郭处士赶忙溜之大吉。这就说明，考验臣下的行政能力应该注意个别测试，不要让他们混在大队人马中混饭吃。

为了测试臣下，起震慑作用，韩非还提出了"疑诏诡使""挟知而问"和"倒言反事"等"术"。所谓"疑诏诡使"，就是传出可疑的命令，使用诡诈的手段，来考察臣下是否忠诚。庞敬做县令时，派出一个管理市场的人，又召管理市场的公大夫回来。公大夫站了一会儿，庞敬没有给他什么命令，后来叫他走了。那个管理市场的人以为县令对公大夫另有指示，对他不信任，因此不敢为非作歹。所谓"挟知而问"，就是拿已经了解的事询问臣下，测试他们言行的真伪。韩昭侯派出骑马的人巡视县城,这位使者回来报告,昭侯问他:"看到什么没有?"回答说:"没有看到什么。"韩昭侯说:"虽说如此,就把看到的小事也说出来。"使者说:"南门之外,有一只小黄牛在大路左边吃禾苗。"昭侯就对他说:"我问你的事,对外不得泄露。"于是下命令说:"禾苗生长,禁止牛马入田中,早有命令,但官员不以为事,牛马跑进田里的很多。立即把牛马闯进田里的数目报告上来;不办,要重重治罪。"于是官员把东、西、北门外的情况报告上来了。韩昭侯说:"报告还不准确。"官员赶忙再去调查,这才发现南门外还有一只小黄牛在田里。官员们以为韩昭侯洞察一切,大家在工作岗位上诚惶诚恐而不敢稍有懈怠。所谓"倒言反事",就是用说反话做反事来试探自己所怀疑的事,从而了解奸邪的情况。子之做燕国宰相时,与下属闲坐,他假言假语地说:"什么东西走出门? 是不是一匹白马?"旁边的人都说没有看到。有一个人赶了出去,回来报告说:"是! 有一匹白马。"这个献殷勤拍马屁的人不知道自己已坠入了圈套。子之通过这种方法了解到侍从中谁不老实。

由上可见,"术"的内容很复杂。从韩非介绍的各种方法来说,"刑名之术""参伍之验"以及运用这些原理而使用的"众端参观"〔从许多方面验证臣下的言行〕、"一听责下"〔分别听取臣下的言论,督责他们的行动〕等方法,因为还有一些符合唯物主义认识论的合理因素,用来作为考核人们言行的方法,尚有可取之处;至于说到"疑诏诡使""挟知而问""倒言反事"等,那就只是要弄权谋了。臣子为了获得权势,骗取君主的信任,玩弄种种手段;君主为了控制臣下,巩固政权,也施展种种权术。韩非引用古代黄帝的话说:"上下一日百战。"君主和臣子经常处在尖锐的冲突之中。

韩非是君权至上论者。为了政权的稳定,国家的统一,防止野心家的篡夺,他极力强调君权的集中和巩固,为此他花了很大的精力去论证"术"的重要性,并且介绍各种应用的办法。应该看到,"术"的出现也是历史的必然,政权的组织形式变了,原来维护旧政权的那些办法不起作用了,这时就得提出新的巩固政权的办法来。这里我们不必用道德的观点去评价韩非的论"术",不要为那些"仁义道德"之类的说教所迷惑而否定新起的"术"。当然,我们也不要客观主义地评价历史。这里应该看到,地主阶级的统治是建立在少数人对多数人的专政上的,君主本身就站在人民的对立面,因此统治阶级内部出现矛盾时,君主不可能依靠民众来防奸,他只能使用权术来对付臣下。这也说明,即使地主阶级处在上升时期,也是充满着勾心斗角和尔虞我诈的。"术"的学说深深地铭刻着地主阶级的烙印。

韩非在《八经》中的《立道》一章中,还提纲挈领地提出过几十种用"术"的办法。对那些狡猾的臣子,如果各种手段都不能奏效,而又不能公开地绳之以法,君主也就可以不择手段,秘密地消灭他们。韩非认为:君主之于臣下,宽容而不加制裁,坏人就会侵犯君主,小的奸邪不除掉,势必导致大的诛罚。罪名和罪行相符,就直接杀掉他。对那些奸诈之徒,留着他要坏事,杀掉却会败坏自己的名声,那就通过饮食毒死他;不这样干,就交给他的仇敌杀掉他,这就叫做除阴奸。这些血淋淋的议论,充分暴露出统治者的阴险毒辣。

韩非强调:君主必须大权独揽,只要能控制住政权,可以不择手段。他引用申不害的话说:"能独自观察问题的,叫'明';能独自听取意见的,叫'聪';能独自决断的,就可以做天下的王。"

六、势的内容和特点

(一) 势的首要意义

大家都称韩非为先秦法家的集大成者,这是为什么呢?原来先秦法家内分法、术、势三派，三派各有它们早期的代表人物，但却各不相谋，而韩非把三者综合起来，形成了一个新的理论体系。因此，后人提到法家，总要以韩非为代表。

韩非对前人的学说作了细致的考核和研究，他认为商鞅主法，申不害主术，二者都有流弊。商鞅治理秦国，设立告奸和连坐的制度来考察犯罪的实情，使大家相互监视，该厚赏的就一定厚赏，该重罚的就一定重罚，因此，秦国的民众努力耕作，劳累了也不休息，战斗中追逐敌人，冒着危险也不退却，所以国富兵强；但是没有术来考察奸邪，那不过是用国家的富强来帮助奸臣罢了。孝公一死，商鞅就被杀害。其后张仪利用与韩国、魏国打交道的机会而谋取私利；甘茂出兵攻打韩国的宜阳，通过黄河、洛水、伊水而到达周，消耗了秦国的力量；穰侯魏冉越过韩、魏而攻打齐国，花了五年的时间，秦国不增加一尺土地，穰侯却增加了富裕的陶邑作为封地。所以秦国对外作战取得胜利，大臣就尊贵起来；扩展了疆域，却建立起私人的封地。商鞅虽然一再整顿法令，臣下反而利用他变法的成果；所以凭借秦国坚强的实力，花了几十年的工夫，还是不能成就帝王之业，这就是只注意行法而不能用术的结果。申不害帮韩昭侯治理国政，不去专一地推行新法，不统一韩国的法令，奸邪的事也就越来越多。那些奸人，看到旧法前令对自己有利，就照旧法前令办事；看到新法后令对自己有利，就利用新法后令去活动；他们从旧法前令和新法后令的矛盾中取利，那么申不害虽然多次使韩昭侯用术，奸臣仍然有办法施行其诡计。所以申不害任韩相十多年，凭借国家雄厚的兵力，仍然不能成就霸王之业，这就是君主虽然在上面用术，但没有在官吏中经常整顿法令而产生的害处。事实表明，法和术都很重要，都是帝王所必备的东西，君主必须同时运用法、术两手，才能牢固地控制政权。

但在法、术二者之前，君主首先得注意"势"。君主必须掌握权柄而据有势位,才能令则行,禁则止。权势是制服众人的凭借,君主必须牢固地掌握赏罚生杀大权。

韩非认为:民众本来就屈服于权势,很少能被仁义所感召。孔丘是天下的圣人,他讲求修养宣扬道理而周游天下,国内悦服而为之服役的,只有七十人,可见信服仁义之难。鲁哀公,是不高明的君主,南面而朝,国内的人没有一个不敢不表示臣服。民众本来就是服从于势,势确实容易用来制服人,所以孔子反而为臣,而鲁哀公反而为君。根据仁义,孔丘不会臣服于鲁哀公,然而凭借权势,鲁哀公就可以叫孔丘臣服。这就说明君主必须依仗必胜的地位和权势。

这种重势的学说,前人早就提出过,其中最著名的代表人物,是战国初期赵国的慎到。他曾在齐国的学宫中讲过学,留下过一些著作,只是今已散佚。

(二)自然之势和人设之势

慎到说:飞龙乘云,能飞翔的螣蛇也在雾中翱翔,云消雾散,它们就像蚯蚓、蚂蚁一样了,这是因为它们失去了飞行的凭借。尧若是一个普通的人,也就统治不了三个人;桀作天子,也就能扰乱天下;可见势位之足以依赖,贤智之不足仰慕。如果尧以普通人的身份在下层社会施教,民众就不听他的,而当他南面称王时,就能有令则行,有禁则止。由此看来,贤能才智不足以使众人服从,权势地位却足以使贤人屈服。

有人反驳他说:飞龙和螣蛇在云雾中翱游,确是托于云雾之势,但有云雾之势而能在其中翱游,正是龙蛇天生材质优异的缘故。云很浓,雾很厚,你让蚯蚓、蚂蚁腾身其上,还是翱游不起来,可见关键还在利用"势"者本身的材质。以势位而言,尧舜用它就天下大治,桀纣用它就天下大乱;世上好人少坏人多,那么天下太平的时间就少了,天下大乱的时间也就多了。拿势位提供给桀纣这样的暴君，不是为虎添翼了么？慎到专讲依仗势位就足以治好天下，他的智力不是过于浅薄了么？现在以国位为车子，以权势为马，以号令为马笼头，以刑罚为鞭子，使尧舜驾驭它，天下就治，使桀纣驾驭它，天下就乱，那么贤人和坏人的差异也就太大了。要想赶上飞快的马，到达远方，不知道任用驾车能手王良；要想兴利除害，不知道任用贤能，这也就是不懂得类推的弊病。要想治好国家，也就要像驾车依靠王良一样地去依靠尧舜。

韩非又出来反驳说：慎到以为凭仗势位就足以处理好职权范围内的事，有人又以为一定要等贤人出来才能治理好天下，这都是一偏之见。人们常说的"势"，内涵实有不同。尧舜降生于世而处在君主的位置上，天下就治；桀纣降生于世而处在君主的位置上，天下就乱。这些都是"自然之势"，不是人们所能安排的。况且像尧舜这样的好人，像桀纣这样的坏人，几千年才出现一次。讨论问题时，不是唐尧、虞舜就是夏桀、商纣，这是趋于极端的议论。反驳者的意见，也不可取。天下大乱，而要等待尧舜一样的贤君救民于水火，这就等于有人上百日吃不上饭，还在等待优质的小米和好吃的肉食，即使等到，人也早就饿死了。世上的君主，绝大多数是中才，要讲势，就得为中才考虑。这些中等水平的君主，与上比较不及尧舜，与下比较也不会成为桀纣。他们掌握法度，据有势位，就可以治；背离法度，丢掉势位，也就会乱。假如把法和势结合起来，也就叫做"人设之势"。掌握了"人设之势"，也就等于驾驭着好的马匹和坚固的车子，五十里置一驿站，因为一切都有规程，即使让中等水平的驭手去操纵，追上快马，抵达远方，也可达到要求，日行千里也可做到，何必要等什么古代的王良？可见韩非是在慎到学说的原有基础上作出了新的发展，提出了一种新的"势"论。

总结上言，可知韩非有关法、术、势的理论，都前有所承，但他认为前人单一地实施其学说，又各有所弊，不能收到良好的结果，因此他在前人学说的基础上，参考各种学说的成效，一一作出了新的发展，并且融会而贯通之，将之结合起来，形成了一种新的学说。韩非所讲的"法"，已是结合了"术"和"势"的"法"；他讲的"术"，已是结合了"法"和"势"的"术"；他讲的"势"，已是结合了"法"和"术"的"势"。这样看来，韩非确是可以称为先秦法家的集大成者。

韩非曾经引用过《老子》的学说，用鱼水关系说明君臣关系。权势好比是君主的深渊，臣子好比是被君主控制在深渊里的鱼。鱼离开深渊，就不能再得到它了；君权失落给臣子，就不能再收回它了。这就说明保持权势必须用术。

虎豹的力量所以能超过人而制服百兽，是靠它们的爪牙；假如虎豹丧失了它们的爪牙，也就会被人制服。权势，也就是君主的爪牙，君主如果失掉权势，也就会像虎豹失掉爪牙一样。宋桓侯把爪牙丢失给子罕，齐简公把爪牙丢失给田常，又不早早去夺回它，所以身死国亡。这就是无术之辈不能保持权势的下场。

君主若要不受臣下欺瞒，就得废除暗乱之道，培养聪明之势。做君主的，不是说眼力要像黄帝时著名的离娄那样才算"明"，不是说耳力要像晋国著名乐师师旷那样才算"聪"。做君主的，应该奖励告密，让同一地区的人相互连坐，让天下的人不得不帮我看，不得不帮我听，那么君主身居深宫之中，却能明察四海之内，天下之人不敢有所蒙蔽，不敢有所欺瞒，这样权势也就不受侵蚀了。所以善于运用权势的人，国家就安定；不知凭借权势的人，国家就危乱。君主一定要善于用权、势、法、术兼用。

姜太公封于齐国的时候，东海边有一个贤人，叫狂矞。姜太公前去求见，三次登门还不答应见面，姜太公就把他杀了。当时周公在鲁，赶忙派人来制止，刚赶到，狂矞已死。周公说："狂矞是天下公认的贤人，您为什么杀他？"姜太公说："狂矞其人，立下宗旨说：不做天子的臣子,不做诸侯的朋友。树立这种人做榜样,也就会扰乱法令,破坏教化,所以必须首先杀掉他。"这个故事说明:权势不足使之驯化的臣下,就除掉他。

可以说,韩非首先重视的是势,因为势是实施统治的前提,因此他时刻考虑的是如何保住权势。韩非的学说之所以会被秦始皇接受,得到他的欣赏,就是因为这种理论为以后建立大一统的中央集权专制统治作了充分的论证。

七、韩非的政治目的

韩非的思想,具有强烈的功利主义的特点。他曾用地主与雇工之间的雇佣关系来说明问题。地主雇用雇工来播种耕耘,主人花费钱财准备好的饮食,挑选布帛去交换钱币来付报酬,并不是喜欢雇工,而是说:这样做,耕地的人才会耕得深,锄草的人才会耘得精细。雇工出力而快速地耘田耕地,使尽技巧整理畦埂,并不是爱主人,而是说:这样做,饭菜才会丰美,钱币才容易得到。主人这样供养雇工,爱惜功力,有父子之间的恩惠,而雇工专心一意地工作,二者都是怀着为自己的打算。这是典型的地主对农民的看法,他认为百姓的本性是好逸恶劳,但可用物质利益去刺激,使他们勤奋起来。

相反,民众如果没有作出什么贡献,那么君主就不该有任何仁惠的表示。有一次秦国闹大饥荒,宰相应侯请求说:"陛下游乐打猎场所中的草木,像蔬菜、枣栗和橡树等的果实,可以救活百姓,请您开放它。"秦昭襄王说:"我们秦国的法律:百姓有功,就可得赏;有罪,就得惩治。现在让我发放苑中蔬果去救民,这就使有功的人和无功的人一样受赏了。而让有功的人和无功的人一起受赏,这是致乱之道。与其让他们活着而致乱,还不如让他们死掉而得治。大夫,放弃你的主张吧。"韩非认为：以法治国就要严明赏罚。

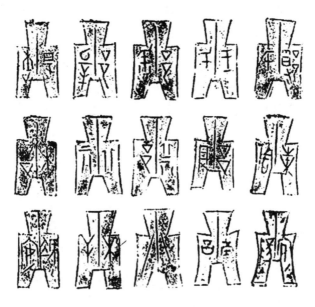

图十　韩国布币拓本

《六反》中有一段话，系统地阐明了这种观点。文章中说：英明君主治理国家，适时应事以获得财物，评定赋税使贫富平均负担，用丰厚的爵禄使人们竭尽才能，用重的刑罚来禁止奸邪，使民众因自己的气力得到富裕，因对国家办事有功而获得尊贵，因犯法而受到惩罚，因立功而获得奖赏，而不考虑仁慈恩惠的赏赐，这才是帝王的治国之道。

由上可见，韩非认为实施法治的重要手段就是掌握赏、罚两手。君主要保持权位，办好政事，首先就得把赏罚大权牢牢地控制在自己手中，并正确地使用它。

人有趋利的本性，国家如悬出赏格，那么就可发动大众，舍死忘生地为之卖命。越王勾践问大夫文种说："我打算讨伐吴国，可以么？"文种回答说："可以了。我们的奖赏，丰富而守信用；惩罚，严厉而坚决。

　　　　　　　　　徐波外集

您想检验,何不焚烧宫室来测试一下?"于是放起火来,但却没有一个人来救火。越王就下命令说:"有人救火而死去,其赏格等于与敌人战斗而死;参加了救火但没有牺牲,可得相当于战胜敌人的奖赏;不参加救火的,与投降敌人者同罪。"于是人们用防火的东西涂在身上,披上湿衣服而奔进火场的,左边有三千人,右边有三千人。从这件事上也就看出了越王伐吴有必胜的形势。

大家知道,法家治国的主要措施就是耕战政策。秦国国力富强,就是从商鞅开始,一直大力推行耕战政策的缘故。韩非反复强调的,也就是论证耕战政策的必要。耕田用力,是很劳苦的,但民众从事于此,可以致富;战争之事,是很危险的,但民众踊跃参加,可以得贵。百姓富了之后,还可以买官做;做官有成绩,还可再步步上升。周代前期,实行的是世卿世禄制度,一些重要的职位,都由世袭的贵族承担。这些人,只要不是患有先天的残疾,不管他智能怎样,凭着血统就可取得重要的职权。韩非的看法不一样,他提出了"宰相必起于州部,猛将必发于卒伍"的著名论点,意思是说:宰相必定是从地方下层官吏中提拔上来的,猛将必定是从士兵队伍中挑选出来的。百姓从事耕战,建立了功劳,一定能得到奖赏,那么爵位越高俸禄越厚的就越能勉励自己;逐级提升官职,那么官职越大的治理就越有成效。爵位高,俸禄厚,各种官务都能做好,这就是称王天下的途径。

战国以来,经过两百多年的动乱,战争的规模急遽扩大。一次大的战役,往往要动员几十万军队,相持几年的时间,才能决一胜负。而攻下一个较大的都城,打败一支十万人的队伍,死伤的都要占到三分之一。战争的残酷,时局的动荡,韩非称之为"大争之世""多事之时"。处在生存竞争这样激烈的时代,每一个处在斗争漩涡中的国家,必须注意培植国力,因为这是一个以力相抗的时代,于是韩非说:

上古竞于道德，中世逐于智谋，当今争于气力。〔上古在道德上竞争，中世时在智谋上角逐，当今则在力量上较量。〕（《五蠹》）

古人亟于德，中世逐于智，当今争于力。〔古代的人在道德上竞争，中世纪的人在智谋上角逐，现在的人在力量上较量。〕（《八说》）

而一个国家国力的高下，就取决于耕战政策执行得怎样。执行得好的国家，国力强盛，向外出兵，一定能攻取，攻取了一定能占有；按兵不动，努力农耕，则国家必定富强，非但其他国家不敢来侵犯，而且可以称王天下。这就是韩非"务力"的政治主张所追求的目的。

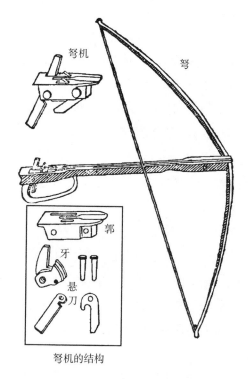

图十一　弩和弩机的结构图

韩非爱谈赏，更爱谈罚。从他尚力的观点看来，人都是屈服于暴力的。常言说：严父慈母，慈母的爱子加倍于父亲，但父亲命令之奏效，十倍于母亲；官吏对百姓谈不到什么感情，但他们命令的效果则又超过父亲万倍。有一个不成器的儿子，父母发怒，他也不改；同乡人责骂他，他也不听；师长教诲他，他也不变。父母之爱、乡人之行、师长之智三者加在一起，他却纹风不动，连一根毫毛都不改变。地方上的一个小官员，拿着官府的兵器，按照国家法制，前来搜捕，他就怕起来了，这样他才肯改变作风，悔过自新。所以韩非说：父母的慈爱不足以教子，一定要等待地方官员的严刑，劣子才会悔改，老百姓就是不听"爱"的这一套，他们只服从于威势。显然，韩非的观点也有一偏之弊，他是不谈教育而只着重镇压的。

他还反对轻刑，主张重刑。重刑的目的，就在镇压"盗贼"，并且起到杀一儆百的作用。为什么一定要用重刑呢？因为用重刑能制止得住的，用轻刑未必能制止；而用轻刑能制止的，用重刑一定更能制止。实施轻刑，坏人可能得到的利益很大，而受到的惩罚很轻，民众就会羡慕于得利而不怕犯罪，这样犯罪的人也就会越来越多。设置重刑，大家知道无利可得，无法漏网，于是谁也不敢去触犯刑法了。这就叫做"以刑去刑"。

韩非认为，采取严刑峻法之后，民众自然会畏惧而不敢触犯法令，这样也就可以达到不用刑罚的结果。显然，这是统治阶级美化自己暴行的一种理论，是对自己的残酷镇压进行掩饰的一种诡辩。韩非赞美统治阶级的棍棒和屠刀，认为统治者用严刑峻法对付人民，使他们老实守法，正是爱护人民的表现。所以他又说：圣人治理民众，用法度作为衡量一切的根本，不放纵他们的欲望，只期望有利于民众罢了。所以，君主对民众施用刑罚，并不是憎恨他们，而是爱护他们的根本措施。

图十二 战国中期宴乐桑猎攻战纹壶

作为一个先进的思想家，韩非在主观上总是认为他是考虑到了人民利益的，即使采用严刑峻法，目的也是为了建设一个美好的理想社会。韩非宣称：圣人的治国，严明法令，设置严刑，用来解除民众遭受的祸乱，消除天下的灾难，使强的不欺侮弱的，人多的不伤害人少的，年老的得享天年，幼子孤儿得到哺育成长，这也是最大的功绩。但短见的人不懂得这些，反而认为是残暴。这些人固然希望国家得到治理，却厌恶使国家得到治理的方法；都憎恨国家危乱，却又喜欢造成危乱的原因。从这些地方来看，可知韩非非常鄙视人民，而这种上智下愚的观点，又是战国时期的法家所共有的。韩非认为，他所设计的政

徐波外集

图十三　河南汲县山彪镇战国墓葬出土铜鉴上的水陆攻战图

治方案,是为民众谋取根本利益的,他们一时不了解,那可不必理睬,只要以后有了成效,他们也就会信服了。百姓智力的不可用,就像幼小孩子的心一样。古代迷信,婴儿不剃头就会肚子痛,而事实说明,疖子不开刀就会逐渐加重。剃头、开疖子,一定是有人抱着,慈母动手,但小孩还啼哭不止,这些小孩子不懂得受一些小苦可以获得大的利益。君主抓紧开荒种地,为的是增加财富,而民众以为很残酷;严刑重罚,为的是禁止奸邪,而民众却以为过于严厉;

图十四　成都百花潭中学十号墓出土错嵌燕射水陆攻战壶画像

征取赋税和粮食充实仓库,为的是防备饥荒,供应军队,而民众以为政府很贪心;国内的人虽然都知道要武装起来,奋力战斗,为的是擒获俘虏,而民众又以为很暴虐。以上四项,是为了天下治安,但民众不知欢迎。由此可知,民智之不足效法和使用。历史上也有先例:大禹疏通江河,百姓反而聚集起砖头瓦块加以阻挡;子产开荒种桑树,却受到郑国百姓的恶毒咒骂。他们的目的都在利人,却是受到了诽谤,由此可见,民智是不足以相信的。韩非根据他自己的逻辑,认为自己是先知先觉者,因此他设计了一整套的政治方案,要求实施严厉的法治,用赏罚来驱策民众,去建立一个理想中的太平社会。在当时来说,这种政治理想有符合时代要求的地方,因而起过进步作用;但他设计的社会,实际上并不美好,这在后来的一些帝王的措施中可以看出其效果,而且越到后代越能看出这种专制主义的残暴与危害。

图十五　河南辉县赵固镇战国墓葬
出土铜鉴上的宴乐射猎图

八、韩非思想与先秦学术

韩非生活在战国末年,已是先秦时期最后的一位大思想家。当时百家争鸣,各种各样的思想彼此之间展开着激烈的交锋,丰富多彩的学术活动就是在这样的争辩中取得发展的。韩非思想的形成也不例外,他对以前出现的各种学说一一进行批判;但若仔细考查,则又可发现他同时也吸收了前人学说中的某些成分,将它纳入自己的理论体系之中。

总的看来,他对儒、道两家的学说吸收最多。

大家知道,先秦时期有儒法之争。韩非极力反对的,是儒家仁义治国的主张。儒家反对言利,提倡仁义慈惠,并以尧舜之世为治绩最佳的黄金时代。韩非认为虞舜、夏禹距离当代已有两千多年,儒家和墨家对尧舜之道的解释就不相同,而儒家内部又有八个不同的派别,那么到底依哪一家的说法为准呢?不用事实加以检验就对事物作出判断,那就是愚蠢;不能断定正确与否就引为根据,那就是欺骗。所以,儒家公开宣称依据先王之道,武断地肯定尧、舜的一切,不是愚蠢,就是欺骗。韩非坚决地予以摒弃。

儒家主张以礼治国,法家主张以法治国,二者之间也引起了尖锐的冲突。赵襄子被智伯围困在晋阳城里,解围之后,奖赏有功之臣五人,高赫居首。张孟谈问道:"晋阳之战,高赫没有建立什么功劳,今天却获首赏,这是什么缘故?"赵襄子说:"晋阳被困之时,国家危险到了极点,下面的臣子对我也就不尊重了,大都显示出骄傲轻慢的态度,只有高赫不失其君臣之礼,所以要首加赏赐。"儒家假托孔子的话说:"善于奖赏啊!襄子奖赏一个人而使天下的人都不敢失礼了。"韩非认为儒家根本就不懂得如何奖赏。英明的君主,赏不加于无功,罚不加于无罪。君主掌握令行禁止之法,对有傲慢表现的大臣,就得严加惩处,但像高赫这样无功可言的人,那也不该赏赐。由此可见,韩非注意的是按法施行赏罚,而不去讲求什么"礼"。

但礼的基本内容,也是讲求等级名分,这又与法的内容可以相通。因此韩非的老师荀子在阐释礼制时,就灌注进了法的内容。后来的人更把"礼法"二者组合成了一个词。从这种角度来看,韩非的法则又不能不说是受到过"礼"说的影响。

图十六 "文化大革命"中工农兵学员以绘画形式就韩非提到的
宋襄公故事声讨"蠢猪式的仁义道德"(毛主席语录)

　　荀子是继孟子而起的另一位儒家大师。他的学说已经包含着很多法治的因素,因此,中国思想史的研究工作者都把他看作是儒家向法家转变的人物。他又是韩非和李斯的老师,韩非的学说当然会受到他的影响。

　　与孟子不同,荀子主张效法后王,而不再提倡效法先王。这对韩非的社会进化观的形成,当然会有影响。

　　孟子主张人的本性是善的,荀子则认为人的本性都是恶的,但是经过后天的努力,加强教育,改变环境,可使人性起变化,向善的方向发展。韩非继承了荀子的观点,但他不去讨论人有什么"善""恶"的先天本性,只是强调人有趋利避害的本能。他是把人的欲望放在经济关系的利害得失中加以考察的。例如父母之于子女,生下男孩就相互祝贺,生下女孩就溺死,子女都出于父母的怀抱,然而相差如此,就是为了考虑到日后的利益。所以父母对于子女,还用算计的心理来对待,何况没有父子般恩泽的人呢？韩非的这种看法,已经不去先验地谈什么性善性恶,但却是从荀子的学说中发展出来的。

由此可见,韩非的社会进化观和功利主义的人性论,批判了儒家复古倒退的观点和性善说,但按之实际,也都受到了儒家的影响。总的来说,他对儒家学说中的孔孟之道坚决反对,但对荀子一派的学说,则又有较多的继承。

他在宇宙观和方法论方面,则受道家的影响为大。司马迁在《史记》里为韩非立传时,就把他和老子合在一起,还说他"喜刑名法术之学,而其归本于黄老"。〔他喜爱刑名法术的学说,而这种学说的根本理论以黄老之学为依据。〕所谓"黄老之学",就是道家学说中的一个流派,战国时盛行于齐国,尊奉传说中的黄帝和老子,所以得名。这一流派,把道家的本体论和无为学说跟法家的刑名法术之学联系起来,反映了早期地主阶级的一些政治要求。这一学派的理论,大多包括在《管子》一书和20世纪70年代初在马王堆出土的《经法》等几部帛书中。

韩非的思想,与早期法家商鞅等人不同,在哲学思想上表现出了明显的差别。商鞅等人的著作中,只是谈政治实践和如何取得政绩,在哲学理论上无所说明,韩非则不但论证了法治的种种具体措施和实施后的效果,而且从理论上提供了哲学依据。先秦时期,道家学派提供了许多理论思维的成果,韩非据之而作出了新的发展。

看来韩非对老子的学说确是花了很大的精力进行过钻研。他作有《解老》《喻老》二文,这是我国最早出现的研究《老子》哲理的两篇论文。韩非在《解老》中,用法家观点对其中的十二章(《德经》九章、《道经》三章)的全文或部分作了解释;在《喻老》中,分别解释了《老子》十三章(《德经》九章、《道经》四章)中的若干论点。他把政治生活中的一些具体经验从理论上加以阐释,从哲学上进行总结,使之具有普遍意义。

韩非对《老子》中的"道"与"德"这一对哲学范畴作了唯物主义的解释,认为道是与天地开辟一起出现的物质实体和自然法则,而不是"先天地生"的精神实体。"德者,道之功",德是道在具体事物上的体现。他还第一次提出了"道"与"理"这一对范畴,指出道是万物形成那个样子的东西,是万理的总汇合。万物的理各不相同,而道完全汇合了万物的理。这就接触到了一般法则和特殊法则的关系问题,在哲学发展史上作出了重要贡献。

图十七　战国行气铭文

《解老》中还涉及"神""精""气"等问题,这与战国后期黄老学派提出的"精气"之说相通。"身以积精为德",所以人应保持精气,不使其虚耗。相反,"孔窍虚则和气日入,故曰重积德",这样才能"战易胜敌而论必盖世",取得"无不克"的效果。

但韩非不是什么进行抽象思维的纯哲学家,他的研究哲理,是为他的政治理论服务的。在《扬权》《主道》等论文中,他批判地继承了黄老学派的思想,用来论证君权至上的主张。如他指出:道是广大而没

徐波外集

有形状的,德是内含着理而普遍存在的,世上万物都自然地适量地汲取了道和德,万物都依靠道和德而形成,可是道和德并不与万物一起停息。所以说:道和它所生成的万物不相同,德和它所包含的阴阳不相同,衡器和它所衡量的轻重不相同,墨线和它所矫正的弯曲不相同,"和"这种定音器与影响声音的燥湿不相同,君主和他所任用的臣子不相同。所有这六种情况都是道衍化出来的。道是支配一切的,英明的君主尊重道的那种独一无二的样子,他应该体现道的这一特点,树立至高无上的权威。"君臣不同道",二者有天然的等级差别,君主自然拥有支配臣下的大权。

道家讲无为,本是一种顺应自然随顺世故的消极思想,韩非则赋予它以新的内容。君主不要显示权势,而要保持本色,体现出无为。君主要用虚静的态度对待一切,遇事不表露自己的欲望和成见,他只要顺应客观形势推行法治,让臣下贡献出才能去建立功业。君道无为,臣道有为,"明君无为于上,群臣竦惧乎下","臣有其劳,君有其成功"。经他改造之后的道家学说,却成了论证法家理想中的君臣关系的思想武器。

韩非在《饰邪》篇中提出了"以道为常,以法为本"〔把道作为治事的常规,把法作为立国的根本〕的观点,在《大体》篇中提出了"因道全法"的观点,这也就是说:法之所以完美,由于它依据着道。这里他又把道家的基本哲学概念作为思想资料引用了过来,加以改造,赋予规律性的新含义。既然自然界的一切都是有规律的,那么作为处理各种社会关系的法,也就是自然界的规律在政治领域中的体现,世上万事万物包括人类社会都合乎规律,那不是理想境界出现了么?

由此可见,韩非学说受黄老学派的影响很大,跟道家有渊源关系,但从政治态度方面来说,则与道家根本对立。韩非强调耕战,做事注重实效,因此特别反对老庄学派那种消极无为的虚无主义的政治态度。其中著名人物魏牟、长卢子、詹何、陈骈、庄子的学说，也因议论深远阔大而不切实用，被他斥之为像画鬼怪一样的瞎说。

战国一代，儒家和墨家并称显学，韩非特撰《显学》一篇加以批判。墨家推崇夏禹，假托夏禹的事迹以取信于人，但自夏禹时至战国之末，也已有两千多年的历史，同样不能说明夏道的真实性，所以也被他称之为"愚诬之学"。

图十八　传洛阳金村出土韩金银错铜镜上的勇士图

墨家是有组织的一个团体，他们忠实于自己的学说，不惜牺牲自己的生命。从这派人物中，后来却分化出一部分被人利用的游侠。他们敢于铤而走险，韩非认为这也是危害社会安宁的一种蠹虫。但是墨家强调尊君，主张尚同，就是说要把全国的意志都集中到天子那里，这和韩非的思想又是相通的。

韩非把"学者"（主要指儒家）、"言谈者"（纵横家）、"带剑者"（游侠）、"患御者"（逃避兵役的人）、"商工之民"（经营工商业的人）称为"五蠹"，特著《五蠹》一文加以声讨。从学派而言，纵横家在当时也颇显赫。这一批人，没有什么政治理想，只是利用混乱的时局，纵横捭阖,从中谋取私利。韩非在《八奸》中称这种奸行为"四方"。他们重征赋税,耗尽国库财富,削弱自己的国家去侍奉大国,借用大国的威势来诱迫自己的君主。严重的,招引大国军队压境而挟制国内;轻些的,屡次引进大国使者来恐吓君主,使他害怕。这样的人,当然是国家的蠹虫,对之需要百倍提高警惕。

韩非把单纯依赖外交手腕的做法称为亡国之征。他分析道:忽视国内的法律禁令而致力于计谋,使国政荒废而依赖其他诸侯国的救援的,国家就可能灭亡;依仗其他诸侯国的援助而怠慢近处的邻国,倚仗强大国家的支持而轻侮邻近国家的,国家就可能灭亡……

但韩非虽然批判纵横家,却也并不排斥外交手腕,只是二者之间有主次之分:法治为主,外交手腕为副。然而当时社会上却大都不谈国法而谈纵横。有的诸侯主合纵,说合纵成功就能称霸天下;有的诸侯主连横,说连横成功就能称王天下。山东六国宣扬纵横之说一天也没有停止过,然而功名没有成就,霸王的事业没有建立,说明虚妄的言谈是不能用来治理好国家的。韩非认为:当君主的独断专行才称得上"王",所以三王不致力于纵横捭阖而使天下走上了正道,五霸不搞纵横捭阖而能明察天下,用治理好国内来制裁天下就是了。他的这些见解是很精辟的。

韩非也批判了阴阳家的学说,矛头直指这一学派中的代表人物邹衍,说他在燕国活动时几乎断送了该国的命脉。阴阳家宣扬占卜和占星等迷信,韩非举历史上的事例加以揭露。开始的时候,魏国连续几年向东进攻,打下了陶、卫,几年后又向西边的秦国进攻却丧失了国土,这不是岁星等吉星那几年都在西方,也不是天缺等凶星那几年都在东方,可见星占之说完全是荒诞而不可信的。越王勾践依仗大龟占卜得到的吉兆,同吴国打仗,结果战败,自己当了俘虏,到吴国服贱役;回国以后,抛弃龟卜,彰明法度,亲近民众,以求报复,结果吴王夫差被擒，说明龟卜之事也是不足为信的。

韩非极端强调实用主义和功利主义，凡是不能为统治者所用的东西，他都不赞成。《外储说左上》的《经二》中说：言谈中，有的学说细微明察而微妙难能，但却不是社会上所迫切需要的，所以像季良、惠施、宋钘、墨翟这些人的学说，都像花了三年时间才在竹简上画成精妙万分的图画一样，没有什么用处。这里作为例子举出的，有杨朱学派的代表人物季良，有名家的代表人物惠施，有黄老学派的代表人物宋钘，有墨家的创始人墨翟。可见他以功利为标准，把许多学派都一一骂倒了。这种看法，无疑是过于狭隘的，不利于学术和文学艺术的正常发展。

韩非在《问辩》中提出了"言行而不轨于法令者必禁"〔言论和行动不合乎法令的必须禁止〕的主张，要求结束百家争鸣的局面。这种主张后来被秦始皇所接受，造成了巨大的灾难。

九、杰出的文学成就

韩非毕生从事著述，写下了几十篇文章，后人把它汇编成集，取名《韩子》。唐代之后，因为韩愈也可称为"韩子"，容易发生混淆，于是人们又改称它为《韩非子》。

《汉书·艺文志》在《诸子略》的"法家"类中著录《韩子》五十五篇，《史记》的韩非传记中张守节《正义》引用梁代阮孝绪的《七录》则说："《韩子》二十卷。"这和现在的情况一样。目前通行的本子也是五十五篇、二十卷。但是现在的本子是否和古代一样，则已无法考查了。

这五十五篇文章，按内容来看，可分以下几组：

《五蠹》《八说》《六反》《诡使》《亡征》五篇，对各种社会现象作了细致的分析和深入的批判，然后提出自己的法治理论。韩非的一些主要论点，在这些文章中有详尽的阐述。

徐波外集

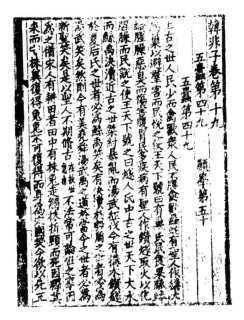

图十九　吴鼒影刻宋乾道黄三八郎本《韩非子》

　　《奸劫弑臣》《说疑》《爱臣》《八奸》《备内》，这五篇文章的性质和上一组有相近处，但揭露的社会现象内容较集中，重点分析了奸臣篡权的各种阴谋活动，后面两篇还分析了宫廷内部潜藏着的危险。

　　《孤愤》《说难》《难言》《和氏》《人主》《问田》六篇，表明法家的政治立场，对"法术之士"的艰危处境作了周密的分析。

　　《八经》《定法》《有度》《心度》《守道》《制分》《饬令》《二柄》《南面》《用人》《安危》《三守》《难势》《功名》十四篇，是韩非提出的地主阶级的专政理论。《有度》至《饬令》五篇论法，《二柄》至《三守》五篇论术，《难势》《功名》论势，《定法》综论法、术，《八经》则是全面阐述法、术、势的文章。

　　《显学》《忠孝》《饰邪》《问辩》四篇，批判各家之说，表达了在思想领域内加强统治的要求。

　　《扬权》《主道》《解老》《喻老》《大体》《观行》六篇，更富哲学意味，是对政治问题从理论上作出的解答。

《难一》《难二》《难三》《难四》四篇，是韩非的读书笔记，他用辩难的方式，阐述自己的政治观点。

《内储说上（七术）》《内储说下（六微）》《外储说左上》《外储说左下》《外储说右上》《外储说右下》六篇，是韩非对法家学说的形象化说明。《十过》一文，也是先列总纲，后用故事说明，与《储说》同，故可归入这一组内。

《说林上》《说林下》二篇，是韩非搜集的原始资料。

《存韩》《初见秦》二篇，是当时的历史文献。

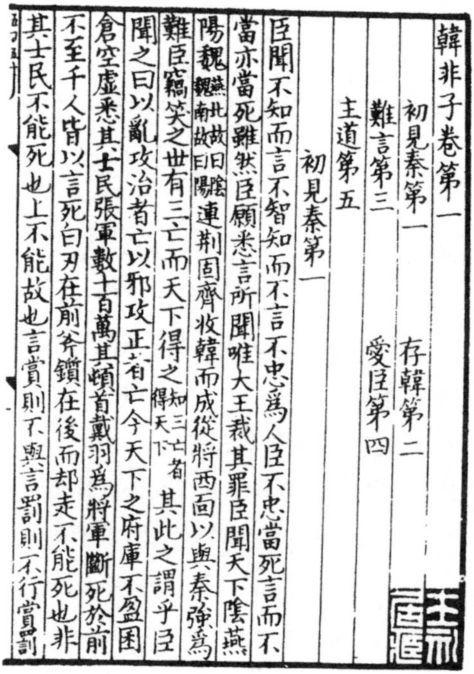
韓非子卷第一
初見秦第一　存韓第二
難言第三　愛臣第四
主道第五
初見秦第一
臣聞不知而言不智知而不言不忠爲人臣不忠當死言而不當亦當死雖然臣願悉言所聞唯大王裁其罪臣聞天下陰燕陽魏（燕北故曰陰魏南故曰陽）連荊固齊收韓而成從將西面以與秦強爲難臣竊笑之世有三亡而天下得之（知三亡者得天下）其此之謂乎臣聞之曰以亂攻治者亡以邪攻正者亡今天下之府庫不盈囷倉空虛悉其士民張軍數十百萬其頓首戴羽爲將軍斷死於前不至千人皆以言死白刃在前斧鑕在後而却走不能死也非其士民不能死也上不能故也言賞則不與言罰則不行賞罰

图二十　黄丕烈校影宋钞本《韩非子》

在这五十五篇文章中，经过后人考证，有些恐怕不是韩非的手笔。《人主》有杂抄的痕迹；《问田》中称韩非为“韩子”，恐怕是他的学生辈所记录；《饬令》可能是删节《商君书》中的《靳令》一篇而成的；《十过》的内容与韩非思想不合；《存韩》中有两段文字已经说明它是李斯的话；《初见秦》中十次称“大王”，指的是秦昭襄王，而韩非没有机会和昭襄王见面，因而此文不可能是他所作。

在先秦诸子中，韩非算是保存原作较多的一位大师。他阐述的政治理论，方面很广，开掘很深，形成了完整的理论体系。他的学说相当高深，而历代都有人喜欢读他的作品，这是因为除了理论本身具有吸引人的力量外，他的文学水平也高，文笔引人入胜。

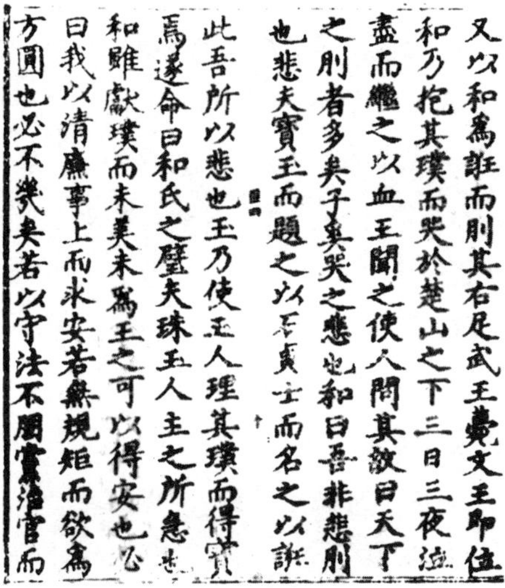
又以和為誑而刖其右足武王薨文王即位
和乃抱其璞而哭於楚山之下三日三夜泣
盡而繼之以血王聞之使人問其故曰天下
之刖者多矣子奚哭之悲也和曰吾非悲刖
也悲夫寶玉而題之以石貞士而名之以誑
此吾所以悲也王乃使玉人理其璞而得寶
焉遂命曰和氏之璧夫珠玉人主之所急也
和雖獻璞而未美未爲王之可以得安也必
曰我以清廉事上而求安若無規矩而欲為
方圓也必不幾矣若以守法不朋黨治官而

图二十一　《道藏》本《韩非子》

韩非的文字，深刻尖锐，转折多变，中间还穿插进大量的比喻，夹杂着许多有趣的故事。这样的论文，和那种思辨哲学的文章大异其趣。

韩非喜欢用排比句，《亡征》一文，列举了四十七种可能导致亡国的征兆，"可亡也"，"可亡也"，一个接着一个，犹如排山倒海而来，令人心惊目骇。这样的文章，气势雄壮，波澜壮阔，所以被人称之为可与屈原的《天问》媲美的"奇文"。

韩非还喜欢用比喻。比喻一个接着一个，属于古人所说的"博喻"。例如《奸劫弑臣》中论擅主之臣的危害，臣子不敢为君主尽忠，说：

> 故左右知贞信之不可以得安利也，必曰："我以忠信事上，积功劳而求安，是犹盲而欲知黑白之情，必不几矣；若以道化行正理，不趋富贵，事上而求安，是犹聋而欲审清浊之声也，愈不几矣。二者不可以得安，我安能无相比周、蔽主上、为奸私以适重人哉？"此必不顾人主之义矣。其百官之吏亦知方正之不可以得安也，必曰："我以清廉事上而求安，若无规矩而欲为方圆也，必不几矣；若以守法不朋党治官而求安，是犹以足搔顶也，愈不几也。二者不可以得安，能无废法行私以适重人哉？"此必不顾君上之法矣。

这一段文字也是采用了一长串的排比句，而一个论点之后紧接着一个比喻，则是为了使文章更多样和具体。

这些比喻，是从日常生活中提炼出来的，属于一般常识，容易为人理解和掌握。但比喻也不宜流于平淡，应该出之于日常生活而又出人意料之外，例如"以足搔顶"这一比喻，以拙为巧，别有奇趣，简直有些想入非非。这些地方，又可看出韩非的文章与士大夫文人道貌岸然的作风有所不同。

《文心雕龙·诸子》中说："韩非著博喻之富。"他的有些文章，就是全用譬喻构成的，如《喻老》一文，通过各种各样的譬喻，对《老子》中一些抽象的文句中所表达的理论，作了形象化的阐述，取得了深入浅出便于让人接受的效果。

例如韩非解释《老子》六十三章"图难于其易也,为大于其细也","天下之难事必作于易,天下之大事必作于细"一段,就一连运用了三个"喻"。前面两个"喻":"千里之堤,以蝼蚁之穴溃;百尺之室,以突隙之烟焚。"没有什么情节可言,只能说是两个单纯的比喻。最后一个"喻",也就是扁鹊治病的故事,则是情节生动层次丰富的故事了。连读这三个"喻",对于《老子》六十三章中的这几句话,定然能够掌握住要领。

为了写好文章,给自己的理论提供例证,韩非还曾做过搜集故事的工作。《说林》上、下两篇,就是搜集到的原始材料的汇编。里面的有些故事,有的已经用上,如《说林下》"鳣似蛇,蚕似蠋"一则,已经用之于《内储说上(七术)》中。这些材料,有的属于民间故事,有的属于历史故事。因为韩非所用的这些故事都有寓意,所以后人又称之为"寓言"。

在韩非搜集的故事中,还录存了一些动物寓言,如《说林下》中一则曰:"三虱相与讼,一虱过之,曰:'讼者奚说?'三虱曰:'争肥饶之地。'一虱曰:'若亦不患腊之至而茅之燥耳,若又奚患?'于是乃相与聚嘬其身而食之。彘臞,人乃弗杀。"这是因为古代在周历十二月(夏历十月)时有腊祭的风俗,那时按例就要用茅草烤肥猪去祭祀,这三个虱子见不及此,只顾眼前利益,故而纷纷争夺猪身上的肥腴之地,自从那只旁观者清的虱子点醒后,全力吮吸这猪的脂膏,把它搞瘦,结果自己也就逃脱了一起被烤死的厄难。这个动物故事寓意深刻,是民间文学中的精品,韩非把它记录下来,确切地表达了法家的观点。这就说明,《韩非子》中的一些故事实际上是群众智慧的结晶。

我国文学中的动物故事,没有得到正常的发展。孔子"不语怪力乱神",因此,虫鱼鸟兽、花草树木都能说话和行动的故事,遭到排斥和否定。因此,想象丰富,构思奇幻的动物寓言故事,除了在《庄子》《战国策》等书中保存较多外,就要算《韩非子》中有所保存的了。

韩非记叙的许多寓言故事,情节生动,内容深刻,已经成了著名的成语,如守株待兔、买椟还珠、滥竽充数、郢书燕说、自相矛盾……一直脍炙人口,给予人们丰富的想象和有益的启发。韩非的寓言故事是我国文学中的瑰宝。

比起前人来,韩非的写作技巧已有很大的进步。举《观行》第一段为例:

> 古之人目短于自见,故以镜观面;智短于自知,故以道正己。故镜无见疵之罪,道无明过之怨。目失镜,则无以正须眉;身失道,则无以知迷惑。西门豹之性急,故佩韦以自缓;董安于之心缓,故佩弦以自急。故以有馀补不足,以长续短之谓明主。

他所用的排比句式,错综而多变化。这里开头四句是顺叙,接着六句是逆转,再接着四句是举例,最后一句则是总结性的点题文字。寥寥数笔,就已显得波澜起伏,不像前此各家间或出现的那些排比句,只是一气直下仅以句子整齐为能事。

这样的文章,已有后代骈体文的味道。它注重文字的对仗,也注意用事例作说明。这样的手法,后来有个专门名词,叫做"用事"。刘勰在《文心雕龙》的《丽辞》篇中说,这类修辞技巧共分四对,即言对、事对、反对、正对。韩非以前的人,也曾应用,但大都偏于言对和正对,这些还是容易掌握的。《观行》第一段中,韩非举西门豹佩韦和董安于佩弦为例,二者既是恰当的事对,又是漂亮的反对。做好"事对",平时就得积累生动的材料;而一件事情,如果能用正反两方面的典型例子加以说明,则不但能增加文章的说服力,而且显得思路开阔,文笔也摇曳多姿。韩非能够熟练地使用这些技巧,比之前人,说明他的写作技巧已经有了长足的进步。

韩非还用文学上的手段创造了一种理论文的新形式,这就是著名的六篇《储说》。下面举《内储说上(七术)》为例以说明之。

> 观听不参则诚不闻,听有门户则臣壅塞。(命题)
>
> 其说在侏儒之梦见灶,哀公之称"莫众而迷"。故齐人见河伯,与惠子之言"亡其半"也。(例证)
>
> 其患在竖牛之饿叔孙,而江乙之说荆俗也。嗣公欲治不知,故使有敌。是以明主推积铁之类,而察一市之患。(反证)

经文开端提出命题,然后用大量的故事作例证,"其说"之下的几个故事起着正面教育的作用,用以证明论点的正确。这些例证都是从现实生活中产生的历史故事和民间故事,具有很大的真实性,读者如果承认了这些故事是可信的,那就得承认命题的正确,因此这种论证方式具有很强的逻辑力量。"其患"之下的几个故事则从反面进行教育。韩非用正反两方面的例证作为证明,读者很自然地会由此得出结论,这个结论也就是经文开端时提出的命题。这样的命题,自然具有很强的说服力。

韩非虽无研究逻辑的专

图二十二　自相矛盾寓言图　汪溪绘
选自《中国古代寓言》,少年儿童出版社
1954年版

篇,但在他写作的论文中,实际上贯穿着形式逻辑的思维活动,并且对这一学科作出了很大的发展,这也是韩非的文章显得说服力很强的原因之一。例如他在《难一》和《难势》中两次运用了矛与盾的故事。有人卖矛与盾,一会儿说:我的盾最牢固,没有什么东西能刺穿它;一会儿又说:我的矛最锐利,没有什么东西不能刺穿的。有人在旁边说:"拿你的矛,刺你的盾,那结果怎样呢?"这个卖矛与盾的人就无话可说了。韩非在《难一》中用此说明"尧之明察"而天下治与"舜之德化"而天下治的不可两立,在《难势》中用以说明贤治与势治的不可两立。因为这两篇文章中列出的矛盾,都是绝对排中的矛盾判断,其中有一个是对的,则另一个必定是错的。韩非援用生动的故事,运用形式逻辑的论证方法,阐明他的主张。这样的论文,自然会给人以锐不可当、难以辩驳的感受。

韩非的有些文章,开始注意结构的问题。例如《说难》一文,结构上就很有功夫。文章首先提出进说者要了解君主的心理变化,接着列举进说时足以危身的种种困难,到了文章的第三大部分,也就归结到进言之术要就君主心理上的各种不同情况而采取相应的对策。下面一部分则举历史事实和民间故事为例证,最后用不能触动龙的"逆鳞"这一比喻结束全文。全文有分

图二十三　　上海越剧院演出的新编历史剧《韩非子》剧照之一

析,有例证,富有说服力。而从结构上来说,则是层次分明,起伏照应,首尾贯通,转折多姿。在这之前,似乎还没有出现过这么讲究篇章结构的文章。

图二十四　剧照之二

先秦时期的百家争鸣,不但在思想领域内大放异彩,而且在文章的写作上,也是百花竞艳,博得了后人的极大赞誉。《孟子》文章的气势雄浑,《庄子》文章的绚烂奇幻,《荀子》文章的渊懿朴茂,《韩非子》文章的峻刻巉险,都是传之万世,永远可以供人欣赏的佳作。

十、悲惨的结局

韩非的文章表明,他有非常高的政治才能,如果他有从政的机会,能够顺利地推行法治,韩国的情况可能会改观。但在韩国实行变革,阻力太大了。从韩国的历史来看,执政的人大多数是旧贵族,守旧的势力非常大，而且当时的君主韩王安宠信奸人韩玘作宰相，政治越发趋于混乱。这样的权奸，韩非把他叫做"重人"或"当涂之人"。

《孤愤》一文中，韩非揭示了国内存在着两种政治力量的尖锐对立。维护君权要求法治的"智法之士"和结党营私盗窃国柄的"当涂之人"是"不可两存之仇"。"当涂之人"专权蔽主，利用各种有利条件，内外勾结，网罗党羽，采取公开杀戮和秘密处死的手段迫害法术之士，使他们无法得到君主的了解和信任。

当时有个叫做堂谿公的人，曾用商鞅、吴起因变法而牺牲的先例劝告韩非，叫他放弃政治斗争。韩非回答说："治理天下的权术，统一民众的法度，是很不容易施行的。然而我之所以要废除先王的遗教，实行自己的主张，是因为设立法术度数是有利于民众的做法。所以不怕遇到昏乱糊涂的君主所带来的祸患，而始终考虑到用法度来统一民众的好处，因为这是仁爱智慧的行为。害怕祸患，回避危险，只知道明哲保身而看不见民众的利益，那是贪生而卑鄙的行为。我不愿选择贪生而卑鄙的做法，不干损伤仁智的事。"这里表现出了甘为政治理想而献身的精神。他主观上总是认为自己是在为全体民众的利益而奋斗。这当然是心理上一种自设的假象，但从社会发展史的角度来看，法家的政治主张当时确是代表着较多的人民的利益。

韩非看到自己祖国的衰弱，屡次上书韩王，韩王却没有采用。但有人把他的文章传到了秦国，秦王政——也就是后来的秦始皇读到了其中《孤愤》《五蠹》两篇，大为称赞，说是："啊哟！寡人如能见到他而跟他交游，就是死去也不遗憾了。"李斯就告诉他，这是韩非写的文章。秦王于是急攻韩国，韩国也就只能派韩非到秦国去。秦王很喜欢他，但并不信任他。当时韩国危在旦夕，韩非上书，建议秦国先去攻打赵国，企图以此削弱秦国兵力，让韩国能有转圜的余地。但是李斯、姚贾却抓紧机会陷害他，说："韩非是韩国的公子。现在大王想要并吞诸侯,韩非终为韩国着想而不为秦国出力,这是人之常情。大王不任用他,长久地留着他而后再放回去,这是给自己留下后患,不如找出他的过错按法杀了他。"秦王以为说得对,就把他囚在云阳(今陕西省淳化县西北),交给狱吏惩治。李斯以为自己的学问比不上他,心怀妒忌,这时便派人拿去毒药,迫他自杀。韩非要想陈述意见,却不能见到秦王。据说后来秦王懊悔了,派人去赦免,但韩非已死了。

韩非死在秦王政十四年,即公元前 233 年。他的生年不清楚,一般以为应当生在韩釐王十六年左右,即公元前 280 年上下。如是这样的话,那他大约活到了五十岁左右。由于他生活的年代太早,历史记载不完备,因此他个人历史上发生过哪些事情都不太清楚。

图二十五　秦始皇二十六年诏版

秦王虽把韩非害死了,但他统一六国之后,采取的好些政治措施,却是遵循着韩非的遗教。例如焚书坑儒,钳制思想,残酷镇压人民,用术控制臣下等等,把韩非思想中阴谋残暴的部分充分运用起来了。秦始皇是如此,他的儿子、孙子和臣子,也都相信韩非的学说。史书上记载,秦二世、孺子婴和李斯、赵高相互辩难时,引经据典,都要援用韩非的学说。

秦朝实行暴政,结果立国不久,就被处在水深火热中的广大人民群起推翻。汉朝的统治者总结秦朝失败的经验教训,觉得法家的学说存在着根本的缺陷,他们不讲教育,只讲镇压,只会加速人民的反抗。《老子》说得好:"民不畏死,奈何以死惧之!"法家却是没有学好老子学说中的这一观点。汉代统治者于是改用"霸王道杂之"的统治办法。后起的各朝各代的统治者,表面上虽然都尊崇儒家,用仁义礼教治国,对法家的学说加以贬斥,实际上却总是采取"外儒内法"的措施,软硬两手交替使用,来巩固他们的统治。因此,后人若要理解中国几千年来的历史,不能不读《韩非子》一书。前人早就说过,此书可以"益人神智",读后一定会有很多收获。

总的看来,韩非的学说在历史上曾经起过很大的作用。它在战国后期出现时,代表着历史前进的方向。韩非激烈地反对代表旧贵族利益的政治制度和意识,要求建立社会新秩序,在当时来说,起到了推动历史前进的作用。秦统一天下,在郡县制的基础上建立起中央集权的专制主义政体中,韩非的学说也发挥了作用,这在当时也有其进步的一面。只是随着王权的高度集中与巩固,专制帝王对民众的管制与压榨日益加深,韩非学说中存在的问题也越来越明显地暴露出来。因此,韩非这位法家代表人物的思想,由进步趋于落后,是随历史的发展而不断变化的。评价这一学说,也应根据具体的历史条件作出仔细的分析。

后　记

我自 1974 年起开始研究《韩非子》。其时南京大学接受了注释法家著作《韩非子》的任务,我被指定负责统稿;打倒"四人帮"后,编写组决定将此改写成一种学术著作,我又受命加工定稿。此书最后命名《韩非子校注》,1982 年由江苏人民出版社出版。之前数年,我把一些学习心得整理成册取名《韩非子札记》,1980 年由江苏人民出版社出版;之后数年,我应江苏古籍出版社之请,写了一本《韩非》,于 1985 年出版。2000 年时,江苏古籍出版社为我出了一套《周勋初文集》,《韩非子札记》与《韩非》收在第一册中。我在《文集》的《前言》中介绍《韩非》一书时说:"这是一本通俗读物,但我将编写《韩非子校注》与《韩非子札记》时的一些心得体会分别写入,也可说是具有学术价值的吧。"2008 年时,傅杰教授应华夏出版社之请,在二十世纪众多研究《韩非子》的论文中选出二十篇,编成《韩非子二十讲》一书,将《韩非》收入;南京大学出版社则打算出版一套《中国思想家评传》的"简明读本",认为《韩非》符合丛书标准,也希望纳入,于是我又复看了一遍,个别地方作了修改,使之符合当前学界要求。看到自己的书数十年来还能流传,心中自是高兴,只是韩非其人,情况复杂,优缺点特别明显,怕一时说不准,因此每次再版时总要在若干地方作些小修小改,借以顺应所谓大转型时期的形势,只是是否已经说得圆满,还是不敢自信,还望读者不吝指正。

延伸阅读书目

一、蒋礼鸿《商君书锥指》,中华书局,1986 年。

二、王天海《荀子校释》，上海古籍出版社，2005年。

三、陈奇猷《吕氏春秋新校释》，上海古籍出版社，2002年。

四、陈启天《增订韩非子校释》，台湾商务印书馆，1969年。

五、韩非子校注组编写，周勋初修订《韩非子校注（修改本）》，凤凰出版社，2009年。

六、熊十力《韩非子评论》，香港人文出版社，1949年。

七、周勋初《韩非子札记》，江苏人民出版社，1980年。

八、郑良树《韩非之著述及思想》，台湾学生书局，1993年。

九、傅杰选编《韩非子二十讲》，华夏出版社，2008年。

十、杨宽《战国史（增订本）》，上海人民出版社，1998年。

《韩非子校注》导读

　　刘备临终前告诫儿子阿斗,要多读《韩非子》等著作,因为这类书"益人意智"。这话是有道理的。我国古籍绝大部分属于儒家与道家的系统,对人情物态少有分析,《韩非子》中的内容,可以弥补上述知识系统的不足。

　　我国古代的散文取得了巨大的成就,但少见分析细致之作。国外学者也常批评我国著作不长于分析。因为古时散文以韩愈一系的影响为最大,这类散文乃承《孟子》而来,孟子人称亚圣,但他奔波各国,后车数十乘,其作风与纵横家也有相合的一面。由此也可以说,我国的散文受纵横家的影响为最大。行文滔滔汩汩,讲求气势,但试加分析,则每嫌逻辑不够严谨。韩非的情况不同,说理透辟,逻辑谨严,这也可以启迪神智。《韩非子》《文心雕龙》等书,是古籍中罕见的以分析见长的名著。

　　再从创作特色来说,《孟子》的磅礴犀利,《庄子》的汪洋恣肆,《韩非子》的峻刻奇峭,都各擅其胜,学者得其一端,均可名家。但就现在来说,论文首重分析,论战时必须注意逻辑严谨,因此写作政论文或学术论文,似乎可以多参考《韩非子》中的笔法。

　　我总觉得若从"古为今用"的角度而言,在先秦诸子中《韩非子》是最贴近现实的一部著作。因为书中所分析的,尽是政治纷争中的权谋,以及人在复杂的社会关系中趋利避害的各种表现,只要政治上仍然存在种种复杂情态,人在社会关系中还得计较利害得失,那么《韩非子》中所揭示的一些问题,仍然会"益人意智"。记得"文化大革命"中阅读《八奸》等文时,所受的刺激,非其他古书中所能提供,倒像韩非是为今人写作的一样。

但也应指出，《韩非子》中所着重描写的，主要是人情物态中的阴暗面。以为人受好利恶害的本能所驱使，一切交往都是利害关系。不论是君臣、父子、夫妇、朋友，都无爱心可言，人与人相处，得处处提防。这样分析下去，人之所以为人，真像孟子所说的，也就去禽兽几希了。因此韩非论政，只讲防范、利用、镇压，不讲教育。孟子曾说徒法不足以自行，也是至理名言。通过教育，可以提高人的道德和理想，这点不能有丝毫忽视。

但目下中国亟需提高法治水平，因此介绍大家阅读《韩非子》，还是很有现实意义的。

近代学人对此书作了许多研究，并取得了很大成绩。例如对法、术、势的内涵，韩非集法家大成的业绩，他在哲学上的贡献，法治理论中的可取之处和供统治者利用的种种阴谋权术等等，都有深入的阐发。这样的研究工作，清儒中无此先例。于此可见今人研究水平提高之既快且巨。

《韩非子》中包容了许多珍贵的材料，予人启迪。例如《解老》《喻老》二文都列德经在前道经在后，与马王堆出土《老子》中的次序相同，可见其保存着古时格局。司马迁将老子韩非合为一传，后人常为老子不平，以为二者情况不同，品格亦异，今知韩非哲学可以视为黄老学派发展中的重要一环，值得深入探讨。

战国时期百家争鸣，各家集子中多有驳斥他家的言论，韩非生当战国末期，可以由此研究战国之时各种思想相互冲突又相互吸收的情况，阐明我国哲学史之发展。我曾根据《难一》《难二》中文与《吕氏春秋》中的相同记载，考二书编成的年代与思想的发展，也是一种尝试。

人称韩非是法家思想的集大成者，一般人仅注意他的法治思想与商鞅之间的关系，术的观点与申不害之间的关系，势论与慎到之间的关系,实则他与前期有法家思想者如郭偃等人,都有关系,其著作中还直接引用了郭偃之法的片断。又如他在《饰邪》一文中还提到了魏之法律《立辟》,赵之法律《国律》,燕之法律《奉法》,晋代张斐在《律序》中说:"郑铸'刑书',晋作'执秩',赵制'国律',楚造'仆区',并述法律之名。申、韩之徒,各自立制。"可见韩非的法治理论综合了前时各种学说,并与当时的法律有关。目下秦律等遗物大量出土,那么是否可以与之联系而进一步探讨韩非之法?

韩非的生活年代距此已有两千年之久,先秦各家的著作中,又大都糅杂同一学派或其他学派的著作,因此《韩非子》中的一些文章到底出于谁手,争议很多。这一问题可以不断深入地考查,但像胡适、容肇祖等人那样大胆疑古,看来太嫌过分,也为现实中大批出土前时疑为伪作的事实所驳正,但一味信古,对其中有些在思想和所记的史实上有明显不可通处的文字也不敢怀疑,定要百般回护,认为《韩非子》在秦汉之时就是现在这个样子,则亦未见其可。有的《韩非子》注本将全书各文重新作了编排,则是依据他们的研究结果而有此设计的,可各备一说。

前面已经提到,当代学者研究《韩非子》已经取得了巨大的成绩,但似仍存在三个方面的不足,今亦略抒鄙见如下:

一是不能完整地把握韩非思想的体系,因而常有一些似是而非的议论,例如有人说韩非尊师,有人说韩非反对工商业,有人说韩非主张用人唯贤。即以后一说而言,主之者即颇多。王力主编《古代汉语》,集中了许多专家学者,解说韩非思想时即云韩非主张用人唯贤,陈奇猷、张觉为《韩非子》写导读,重申此论。实则韩非在《五蠹》《难势》等文章中都已说明贤治之不可行,《外储说左下》中更举阳虎与蘷为例,说明君主用人的方针。韩非主张根据法来选拔人才,运用术以驾驭臣子,凭借势而实施统治,"故有术之主,信赏以尽能,必罚以禁邪,虽有驳行,必得所利",这怎么会是用人"唯"贤的观点呢?

二是不能文史沟通而进行综合的研究。目下学界分工太细,研究哲学的不关心历史与文学,反之亦然。学校分科又认定《韩非子》为哲学著作,因此大家所重视的,主要是属于唯心论呢,还是唯物论的问题。其次仅对法、术、势的来龙去脉给予注意。但先秦时期各种学术融而未分,在《韩非子》中包含着许多珍贵的材料,可从各种不同角度加以利用,多方开发。因为韩非极为关注战国时期政权交替的历史,诸如奸臣弄权、谋士诡计、列国兴衰等,都有具体生动的描写,这些都可供研究历史之用。例如文中有周主、周君、周天子等不同提法,可借此窥知周朝末代天子与其属下东周君与西周君的关系,还可了解其时周边国家的一些动态。

三是文献整理工作还可进一步提高。尽管目下有关《韩非子》的著作很多,但仍可从不同角度着眼进行加工和撰述。清代末年的许多著名学者转而整理子书,如孙诒让著《墨子间诂》,王先谦著《荀子集解》、郭庆藩著《庄子集释》,都取得了很大的成就。王先慎著《韩非子集解》,则水平远不如前几种书,《续修四库全书提要》对之评价甚低。陈奇猷《韩非子集释》虽然用力甚勤,但在注释中仍有不少问题。而在各家整理工作中最为严重的不足之处,则是校勘上的以讹传讹。世传《韩非子》各本,要以吴鼒覆刻宋乾道本为善,浙江书局本虽称覆刻吴本,实则多所改动,王先慎、陈奇猷等都称首据吴本校勘,实则所据者为浙江书局本。陈氏并云据校者有管韩合刻本、赵用贤本、黄策本、周孔教本、孙矿本、孙月峰本等,实则上述诸书都有一书异名问题,这就不能不让人怀疑他到底有没有校过这些书? 由于善本借阅不易,前人校勘时每辗转抄袭,今人若想整理《韩非子》,就可利用目下图书条件,直接根据善本进行校雠。况且《中国古籍善本书目》"子部"已经出版,大家可以很容易地了解到各种善本的收藏情况,学者想要重行校雠,

徐波外集

可免我在当年编写《韩非子校注》时的摸索之苦。又以训诂而言,宗福邦等教授主编的《故训汇纂》一书业已行世。此书集古训之大成,比之清儒阮元的《经籍籑诂》,内容更为丰富,编排更为科学,使用更为方便。而在世纪之交,各地又发掘出汉代之前的很多简策帛书,内有可供训诂研究的资料,可以移用于《韩非子》的校读。因此,研究者凭借这些新的条件,可以不断进行开拓。

《唐语林校证》前言

读过《唐语林》的人，一定会有两种深刻的印象：

一、这是一本很好的书。材料很可贵。研究唐代文史的人，一定得用作参考。

二、这是一本很糟的书。太杂乱。不经过整理，就很难阅读。

这些情况的出现，是由各种复杂的因素构成的。应该加以探讨和说明。

作者的生平和交游

《唐语林》的作者王谠，历史上缺乏系统的记载，只是经过多年来各家的探索，才能了解到他生活的一些基本情况。

王谠，字正甫，长安人。① 故武宁军节度使王全斌的五代孙，武胜军节度观察留后王凯的孙子，②曾任凤翔府都监的王彭之子。他还是吕大防的女婿。吕大防于宋哲宗元祐年间拜相，而在他任中书侍郎时，堂除王谠为东京排岸司，后改国子监丞，③又改少府监丞等职。④

---

① 见《直斋书录解题》卷十一《小说家类·唐语林》提要。

② 《宋史》卷二五五《王全斌傅附曾孙凯传》。王全斌，苏轼《王大年哀辞》作王全彬。

③ 吕大防于元祐三年任相，见《宋史》卷二一二《宰辅表》三。他在元祐元年拜尚书右丞进中书侍郎，见《宋史》卷三四〇《吕大防传》。堂除、改任王谠事，见《续资治通鉴长编》卷四一三哲宗元祐三年八月辛丑所记。

④ 王谠改任少府监丞事，见《宋会要·职官》六一，《续资治通鉴长编》卷四三〇哲宗元祐四年秋七月壬辰所记。

元祐之后，王诜还曾出任邠州通判。① 大约死于崇宁、大观年间，享年当在六七十岁。

王诜出生在一个显赫的家庭，妻党又是很有权势的人物，然而他在仕途上是并不得意的。看来他在政治上没有什么才能。元祐年间官运虽曾一度亨通，只是依靠吕大防的直接提拔，但随即也就遭到刘安世、吴安诗等谏官的反对。② 当时党争很激烈，与王诜有关系的一些人物，大都属于旧党，就是对他弹劾的人也是如此。这倒不像是新党人物出来进行诬陷和攻击，因此吕大防也不能不尊重事实，另作安排。王诜在仕途上的塞碍，除此之外似乎还难以作出更具体的解释。

吕大防与程颐关系深切，因此王诜与旧党中的洛党中人有交往。③ 但在他接触的人物中，最值得注意的一派，是苏轼与其门下学友。

《东坡全集》后集卷八有《王大年哀辞》一文，为追悼其青年时代的友人王彭而作。王诜于苏轼年辈为后，但因两代交情之故，关系是很深切的。王诜的从兄王铣也是苏轼的至交。王铣，字晋卿，尚蜀国长公主，在党争中与苏轼同进退，情分非同一般。于此也可见到王、苏之间的多层因缘了。

王诜能书善画，④和王铣作风相似，与苏轼的作风也有相近之处。

---

① 晁无咎鸡肋集卷十七《次韵邠倅王正夫》诗曰："清时有味俱吾党，黄发相看更几人。"

② 刘安世事见《续资治通鉴长编》卷四一三哲宗元祐三年八月辛丑所载。吴安诗事见《续资治通鉴长编》卷四三〇哲宗元祐四年秋七月壬辰、同书卷四三四哲宗元祐四年冬十月庚子、同书卷四四四哲宗元祐五年六月诸条所载。

③ 吕大防师事程颐，《二程遗书》卷二一载张绎《师说》，曾记程颐与王诜议礼事。

④ 孙星衍、邢澍《寰宇访碑录》卷七《华岳祈雪记》："卢讷撰，王诜正书，熙宁六年十一月，陕西华阴。"可证王诜善书。《东坡题跋》卷五《跋醉道士图》，附章惇《跋》与苏轼再《跋》，均叙王诜书工之妙。

苏轼喜读笔记小说,自己也留下了《仇池笔记》《东坡志林》等作品。他又是当时公认的文坛领袖。作为这一流派的宗主,自然会对周围的文人发生影响。

在苏轼周围的一些文人中,有两个人值得提出来讨论一下。

一是赵令畤。令畤,字德麟,元祐年间和苏轼过往甚密,因而牵连入党禁。[①] 他写有《侯鲭录》一书。与《唐语林》比较,二者体例不同,因为他们虽然都采择了前代的许多笔记小说,但《侯鲭录》中材料的编次较凌乱,里面吸收了不少诗话,而且还加入了自己的创作,例如介绍元稹《传奇》时附以著名的《商调蝶恋花》,这和《唐语林》中只吸收他人的作品,而又依据《世说新语》的体例加以编排的原则截然不同。但《侯鲭录》和《唐语林》中吸收了很多同源的材料,而且二书都不注明出处。有些条目,仅见此二书。例如《唐语林》卷五716贺监纳苕苴、卷七994宗室凌迟两条,均见《侯鲭录》卷八;卷五717海上钓鳌客一条,见《侯鲭录》卷六;卷六761李幼清知马一条,见《侯鲭录》卷四。佚文秘籍,赖此二书而传世。后人虽然很难判断二人著书时是否通过声气,但可推知这两本性质相近的书却是同一学术环境中的产物。

另一人是孔平仲。平仲,字毅甫,一作义甫,与兄文仲、武仲都有文名,所谓"清江三孔"是也。孔平仲与苏轼关系深切,同坐党籍。[②]他著有《续世说》一书,和《唐语林》性质相同,也是参考《世说新语》的体例编纂成书的。

按《世说新语》共分三十六门,《续世说》共分三十八门,和前者比较,不列《豪爽》一门,而多出《直谏》《邪谄》《奸佞》三门。《唐语林》共分五十二门,和《世说新语》比较,不列《捷悟》一门,而多出《嗜好》《俚

---

① 见《宋史》卷二四四《宗室列传》,令畤附《燕王德昭传》。
② 见《宋史》卷七一三本传。

俗《记事》《任察》《谀佞》《威望》《忠义》《慰悦》《汲引》《委属》《砭谈》《僭乱》《动植》《书画》《杂物》《残忍》《计策》十七门。显然,《续世说》和《唐语林》的性质很近似,只是后者的规模要大一些。

《唐语林》卷五729条,叙京师王侯妃主第宅的奢靡,原出《封氏闻见记》卷五《第宅》,中有云:"安禄山初承宠遇,敕营甲第,瓌材之美,为京城第一。"下有王氏原注,引《续世说》"明皇为安禄山起第于亲仁坊"一条,此文见该书卷五《汰侈》中,足见王谠著书时参考过孔平仲的这部著作。因为这个注释,既不是封演自注,也不可能是《永乐大典》的编者所加;《永乐大典》编者于《唐语林》的条文中有时附以考订,上加"案"字,但没有引用另一种书加以注释的体例。因此,这个注释只能是王谠所加。

《续世说》也是辑录前人著作而成的。上面这条文字,原出姚汝能的《安禄山事迹》卷上。王谠熟悉唐代杂史,姚氏此书定然寓目,然而此处不引原出之文,却用同时人的著作,无非为了声气相通,看来也是呼朋引类的意思。这两位苏门学士中人写作同一类型的著作,说明这是同一学术氛围下的产物。

按《续世说》中所记者,自刘宋迄五代,是贯通几个朝代的小说集子。《唐语林》则专主一代。二者相比,类似于通史与专史的关系。看来孔氏成书在前,王氏成书在后,后者曾受前者的影响。

唐语林的性质

唐语林的资料来源

《唐语林》是综采五十种书中的材料分门别类而编成的。《直斋书录解题》卷十一《小说家类》叙《唐语林》曰:"长安王谠正甫撰。以唐小说五十家,仿世说分门三十五,又益十七,为五十二门。"他所依据的五十种书,由于原《序目》还保存,因而给予后人的研究工作不少方便。按《永乐大典》所保留的《原序目》,仅存四十八种原书名字,遗佚的两种,《四库全书》馆臣以为即《虬须客传》和《封氏闻见记》,这或许符合事实。只是其中《斋集》一书,实乃《岚斋集》之误;《玉堂闲话》一书,当即王仁裕的《开元天宝遗事》。这样,通过阅读原书和研究书目,可以了解这五十种书的情况。

这五十种书的性质,也就决定了《唐语林》一书的性质。今将唐宋以及后代目录书中有关这五十种书的记载,它们所属的门类和卷数,制表列后,说明当时人对这些书的看法和每一种书流传的情况。

书目／书名	新唐书艺文志	崇文总目	郡斋读书志	直斋书录解题	宋史艺文志	四库全书总目提要
国史补	杂史三卷	杂史三卷	杂史三卷	杂史二卷	传记三卷	小说家·杂事三卷
补国史	杂史十卷	杂史六卷			传记五卷	
因话录	小说家六卷	小说二卷	小说六卷		小说家六卷	小说家·杂事六卷
谈宾录	小说家十卷	传记十卷	小说十卷		小说家五卷	
岚斋集	小说家二十五卷				传记一卷	
幽闲鼓吹	小说家一卷	小说一卷	小说一卷	小说家一卷	小说家一卷	小说家·杂事一卷
尚书故实	杂传记一卷	传记一卷	小说一卷	小说家一卷	传记一卷 小说家一卷①	杂家·杂说一卷
松窗录	小说家一卷	传记一卷	杂史一卷		小说家一卷	小说家·杂事一卷
庐陵官下记	小说家二卷	小说二卷		小说家二卷	小说家二卷	

---

① 《张尚书故实》一卷,入《传记类》;《尚书故实》一卷,入《小说家类》。

书名 \ 书目	新唐书艺文志	崇文总目	郡斋读书志	直斋书录解题	宋史艺文志	四库全书总目提要
次柳氏旧闻	杂史一卷	传记一卷	杂史一卷	杂史一卷	故事一卷	小说家·杂事一卷
桂苑谈丛	小说家一卷	传记一卷	杂史一卷		小说家一卷	小说家·异闻一卷
纪闻谈				小说家三卷	小说家一卷	
东观奏记	杂史三卷	杂史三卷	杂史三卷	杂史三卷	别史三卷	杂史三卷
贞陵遗事	杂史二卷	杂史二卷		杂史二卷	故事一卷	
常侍言旨	小说家一卷	传记一卷	小说一卷	小说家一卷	小说家一卷	
传载	杂史一卷	传记一卷			小说家一卷	小说家·杂事一卷
云溪友议	小说家三卷	小说三卷	小说三卷	小说家十二卷	小说家十一卷	小说家·杂事三卷
续贞陵遗事	杂史一卷	杂史一卷		杂史一卷	故事一卷	
开天传信记	杂史一卷	杂史一卷	杂史一卷	杂史一卷	小说家一卷	小说家·异闻一卷
戎幕闲谈	小说家一卷	小说一卷	小说一卷	小说家一卷	小说家一卷	
明皇杂录	杂史二卷	杂史二卷	杂史二卷	杂史一卷	故事二卷	小说家·杂事二卷
异闻集	小说家十卷	小说十卷	小说十卷	小说家十卷	小说家十卷	
大唐说纂	小说家四卷	小说四卷		小说家四卷	小说家四卷	
刊误	小说家二卷	小说二卷		杂家二卷	经解二卷传记一卷	杂家·杂考二卷
卢氏杂说	小说家一卷	小说一卷		小说家一卷	传记一卷	
剧谈录	小说家三卷	小说二卷	小说三卷		小说家二卷	小说家·异闻一卷
玉泉笔端	小说家五卷	传记五卷		小说家三卷又别一卷	杂家一卷小说家五卷①	小说家·杂事一卷

---

① 《玉泉笔端》五卷，入《小说家类》；《玉泉子》一卷，入《杂家类》。

书名 \ 书目	新唐书艺文志	崇文总目	郡斋读书志	直斋书录解题	宋史艺文志	四库全书总目提要
金华子杂编		传记三卷	小说三卷	小说家三卷	小说家三卷	小说家·杂事二卷
皮氏见闻		传记十三卷	小说五卷		小说家十三卷	
大唐新语	杂史十三卷	杂史十三卷	杂史十三卷	杂史十三卷	别史十三卷	小说家·杂事十三卷
刘公嘉话	小说家一卷	传记一卷	小说一卷	小说家一卷	小说家一卷小说家一卷①	小说家·杂事一卷
羯鼓录	乐一卷	乐一卷	总集②一卷	音乐一卷		艺术·杂技一卷
芝田录	小说家一卷	传记一卷	小说一卷			
资暇集	小说家三卷	小说三卷	小说三卷	杂家三卷	小说家三卷	杂家·杂考三卷
杜阳杂编	小说家三卷	传记三卷	小说三卷	小说家三卷	小说家二卷	小说家·异闻三卷
本事诗	总集一卷	总集一卷	总集一卷	总集一卷	总集一卷	诗文评一卷
玉堂闲话		传记十卷	传记四卷③	传记二卷	故事一卷	小说家·杂事四卷
中朝故事		杂史三卷	杂史二卷	传记二卷	故事二卷	小说家·杂事二卷
北梦琐言			小说三十卷	小说家三十卷	小说家十二卷	小说家·杂事二十卷
唐会要	类书八十卷		类书一百卷	典故一百卷	类事一百卷	政书一百卷
柳氏叙训	杂传记一卷	传记一卷	传记一卷		传记一卷	

①　《刘公嘉话》一卷，《宾客佳话》一卷，均入《小说家类》。

②　赵希弁藏本，《乐府集》十卷、《乐府序解》一卷、《乐府杂录》一卷、《羯鼓录》一卷合刊，故入《总集》，见《郡斋读书附志》卷五下。

③　此指《开元天宝遗事》。下三栏亦指《开元天宝遗事》。《宋史》卷二〇六《艺文志·子部·小说家》类有王仁裕《玉堂闲话》三卷。

书名 ＼ 书目	新唐书艺文志	崇文总目	郡斋读书志	直斋书录解题	宋史艺文志	四库全书总目提要
魏郑公故事	张大业故事八卷 刘袆之传记六卷	刘袆之传记三卷				
国朝传记	杂传记三卷 小说家三卷①	传记三卷		小说家三卷 小说家一卷②	传记三卷 小说家三卷 小说家一卷 小说家三卷③	
会昌解颐	小说家四卷	小说四卷			小说家五卷	
洛中记异		小说十卷	小说十卷		小说家十卷	
乾𦠆子	小说家三卷	小说三卷	小说三卷	小说三卷		
闻奇录		小说三卷		小说家一卷	小说家三卷	
贾氏谈录			小说一卷	传记一卷	小说家一卷	小说家·杂事一卷
封氏闻见记	杂传记五卷	传记五卷	小说五卷	小说家二卷	小说家五卷	杂家·杂说十卷
虬须客传		传记一卷			小说家一卷	

通过这张表格，可以发现如下问题：

一、《唐语林》所依据的五十种原书，绝大多数是唐人的著作。不见于《新唐书·艺文志》中的书，不到十种。而这些书，有的作者是由晚唐入宋的；有的作者虽是宋人，但其内容实际上是汇纂唐人著作而

---

① 刘餗《国朝传记》三卷，入《杂传记类》；刘餗《传记》三卷，原注："一作《国史异纂》。"入《小说家类》。

② 刘餗《小说》三卷，《隋唐嘉话》一卷，均入《小说家类》。又《郡斋读书志》卷三下《小说类》录刘餗《小说》十卷，实为殷芸《小说》之误记。这个问题赵希弁在《郡斋读书后志》卷二下《小说类》的殷芸《小说》十卷提要中已有说明。

③ 刘餗《国史异纂》三卷，入《传记类》；刘餗《传记》三卷，又《隋唐佳话》一卷，《小说》三卷，均入《小说家类》。

成。因此，《唐语林》中的材料，是由当代人记当代的事。相对地说，总是比较亲切可信。这是该书的一个特点。

二、这些著作，到《四库全书总目》加以著录时，除《国朝传记》和《虬须客传》因故未收外，亡佚的已有二十种之多，占到总数的五分之二。在那五分之三加以著录的现存书中，有的原来也已散佚，如《金华子》《贾氏谈录》，还是《四库全书》馆臣利用《永乐大典》纂辑而成的。就是顺当地流传下来的那些书，与原本也已有很多出入，这只要看各种书目上记载的卷数的差异就可明白。有些书的卷数古今虽然一致，但实质上已有不同，例如《刘公嘉话》，各种书目上的记载均作一卷，然而自宋代起，即已羼入其他书中的文字，与刘氏原书大不相同。王谠的生活年代较早，得到的书可能比较接近原书面貌。

三、有些书，就在当时也很难得。比较之下，只有《新唐书·艺文志》和《宋史·艺文志》中的记载比较全备。但《宋史·艺文志》的编者未必一一看过原书，或许只是杂钞各种材料草率编成，例如他们把《玉泉子》放在《杂家》中，把《玉泉笔端》放在《小说》中，而这两本书只是编纂上有异，性质应是一样的。又如《洛中记异》一书，《小说类》中重出两见，可见工作上的草率到了何种程度。其他一些书目，就只收下了《唐语林》中的部分书籍，即使像晁公武、陈振孙这样一些大藏书家，也没有把这五十种书搜罗全备。相比之下，可说王谠编书时掌握这一方面的材料是很丰富的。《郡斋读书志》（袁州本）卷四下《别集类》录《吕汲公文录》二十卷、《文录掇遗》一卷，提要曰："大防既拜相，常分其俸之半以录书，故所藏甚富。"陆游《跋西昆酬唱集》曰："通直郎张玠，河阳人。吕汲公家外甥，藏书甚富。"（《渭南文集》卷二六）王谠用书，或曾得亲戚支助。

四、上述几种目录书中所用的名词，不出杂史、传记、故事、小说等范围。这就说明，他们对这类书的性质看法上虽还未能趋于一致，但有某些相似的见解，认为这一类著作有别于正史，只是也不能截然否定其记载的事实的可靠性。总的说来，大约处在史与文之间，可以说是一些兼有历史和文学双重特点的作品。至于说到像百卷之巨的《唐会要》等书，那也只是择取其中有故事情节的个别文字，这只要看《唐语林》中的一些条目就可明白。又如《羯鼓录》一书，专门研究一种乐器，但《四库全书总目》就曾提到，此书近于说部，故而能为王谠所录取。

当然，王谠采录这五十种书时，也不可能先为它们一一定性；他对这些书的看法，不可能像目录学家那么明确、那么具体。但他不取其他书籍，而偏挑上这五十种书，则是思想上总会有一个简单明了的标准，然后据此搜集资料。现在看来，和他前后同时的文士尤袤的观点可以注意。尤袤在《遂初堂书目》中也收进了这五十种书中的大部分典籍，他的分类情况是：

〔杂史类〕开天传信记　明皇杂录　开宝遗事　东观奏记唐补史　贞陵遗事　传载　唐国史纂异

〔杂传类〕唐柳氏叙训　中朝故事

〔杂家类〕李涪刊误　资暇集

〔小说类〕封氏见闻志　大唐新语　纪闻谈　柳氏旧闻　杜阳杂编　尚书故实　常侍言旨　岚斋集　松窗录　卢氏杂说庐陵官下记　因话录　剧谈录　云溪友议　谈宾录　幽闲鼓吹玉泉笔端　戎幕闲谈　异闻集传　乾𦠆子　刘公嘉话　洛中记异录　玉堂闲话

〔类书〕唐会要

这里包括进了《唐语林》中最重要的三十六种书。它的分类倒也简单明了，那就是小说与杂类。杂，就是不纯的意思。杂史，就是不纯的历史；杂传，就是不纯的传记；杂家，就是不纯的学派。王谠的看法似乎与此相合。他挑取了很多典籍，近于历史、传记与学术著作，却又不纯，近于小说。这样的著作，生动有趣，才可以编成唐代的一部"新语"，即《唐语林》。

王谠对资料的考订和整理

我国古代文士的对待历史典籍，有一种奇怪的现象：只要这书已经定为"正史"，那就把它看得很神圣；如果这书未为正统王朝所认可，保留着原始记录的样子，那就把它看得很低，似乎与正史属于两种截然不同的范畴。实则任何一位史家著书之时，都要吸收一些杂史、传记、故事、小说……中的材料入内，《旧唐书》《新唐书》《资治通鉴》等书的情况莫不如此。

大量援用杂史、传记、故事、小说中的材料入正史，可以上推到裴松之的《三国志注》。司马迁著《史记》，也可以说有类似的情况。唐初房玄龄等人修《晋书》，李延寿父子修《南史》《北史》，都曾大量采用杂史、小说中的材料。中、晚唐后，帝王的实录等史料不能很好地整理和保存，后人修史时，自然更是需要仰求于杂史、传记、故事、小说等材料来补充了。

有水平的史家吸收这类材料时，自然要经过一道细致的考核工作。裴启著《语林》，叙谢安事不实，受到本人的指责，此书也就声誉扫地。这是《世说新语》卷下之下《轻诋》篇中记载的一件著名轶事。后代文士著作的书，除非是以传奇语怪标榜的小说，可以子虚乌有地编造种种神奇故事，根本用不到考虑真实性的问题。除此之外，凡是记述历史人物或历史事件的书，总是要对这个问题赋予一定注意的。

运用杂史、传记、故事、小说入史的范例,大家无不推重司马光的《资治通鉴》。据张须《通鉴学》中统计,仅李唐一代,采录杂史凡六十种,传记凡十九种,小说凡十五种。①《资治通鉴》篇幅巨大,头绪纷繁,然而读来不觉烦冗,反而引人入胜,这当然与司马光的文笔生动有关,但也不能说它与原始资料的故事生动无关。只是司马光在吸收这些材料时,曾经做过细致的甄别工作,他把许多原始资料加以排列,何去何从,是非得失,都写入了《考异》,于此可见司马光的眼力和功夫。而《资治通鉴考异》三十卷,也就成了后人研究杂史、传记、故事、小说的有用材料。

王谠著《唐语林》,看来也想追踪《考异》,对材料有所鉴别。他的考订成果,有的径附书中条文之后,有的则以注文表现。例如卷六827条引《芝田录》,叙老卒推倒《平淮西碑》事,王谠下加案语曰:"愬妻入诉禁中,乃命段文昌撰文,其时碑尚未立,安得推倒?"又如同卷848条引《国史补》,叙何儒亮访叔事,王谠于案语中引用另一唐人之说以证其误。这是径把考订成果写入正文的例子。又如卷一119条叙李卫公废卫兵宿直事,原注:"李卫公初入相是大和七年,居李石之前,卫兵不因李事。记之者有误。"又如卷七975条叙僖宗幸蜀时升御座人李再忠经明皇时供奉,原注曰:"案广明元年上距天宝将百年,此说甚妄。"这是用注文形式表示考订成果的例子。情况说明,王谠著书时也曾考虑过考订材料的问题,并且做过部分工作。

---

① 后人于此有所订正。司马光采录唐代史料,高振铎《通鉴参据书考辨》以为:杂史凡六十一种,传记凡二十八种,小说凡十四种。陈光崇《张氏通鉴学所列通鉴引用书目补正》考辨所得,结论数字又不相同。均可参看。二文收入《资治通鉴丛论》一书中。

唐语林是一部私人的创作

　　王谠著《唐语林》时,对该书如何加工似乎还未形成固定的见解。如果说,这是一部集纳前人著作而成的东西,里面有些材料有待于考订,那应该作一些必要的附注或说明,但王谠的工作不止于此,他常对条文任意改写,这样产生的东西,就只能说是他个人的创作了。

　　例如卷四 594 条引《因话录》卷一《宫部》中文,言柳婕好"生延王及一公主焉";王谠则改写为"生延王及永穆公主焉"。又如卷三 426 条引《隋唐嘉话》卷中中文,言一老妇陈牒于戴至德前,《资治通鉴》卷二〇二《唐纪》十八高宗上元二年八月叙此,亦作"老妪",王谠则改作"老父"。又如卷五 633 条引《国史补》卷中《妾报父冤事》,首云"贞元中,长安客有买妾者",王谠则改作"唐贞观元年,长安客有买妾者",这些地方可以认为王谠是故意如此改写的,好让他人看作这是一本宋人撰记的笔记小说。

　　在有的条文中,王谠对前人的著录加以增损,这些地方更可看出他的编纂《唐语林》,寓有创作之意。例如卷四 520 条引《国史补》卷下《叙著名诗公》一文,王谠不但删去了"杜工部"、"戴容州"等名字,而且增加了"张水部"、"李杜"等名字。值得注意的是,王谠还增加了一大段文字。"元和后,不以名可称者:李太尉、韦中令、裴晋公、白太傅、贾仆射、路侍中、杜紫微;位卑名著者:贾长江、赵渭南;二人连呼者:元白。"这是因为《国史补》的作者李肇的生活年代较早,元和之后的人物,社会上还未形成一致的看法,所以李肇不可能把这写入书中。王谠生活在宋代,上述人物,历史上的评价已经固定地形成,王谠也就径自采入,补充《国史补》中的阙失了。这些地方,应该看成纯粹是王谠的创作。

　　《唐语林》在每条文字之下不注原出处,或许就与上述情况有关。

徐波外集

因为这些条文经过改写补充，面目已非，实际上已是王谠的创作，自然不能再注出处了。

唐语林似是一部没有正式定稿的著作

王谠著《唐语林》，书目中屡见记载，但卷数的多寡说法不一。《直斋书录解题》卷十一《小说家类》记《唐语林》八卷，又说"《中兴书目》'十一卷'，而阙《记事》以下十五门；又云'一本八卷'。今本亦止八卷，而门目皆不阙。"说明当时就有好多种编次不同的本子在流传。《郡斋读书志》本卷三下《小说类》记《唐语林》十卷，曰："右未详撰人。效《世说》体，分门记唐世事，新增《嗜好》等十七门，馀仍旧云。"则是晁氏所见之本卷数又有不同，而且连作者之名也亡佚了。

从《唐语林》的成书到上述各家加以著录，年代相去不远，而在流传的过程中卷数会有很大的出入，想来总是由于缺乏定本的缘故。这时所流传的本子，应当是各种不同的钞本。很难想象，《唐语林》问世之后，立即会有各种不同的刻本出现。《宋史》卷二〇六《艺文志》五《小说类》载王谠《唐语林》十一卷，和《中兴馆阁书目》上记载的卷数相同，这在当时或许是流传得较广泛的一种钞本。但到后来，十一卷本已经失传，明人所记的本子，大都是八卷本或十卷本了。

大家知道，目前流传的《唐语林》虽说也是八卷本，但编次的情况很特殊。前四卷中，从《德行》到《贤媛》十八门，还保留着王谠原书的本来面貌；后面的四卷，则是《四库全书》馆臣利用《永乐大典》散入各韵部的条文，汇编而成的了。实则此书散佚的部分不正占全书篇幅的一半。根据此书最早刻本，即齐之鸾所刻残本来看，《贤媛》之前的文字，原来只占三卷或两卷，那么佚去的部分，就有可能多达九卷，至少也有五卷。又《唐语林》佚存于宋代类书或其他著作中的条文，尚有不少；而《永乐大典》中未曾辑出的佚文，也有一些。可以推知，此书遗佚而未见记载的条文,数量是不会少的。

综合上言,似乎可以这样判断:《唐语林》一书的前面部分,流传的钞本较多,所以后人能够据以刻出;后面的部分,流传的钞本较少,年代早如《中兴馆阁书目》,著录者已是后半残佚之本,可见《唐语林》这书很早就出现脱落的情况,后代更是难得见到完整的钞本,所以齐之鸾只能以残本付梓,而自明末之后,书目上也已看不到足本的记载了。

追本穷源,只能说王谠著书时本来没有整理出一种定本,又不能将一种完整的钞本及时刻出,这才出现了后来的种种混乱现象。

《唐语林》中援引《大唐新语》中的文字很多,而且很少加以删节或改写,但在这里出现一种奇怪的现象,那就是这类保持原始的完整面貌的文字,集中在前面两卷,《匡赞》《规谏》《极谏》《刚正》四门之中;后面几卷,录引的文字很少,而且对此径加删节或改写。《北梦琐言》中的文字,所引用者也仅限于前六卷。这就说明,王谠著书时似乎只开了个头,后劲不继,所以在摘录材料时有这种虎头蛇尾的情况出现,而这正是全书尚未完成或未经写定的表现。

前面说到过王谠对《唐语林》中录引的文字曾有所考订,只是从全书来看,这类文字为数是很少的。可以想到,王谠著书时决不会信笔所之仅在这几条文字之后缀上几笔,看来他曾有计划,想对有疑问的条目加以考辨,然而此事只开了一个头,没有能够贯彻到底。这也说明《唐语林》当是一部尚未完成的、没有正式定稿的著作。

《唐语林》中有些条目的分类也不恰当。例如《政事上》第87"岑文本谓人曰"一条,下有案语曰:"此条宜列《言语》。原书分门未当,多有类此。"这条案语当是《四库全书》馆臣所加,意见是中肯的。所以出现这种现象,也应当是全书尚未正式完成,作者没有细细加工的缘故。

如果上述分析符合事实,那么《唐语林》中存在着的很多问题,也就可以找到解释。

唐语林的价值

唐代是杂史、传记、故事、小说极为发达的时期。这类作品,比之南北朝时的《世说新语》之类著作,文笔的潇洒隽永或有逊色,而情节的丰富曲折或有过之。因为唐代修史之风很盛,所以这一时期的笔记小说对历史事件的记叙也就更为重视。这类书籍提供了不少有价值的原始资料。就是那些记载有误的作品,有的也可广异闻,供参证,提供当时许多不同来源的独特见解。至于一些记载典章制度或社会风习的文字,则可提供许多解剖唐代社会组织的实际知识,认识唐代社会的许多不同侧面,扩展后人的眼界,这无疑是有很大价值的。

随着岁月的流逝,这类著作不断散佚,时至今日,要想更多地掌握这方面的材料,势必仰求于一些总集、类书等著作。

唐语林是一部少而精的小说总集

保存上述材料最丰富的著作,自然首推五百卷之巨的《太平广记》,其次就要算到《类说》《绀珠集》等书了。但《类说》《绀珠集》引书节录过甚,常是文意不全,比起《唐语林》中的文字来,可读、可信的程度要差得多。《白孔六帖》《古今合璧事类备要》等类书,部头大,分量重,但杂钞各类典籍,小说所占的比重并不大,而且钞手们任意删节,错别字多,因此类书中引用的文字,一般说来,也比不上《唐语林》中的引文完整可靠。

拿《太平广记》和《唐语林》相比,前者的篇幅要大得多,后者只能说是戋戋小册。从引书来看,《太平广记》所采纳者在五百种上下,《唐语林》则仅收五十种,二者也无法相提并论。但《太平广记》引书很杂,其中绝大多数的书,侈谈神异,没有多大史料价值;就从文学角度来看,也是无甚意味的文字。《唐语林》中的五十种书,总的说来,都是很有价值的文史类著作。即使像《杜阳杂编》《剧谈录》之类侈陈怪异的书,所采择者,也是其中较可信的部分。因为《唐语林》一书承接的是《世说新语》的传统,偏重人事,注重情致,很少涉及鬼神变幻,不以铺张杂博取胜。这是《唐语林》的一个优点。和《太平广记》相比,《唐语林》可说具有"少而精"的特点。

唐语林在辑佚和校勘上有突出的作用

《唐语林》援用过的五十种书,有的虽然流传了下来,但差不多每一种都有残阙,而这差不多又都可用《唐语林》来加以补正。唐兰校《刘宾客嘉话录》,引《唐语林》中的文字入《补遗》者达三十六条;赵贞信校《封氏闻见记》,引《唐语林》补入佚文四条。这是大段文字可以用来辑佚的例子。有的文字虽然没有这么完整,或为片段记载,或为个别句子,或为若干文字,或为自注……都可用以补正原书之不足。尤其可贵的是,《唐语林》中还保存着《补国史》《戎幕闲谈》《续贞陵遗事》等书中的大段文字,传奇小说《刘幽求传》的残文和《王贵妃传》的全文。这或许是其他典籍中都已残佚而仅见于《唐语林》中的材料,于此也可看到此书的可贵了。

拿《唐语林》中的文字和原书对校,二者之间时见差异,人们总是认为原书可靠,《唐语林》中又出现了改错的字或传误的字。大体说来,校勘之时应该尊重原书,但这并不是说原书定然可靠。因为笔记小说少有善本传世,而后人又常是随意改动文字,因此有些单刻传世的原书其实也并不可信。《唐语林》成书较早,王谠能够见到各种原书的初本,因此经他采入的文字,有的反而比目下流传的所谓原书更可信。这里可举《因话录》为例以说明之。《唐语林》卷三 306 条叙柳元公杖杀神策小将事,中有"不独试臣"一句,此文原出《因话录》卷二商部,此句作"不独侮臣"。乍一看来,"试"字似为误字,然而《资治通鉴》卷二三九《唐纪》五五宪宗元和十一年《考异》引《因话录》此文,正作"不独试臣",可知《唐语林》中文字不误,而《因话录》中的文字却已经过后人改动。又如《唐语林》卷二 191 条,言代宗独狐妃薨,郭子仪欲致祭,下属反对"子仪曰'此事须柳侍御裁之。'时殿中侍御史柳弁,字伯存,掌书记,奉使在邠,即急召之。"此文原出《因话录》卷一宫部,内云"时予外伯祖殿中侍御史"注曰"讳芳,字伯存。"读者如果不作细究,一定认为原书可靠,因为柳芳是当时的著名文士,又是赵璘本人的戚属,记载上不可能有什么问题。殊不知这里也已经过后人妄改,出现了错误。《新唐书》卷二〇二《文艺中·柳并传》曰"柳并者,字伯存。大历中,辟河东府掌书记,迁殿中侍御史。"这人才真是为郭子仪草祭文的柳伯存,而非字仲敷的柳芳。查齐之鸾本、《历代小史》本《唐语林》,此人正作"柳并"可见聚珍本作"柳弁",乃形近致误;原书作"柳芳",乃后人无识而妄改。于此可见,齐之鸾本、《历代小史》本中的异文不容忽视,《唐语林》在校勘上有重要的价值,而它所依据的原书不见得都可靠,有时反而应该用王谠的引文来纠正今本之误。

唐语林中不知出处的文字至可宝贵

《唐语林》中的文字,经过一番整理,依照其所出的原文,参照各种文献中的记载,再加上搜辑而得的佚文,重新加以编排,共得一千一百零二条。其中可以找到出处的,或有可能出于某书的条文,共九百十二条,占全书的百分之八十二点八;一时找不到出处的条文,共一百九十条,占全书的百分之十七点二。于此可见,后者之中保留着天壤之间仅存的许多重要史料。

这些材料可供史学家和文学家参考。例如卷七 983 条曰:"宣宗崩,内官定策立懿宗,入中书商议,命宰臣署状。宰相将有不同者,夏侯孜曰：'三十年前，外大臣得与禁中事；三十年以来，外大臣固不得知。但是李氏子孙，内大臣立定，外大臣即北面事之，安有是非之说？'遂率同列署状。"就把晚唐政治上宦官操纵废立大权和大臣颟顸拥位的思想状态典型而生动地呈现于前，读之一定会受到很大的启发。又如卷六 843 条记韩愈二妾，反映了唐代这位古文大家生活上的另一个侧面。宋代文人为了维护韩愈的道学面孔，纷纷攻击这条文字，妄图否定其记载的真实性，然而近代学者据此作了深入的研究，发现这些文字如实而具体地介绍了韩文公的为人。这自然是文史方面亟堪珍视的材料。诸如此类，可供研究之需者尚多。历代文士经常援用此书，因为书中的好些条文确是具有不可替代的重要作用。

《唐语林》中存在的问题

自从《世说新语》这种情趣盎然的小说体取得很大成功之后，历代都有这一类的著作问世，例如唐代有王方庆的《续世说新书》，刘肃的《大唐新语》；宋代有孔平仲的《续世说》，王谠的《唐语林》；明代有何良俊的《何氏语林》，李绍文的《明世说新语》；清代有梁维枢的《玉剑尊闻》，吴肃公的《明语林》，王晫的《今世说》；近代有易宗夔的《新世说》，等等。但比较之下，《唐语林》一书应是其中的佼佼者。其余的书，或是纂拾旧闻，内容不新鲜；或是矫揉造作，琐碎不足观，因而有的已经亡佚，有的读者寥寥。历史自然地作出了结论，只有经得起时代考验的书才能广泛流传。

《唐语林》的地位既如此，也就证实了《前言》中开端就提到的话："这是一本很好的书。材料很可贵。研究唐代文史的人，一定得用作参考。"

但总的看来，这部著作还未发挥出它应有的作用。按理说来，《唐语林》的内容丰富多彩,应当有更多的人来阅读它,使用它,然而情况并不如此,这又是什么原因呢?

这是因为《唐语林》本身存在着很多问题,诸如材料来源不明,文字时见脱误,条文分合缺乏定准,等等。而且里面的绝大部分文字毕竟用的是小说手法,可信与否也难判断。这些都是使人望而却步的障碍。

从形成这些问题的原因来说,情况很复杂:这里有作者本人的问题,有版本方面的问题,有流传过程中出现的各种问题,……这些问题交织在一起,使《唐语林》从内容到形式都出现了杂乱的情况。为了整理此书,就得正本清源,找出各种错误和混乱现象的原因。首先得从作者本人的问题说起。

王谠学识欠佳工作草率

王谠虽有文名,泛读过唐代的笔记小说,但从《唐语林》中的一些情况来看,他对唐代的历史并不太精熟。书中常是出现这么一种情况,原书不误,王谠改写之后,也就出现了错误。例如卷三341条,言宗楚客纳厚赂启边衅事,此文原出《大唐新语》卷二《极谏》第三,中有"时西突厥阿史那忠节不和"之句。王谠改写之后,却成了"时西突厥阿史那与忠节不和",殊不知阿史那乃西突厥姓,忠节乃此人之名,中间不能加上"与"字。像王谠那样改动,也就把同一个人误分为两个人了。此事并见《旧唐书》卷九二《宗楚客传》,内云:"景龙中,西突厥娑葛与阿史那忠节不和",可知《大唐新语》叙事不明,然无大误,王谠妄加一字,却铸成大错。又如卷三334条,言"太平公主用事。柳浑以斜封官复旧职,上疏谏……"此文原出《大唐新语》卷二《极谏》第三,文字无大差异,然此二书中之"柳浑"实为"柳泽"之误。柳泽为睿宗、玄宗时人,《旧唐书》卷七七《柳泽传》详记此事,且录柳泽疏中文字。柳浑为代宗、德宗时人，年代远不相涉。《大唐新语》误之于前，王谠沿其误而不省，还要在下面加注说明，而他在注文中又引《太平御览》之文，言"浑性放旷，不甚检束"云云，实则此处文字原出《旧唐书》卷一二五《柳浑传》，王谠不用正史原文而用《太平御览》，也是史学疏陋的表现。两个情况完全不同的历史人物，混为一谈，一误再误，可见其史学水平确是并不太高明的了。

王谠的编写工作也嫌草率，不够严肃，例如卷五629条言"侯君集为兵部尚书，以罪流岭南。于其家得二美人，容色绝代。太宗问其状，曰：'自小常食人乳而不饭。'"然据《旧唐书》卷六九、《新唐书》卷九四《侯君集传》，可知侯君集是因谋反而被杀的，流岭南者为其妻及子。按此文出于《隋唐嘉话》卷上，检阅原书，才知道这里共有五条文字，第一、二条叙李靖言侯君集将反，第三条言太宗诛侯君集而流其子为奴，第四、五条言录其家得二美人与二金簪。王谠大加改削，组合成文时，却将侯家父子之事颠倒了。侯君集串通太子承乾谋反而获罪，乃初唐大事，王谠于此显得隔膜，可见其史学水平不高。又如卷六771、772、773条，原为综合《国史补》卷上《马燧雪怀光》、《和解二动臣》、《李马不举乐》三条文字而成的一大条文字，然而王谠不顾文义，生拼硬凑，出现了不少错误。《国史补》中说的"《马燧雪怀光》"，是指李怀光叛乱的后期，马燧为之说情，求免罪。这本来就不合事实。《资治通鉴》卷二三一《唐纪》四七德宗贞元元年《考异》引此文后，司马光下按语曰："是时怀光垂亡，燧功已成八九，故自入朝争之，岂肯面雪怀光邪！"可见李肇叙事正与实情相反。到了《唐语林》中，王谠却把"雪"字改成了"斥"字，"马司徒面斥李怀光"，非但与实情不符，而且成了不可想象之事。此时李怀光与唐王朝正处在敌对的战争状态，马燧又怎能"面斥"？即使勉强把这说成是马燧在阵前面斥李怀光，那德宗又为什么要"正色"制止？王谠的这种改法，真是匪夷所思。而《国史补》中《李马不举乐》

一段,乃承《马燧雪怀光》而来。马燧与李晟为李怀光事发生冲突,德宗调解,各赐以音乐,乐止则遣中使问之。王谠改写,则又成了张延赏与李晟之事。可见王谠任意改动文字,而对唐代史实却又缺乏足够的了解,这样编写而成的东西,也就不足资以取信的了。

王谠对有些条文的内容,没有细细体会,结果也出了不少差错。例如卷六782条叙窦申事,引德宗语曰:"吾闻申欲至人家,则鹊喜。"此文原出《国史补》卷上《窦申号鹊喜》,原文是:"吾闻申欲至,人家谓之鹊喜。"此事《旧唐书》卷一三六《窦申传》、《新唐书》卷一四五《窦参传》均有记载,《资治通鉴》卷二三四《唐纪》五十德宗贞元八年也曾记叙,胡三省注:"窦参每迁除朝士,先与申议,申因先报其人,以招权纳赂。时人谓之'喜鹊'者,以人家有喜事,鹊必先噪于门庭以报之也。"《大唐传载》上有同样的说明,胡氏或据《传载》而言。凡此均足说明所谓"鹊喜"也者,只是一个譬喻,王谠却把这理解为实有其事,宁非大噱。

前面已经说明,《唐语林》中出现的一些错误,有的是由未能正式定稿等原因造成的,但像这里谈的一些问题,就只能说是王谠学识欠佳、工作又不认真而产生的了。著作中出现的问题,当然与编著者的水平密切相关。

唐语林的版本问题

《唐语林》中出现错乱的情况,上面分析了作者主观方面的原因,而从客观方面来说,则是由缺乏好的版本,后人没有进行过认真的整理等多方面的原因产生的。

版本的问题也很复杂。从成书时来说,缺乏可靠的定本;从流传过程来说,则是经手的人大都草率从事,不尊重原著。况且这书的传世经历着曲折的过程,大分大合,绝而复生,这种离奇的经过,在每一个阶段都盖上了加工者的痕迹。

现存最早的《唐语林》刻本,是明代嘉靖二年桐城齐之鸾刻的两卷残本。此书与士礼居藏旧钞本三卷同。其内容为武英殿聚珍本的一至四卷。齐氏自言"予所得本多谬","有不能意晓者",可也找不到善本互校,只能让它"阙疑承误"。稍后则有丰城李栻刻的《历代小史》本。此书乃是一种节录本,而观其起讫,也同齐书,文字亦多同,可见它所依据的祖本,与齐之鸾本同,或者就是以齐书为底本的也未可知。在此之前,陶宗仪《说郛》中也曾录引,钱熙祚在《守山阁丛书》本《唐语林》的《校勘记》中说"《说郛》录《唐语林》寥寥数条,其标题大略适与齐之鸾本合,知陶南村所见本已不完矣。"这就说明《唐语林》一书到了宋代之后就已传本不多,而流传最广者也就是这部讹误很多残缺不全的三卷本或两卷本了。

此书自宋、元时起没有什么好的本子传世,明代之后已无全书,四库全书馆臣从永乐大典中辑出今本的后半部分,且用聚珍版印行之后,此书才有所谓足本传世。但后人所能见者,也只能是这部前后体例截然不同的拼凑本了。

后代重刻这书的人很多,如《墨海金壶》本、《守山阁丛书》本、《惜阴轩丛书》本等,还有福建藩署、江西官书局、广雅书局覆刻聚珍本等多种,实际上收入上述丛书中的《唐语林》,都是从武英殿聚珍本覆刻或重刻的,从版本上来说,同出一源,已经没有什么校勘价值了。

永乐大典编纂工作中存在的问题

《唐语林》这书之所以能够流传到现在,《永乐大典》一书起到了中间环节的作用。幸亏当年《永乐大典》的编者把它分散保存于各韵部中,《四库全书》馆臣才有可能将之重行编纂起来。

《永乐大典》规模宏大,保存了不少古代文献,当然是一项值得称道的工作。但在官僚体制的领导和安排下,人多手杂,场面大而不重实际,不可避免地也会出现很多不能令人满意的情况。况且此书在嘉靖时又重行誊录,《四库全书》馆臣依据的就是这部重钞本,在辗转的钞写过程中不可避免地又会增加一些错误。

不看内容,分类失当。《永乐大典》将《唐语林》中的材料依类相从汇聚在一起,而它的归类往往不太正确。例如该书卷之二万三百十《疾·心疾》引《唐语林》,即本书卷六789、卷八1079、卷八1078三条文字,原为《国史补》内的《刘辟为乱阶》《韦李皆心疾》《御史扰同州》三条;实则"御史扰同州"事与"心疾"毫无关系。这与今本《唐语林》中的编次虽然没有直接关系,但也可以看出《永乐大典》编者检阅《唐语林》时粗枝大叶,工作上是非常草率的。

多错别字,且多脱落。从表面上看来,《永乐大典》字迹清楚,一笔不苟,后面还记上了书手和覆核者的名字,似乎非常认真负责。但只要和原书或其他有关的本子作些比较,也就可以看出工作人员态度马虎,不但错别字很多,有时还会大段脱落。例如该书卷之一万五千九百五十一《运·五运》引《唐语林》,原出《封氏闻见记》卷四《运次》,如拿封演原文与之比较,则《永乐大典》错字与阙漏特多。《四库全书》馆臣已将此文采入《补遗》,即今本《唐语林》卷五672条,因为《永乐大典》此文不足为据,《四库全书》馆臣不得不依别本另行补正的了。

张冠李戴,误记篇名。《永乐大典》的编者时而张冠李戴,把其他书籍中的文字误题上《唐语林》的名字,例如该书卷之二千八百七《枚·纸九万枚》引《唐语林》,曰"王右军为会稽,库中有笺纸九万枚",实则此乃裴启《语林》中文,见《艺文类聚》卷九八;又如该书卷之一万二千十七《友·恤穷友》引《唐语林》,曰:"孔嵩……与颍川荀彧共游太学……"实则此亦裴启《语林》中文,见《类林杂说》卷四《仁友篇》三十;又如该书卷之一万一千六百二《藻·品藻》引《唐语林》,曰:"谢碣绝重其妇……"实则此乃《世说新语》下之上《贤媛》中文。因为这些条文记录的是魏晋南北朝时的事，而且《世说新语》等书，人所诵习，因此《四库全书》馆臣才不致上当，将之误缀入内。① 但也可以设想，假如《永乐大典》的编者把其他较生僻的书籍中的文字误题上《唐语林》一名，那就难于区别真伪了。现在《唐语林》中保留着好些并不属于五十种原书的条文，如有的出于《闽川名士传》，有的出于《定命录》……很有可能，这也是《永乐大典》的编者误题书名而夹杂进去的。当然，也有可能出于另一种情况，或许有些不属于五十种原书的条文曾为《纪闻谈》《洛中记异》等书所吸收，而《唐语林》据以引录的却是这些后起的书，只是这些书已经散佚，因而难以求得这类条文的真正出处了。这种特殊的情况可能出现，然而还不足用以解释《唐语林》中的混乱现象，例如该书卷八1075《唐人酒令》一条，原出洪迈《容斋续笔》卷十六，洪迈生于王谠之后，所写的文字不可能为前人所吸收，而《永乐大典》编者以其内容属于唐代风俗，率尔录引，误标书名，只能说明编者工作的草率。这一类情况，在《永乐大典》中为数是不少的。

四库全书馆臣编纂工作中存在的问题

从今本《唐语林》的成书来说，《四库全书》馆臣完成了最后一道工序，把这部散佚了几百年的书重新编纂起来，这个功劳是不可埋没的。但令人遗憾的是，这项工作做得还不理想，其间存在着不少问题。

没有利用齐之鸾本进行校雠。上面已经说到，《唐语林》此书没有什么善本可资校勘，但齐之鸾所刻的残本既已行世，而此书原出宋本，

---

① 《中国丛书综录》(第二册)《史部·杂史类》于《唐语林》后附《语林佚文》一卷，云"(宋)王谠撰，(清)王仁俊辑，《经籍佚文》"。此稿今藏上海图书馆，实际上只有一条文字。王氏据杜文澜《古谣谚》卷五七转引《广博物志》卷十八中文录入，全文曰："魏张鲁有十子，时人语曰'张氏十龙，儒雅温恭'。"按此文首见王应麟《小学绀珠》卷七，明示此亦裴启《语林》中文。

则毕竟还是有其可资参证之处。因为这书虽然错误特多，但择善而从，还是可以从中探测王书的本来面目。《四库全书总目》的《唐语林提要》上说此书的前半部分就是以齐之鸾本为底本的，经过比较，发现此说不完全符合事实。好些条文中，齐之鸾本、《历代小史》本的文字和原书相符，但今本《唐语林》却不相同。当然，这也可能是由于《四库全书》馆臣另外找到了根据，然而这种情况为数之多，只能说明《四库全书》馆臣重编《唐语林》时没有把齐之鸾本放在重要的地位。

　　这里可以举两个例子来看。《唐语林》卷三 404 条，原出《北梦琐言》卷三《高太尉决礼佛僧》。齐之鸾本、《历代小史》本中的文字，如"是夜黄昏"，"凌胁州将"，"得于资中处士王迢"等，都与原书相符，而聚珍本却均行脱落。又如卷三 457 条言苏颋事，原出《开天传信记》，"岂非足下宗庶之孽也"下，"之"字之上，有案语曰："此下原阙六字。"然而齐之鸾本、《历代小史》本不阙，此处有"环备言其事，客惊讶"八字，上下承接，文从字顺，说明这确是《唐语林》中的原文。而且《唐诗纪事》卷十《苏颋》中亦有此文，中间也有这两句，则又可用以说明《开天传信记》中原来就有这两句，今本《开天传信记》偶佚，应当根据齐之鸾本、《历代小史》本《唐语林》中的文字补足。聚珍本中的案语看来只是沿用了《永乐大典》编者的文字，但《四库全书》馆臣没有利用齐之鸾本进行校雠，致使此书本可起到的作用也未能起到。反观齐之鸾本，中间有那么多地方与原书相符，则又足以说明王谠著录时其改写的幅度并没有今本所显示的那么大。

　　没有完全遵从底本永乐大典中的文字。照理说，《四库全书》馆臣既然是依据《永乐大典》一书而重新编纂的，那聚珍本中的文字应该与《永乐大典》中的引文一致，但按之实际，却并不如此。例如《唐语林》卷六 852 条言李绛议置郎官事，见《永乐大典》卷之七千三百二十八

《郎·置郎》引《唐语林》，此文原出《国史补》卷下《郎官判南曹》，中有"旬日出为东都留守"、"常亦速毕"二句，《永乐大典》引文全同，而聚珍本却改"旬日"为"后"，改"亦"为"得"，这些文字只能定为《四库全书》馆臣所擅改，他们没有遵从《永乐大典》这一底本。

后人可以擅自改动前人文字，甚至信笔所之径行改写，于是各种本子上文字的出入，也就很严重了。特别是像《唐语林》这样一部几经曲折而流传下来的书，在古人轻视小说这种传统观念的影响下，经过各个阶段经手者的层层改写，更会出现文字上的许多分歧和混乱。该书卷七有一个突出的例子，919条言谭简治崔慎由目疾事，原出《因话录》卷六羽部；《永乐大典》卷之一万九千六百三十七《目·医目》引《唐语林》，对此作了大幅度的改写；聚珍本引用《永乐大典》中的文字，又作了一次改写，于是原来的文字和后来的文字也就相去甚远了。这在全书中或许只能算是一个特殊的例子，但对古代文人肆意删改前人小说而言，却是具有典型意义，可以用来说明《唐语林》中很多文字上的问题。为了便于对照，今将三种文字并列于后。

因话录卷六羽部	永乐大典唐语林	聚珍本唐语林
相国崔公慎由廉察浙西。左目眦生赘，如息肉，欲蔽瞳人，视物极碍，诸医方无验。一日，淮南判官杨员外牧自吴中越职，馔召于中堂。因话扬州有穆中善医眼，来为白府主，遣遗书崔相国铉，令致之。崔公许诺。后数日，得书云："穆生性粗疏，恐不可信。有谭简者，用心精审，胜穆甚远。"遂致以来。既见，白崔公曰："此立可去，但能安神不挠，独断于中，则必效矣。"崔公曰："如约，虽妻子必不使知。"谭简又曰："须用九日晴	崔相慎由廉察浙西，左目生赘肉，欲蔽瞳人，医久无验。闻扬州有穆生善医眼，托淮南判官杨收召之。收书报云："穆生性粗疏，恐不可信。有谭简者，用心精审，胜穆生远甚。"遂致以来。既见，白崔曰："此立可去，但能安神不挠，独断于中，则必效矣。"崔曰："如约，虽	崔相慎由廉察浙西，左目生赘肉，欲蔽瞳人。医久无验。闻扬州有穆生善医眼，托淮南判官杨收召之。收书报云："穆生性粗疏，恐不可信。有谭简者，用心精审，胜穆生远甚。"遂致以来。既见，白崔曰："此立可去。但能安神不挠，独断于中，则必效矣。"崔

因话录卷六羽部	永乐大典唐语林	聚珍本唐语林
明,亭午于静处疗之,若其日果能遂心,更无忧矣。"是时月初也。至六七日间,忽阴雨甚,谭生极有忧色。至八九大开霁,问崔公曰:"饮酒多少?"崔公曰:"户虽至小,亦可饮满。"谭生大喜。初,公将决意用谭之医,惟语大将中善医者沈师象,师象赞成其事。是日引谭生于使宅北楼,惟师象与一小竖随行,左右更无人知者。谭生请公饮酒数杯,端坐无思;俄而谭生以手微扪所患;曰:"殊小事耳!"初觉似拔之,虽痛亦忍。又闻动剪刀声。白公曰:"此地稍暗,请移往中庭。"象与小竖扶公而至于庭。坐既定,闻柝焉有声。先是谭生请好绵数两染绛,至是以绛绵拭病处,兼傅以药,遂不甚痛。谭生请公开眼,看所赘肉,大如小指,坚如干筋,遂命投之江中,方遣报夫人及子弟。谭生立以状报淮南,崔相国复书云:"自发医后,忧疑颇甚。及闻痊愈,神思方安。"后数日而征诏至金陵。嗟夫!向若杨君不遇,谭生不至,公心不断,九日不晴,征诏遽来,归期是切,碍其目疾,位当废矣,安得秉钧入辅,为帝股肱?此数事足验玄助。而公作相之后,谭生已逝,又何命之大薄也!	妻子必不使知。"间又曰:"须用久,目睛明,亭午于静室疗之。若其日事,遂无忧矣。"至日开霁。问崔饮多少,"饮虽不多,亦可引满。"谭生大喜。初,崔将谭生唯语大将中喜医者沉大师象,赞之。是日引谭生于宅北楼,唯师象与一小竖在,更无人知者。谭生请崔饮酒,端无私,以刀圭去赘,以绛帛拭血,傅以药。遣报妻子知。后数日,征诏至金陵。及作相,谭生已卒。	曰:"如约,虽妻子必不使知闻。"又曰:"须用天日晴明,亭午于静室疗之,始无忧矣。"问崔饮多少?曰:"饮虽不多,亦可引满。"谭生大喜。是日,崔引谭生于宅北楼,惟一小竖在,更无人知者。谭生请崔饮酒,以刀圭去赘,以绛帛拭血,傅以药,遣报妻子知。后数日,征诏至金陵。及作相,谭生已卒。

不熟悉原书,妄加案语。清廷开馆编辑《四库全书》时,集中了当时一批著名的学者。史部由邵晋涵主持。这当然是一代史家,水平很高。只是前人轻视笔记小说,可想而知,重编《唐语林》这书的任务,

不会由邵晋涵等人亲自动手,看来也只是让馆中一些二、三流的学者做做具体工作就是了。这样当然会影响成书的水平。

《四库全书》馆臣明知《唐语林》是汇纂五十种书而成的,但他们没有一一覆核原书,甚至连这五十种书的内容都不熟悉,这样当然不可能做好这项工作。例如卷三317韦澳征郑光庄租一条,《四库全书》馆臣下加案语曰:"此事已见《政事门》,文有异同,今并存之。"实则卷二《政事门》146条文字出于《续贞陵遗事》,《方正门》317条文字出于《东观奏记》卷中,二者来源不同,所以王谠兼收并蓄。《资治通鉴》卷二四九《唐纪》六五宣宗大中十年五月叙此,与《政事门》146条文字类同,《考异》引《东观奏记》,即《方正门》317条文字讫,下云"今从柳玭《续贞陵遗事》",可见二者之间内容上还有差别。又如卷三《方正门》329条记狄仁杰毁江南神庙七百余所,《四库全书》馆臣下加案语曰:"此事已见本门首条,文有详略,今并存之。"实则此条原出《隋唐嘉话》卷下,而"本门首条"即285条原出《封氏闻见记》卷九《刚正》,二者的来源和性质完全不同,王谠自然要把它们分列。《四库全书》馆臣不知文字的原始出处,妄加案语,可谓少见多怪。

不检核材料,妄加拼合。《唐语林》中的条文,有组合而成的情况,例如卷五635条叙秦鸣鹤为高宗治脑痛,就像是采取了《芝田录》和《谭宾录》中的文字组合而成的。因为二者内容一致,经过加工之后,已经浑然一体,看不出有拼凑的痕迹。

《永乐大典》中的文字,按韵部和内容分类,原是一条条单列的。或许《四库全书》馆臣嫌它太琐碎了,他们看到前四卷中的文字经常将同一性质的条文合并,于是起而效尤,也常将几条文字合并起来。只是他们于原书不熟,经常将性质不同的文字妄加拼合,则又造成了不少混乱。例如卷五699、700两条,前者出于《大唐传载》,言乐章以边地为名;后者出于《开天传信记》,言安禄山之狡黠:内容完全不同。

《四库全书》馆臣将之捏合在一起，读者不知底细，以为这条文字中寓有什么深意，也就会上当。又如卷七889条言李德裕排斥举子事，原文出于《玉泉子》，本是首尾贯通的一段文字，但《四库全书》馆臣却将另一条文字，即李德裕介绍卢肇、丁棱等人中举之事插入，反而把几段文字弄得支离破碎了。实则王起知举此条应置903条之前，原书也是这样编排的。这样编排，三条文字各有其重点，层次井然。《四库全书》馆臣乱加编纂，不知原书者也就只能跟着他们乱读一通的了。

不考虑内容，妄加割裂。与上相反，《四库全书》馆臣对有些本该合并在一起的文字却又不能发现其内容的一致，例如卷六859、860两条均叙文宗问许康佐《左传》中余祭之事，说明这两条文字原出一书，故而首尾贯通。查《资治通鉴》卷二四五《唐纪》六一文宗太和九年《考异》，知前者乃林恩《补国史》中的文字；可以推知，后者当是此文的后半部分。但《四库全书》馆臣不加细察，而将后者置于同卷869条之后，这就把本该连在一起的文字割裂开，校正时也就不得不略作调整了。又如卷五721、747两条，均出《封氏闻见记》卷八《鱼龙畏铁》，二者内容一致，文意联贯，这是不知书名、篇名的人也能体会得出来的，然而《四库全书》馆臣不加细察，把它们作为互不相关的文字处理，这就使《封氏闻见记》中的这条文字一直不能以完整的结构呈现在读者之前。

凡上种种，说明《唐语林》中问题成堆。这里有先天的缺憾，也有后天的错乱。在我国典籍中，很少有像《唐语林》这样坎坷的遭遇，形成这样奇特的体例。这就证实了《前言》中开端时就提到的话："这是一本很糟的书。太杂乱。不经过整理，就很难阅读。"

唐语林的整理工作

应该说，《唐语林》一书之所以可贵，是由它内在的价值所决定的，这与作者掌握的材料、继承的学术传统、产生的时代背景等各种因素有关。《唐语林》中的错乱，是由各种复杂的原因层累而成的，但对材料本身而言，却是人为的，外加的，非本质的。只要细心地加以清理，就能克服其缺点，焕发其原有的光彩。

如何清理？原书已有残佚，又无可靠的版本可资校勘，但若充分利用现有条件，还是可以开展工作。所幸原出之书大部分还可以找到，宋元时人的总集、别集、类书、笔记中还保留着很多与此有关的材料，这些都可用作校勘之助。齐之鸾本、《历代小史》本《唐语林》中毕竟保存着一些原始的材料，择善而从，还是可以解决不少问题。

关键在于整理者的态度如何。自从《四库全书》馆臣编成《唐语林》八卷本，且以聚珍版印出后，据以覆刻的人很多，但很少进行认真的整理。《守山阁丛书》本后附《校勘记》，钱熙祚找出了一些条文的出处，还曾参照齐之鸾本，辗转互校，订正了一些文字上的错误。广雅书局覆刻《唐语林》时，后附孙星华的《校勘记》，他所做的，只是在钱氏的基础上作了些简化的工作。可见这两种《校勘记》下的功夫还不够，解决的问题还不太多。

《守山阁丛书》本《唐语林》向称善本，钱熙祚在传播小说的工作中起过很好的作用，但他的态度可不能说是很认真的。就以辑录佚文而言，他用齐之鸾本对校，辑得佚文八条，但实际上有遗漏。其后陆心源又以齐之鸾本对校，辑得佚文十四条，将之刻入《潜园总集》十九《群书校补》卷四中。比起《守山阁丛书》中的《唐语林校勘记》来，又补充了六条文字。但陆心源的辑佚工作实际上还有遗漏。本书卷三中的 390

牛僧孺奇士一条，是齐之鸾本所原有的，但各家均未发现。于此可知，此书仅存的一部明刻本，薄薄两卷文字，大家都不愿好好地查检，可见这些学者工作时都不是很认真的了。

我花了多年时间整理《唐语林》，成《唐语林校证》一书，除前人辑得的佚文外，又辑得了二十三条。其中三条辑自《永乐大典》。由此可见，就在目前残存的七百多卷《永乐大典》中，《四库全书》馆臣还漏掉了三条文字，以全书而言，其中佚文为数是不会少的。

校订《唐语林》而能用上《永乐大典》，这毕竟是当代人的幸运。和聚珍本对校，可以发现很多问题，例如识别哪些是王谠的原注，哪些是后人的案语等。

我曾用齐之鸾本、《历代小史》本与聚珍本对校。上海图书馆藏周锡瓒校齐之鸾本《唐语林》，是用黄丕烈藏旧钞本对校的，利用此书，也就吸收了这部珍贵的旧钞本的可取之处。

我还用宋元时人的总集、别集、类书、笔记多种进行校勘。由于《唐语林》中大部分的文字已经找到了出处，积累了不少可供参考的有用材料，这就为全面的整理准备了条件。我对全书条文重新作了编排，纠正了不少误分误合的混乱情况，使眉目为之一清，还对文字中的误、脱、衍、窜之处一一进行订正，纠正了大量的错误，尽可能地让全书恢复其原貌。在整理的过程中，又考虑到《唐语林》在小说类中的重要地位，此书在研究工作中和整理其他典籍时可起重要的参考作用，因此把校勘成果作了较详细的记录，借供各界人士之需。

《唐语林》中的很多材料，已经被史学家所采用，他们还进一步作过考订辩证的工作，因此我也注意引用正史中的材料作互校之用。一般说来，凡是为《资治通鉴》等书采用的材料，史实比较可靠；而那些不符事实的文字，我也援用前人或近人的研究成果，加注说明，以免有人误信其中的记载。

在《附录》部分，除了收入各家著录、题跋和引用书目之外，还编写了《唐语林援据原书提要》《唐语林援据原书索引》《唐语林人名索引》三种资料。后两种是为了帮助研究工作者更方便地利用此书而拟制的，前一种则更多地考虑到了一般读者的需要。我为《唐语林》全书的每条文字都编了号。这篇前言的文字中卷数之后所加的阿拉伯数字，即《唐语林校证》条文的序号。我在绝大部分的条文后面提示了出处，但对不熟悉古代笔记小说的人来说，因为不知道这些书的性质，对这些条文的价值仍然不可能有恰当的估量，为此我在后面附上各种书的提要，则读者在阅读有意味的文史小品之余，可对这些条文的渊源所自和是非得失有所了解。此外，为了帮助读者理解文章的内容，我对一些疑难的字句加上了注释，并且根据个人的理解，对书中人物的俏皮话和双关语也试作解释。

《唐语林》内容丰富，涉及面广，对此进行全面的整理，需要各方面的知识。限于学力，在校证工作中仍然会有很多错误和不妥之处，希望各方面的人士不吝指正。在编写过程中，承孙望、程千帆、程毅中、傅璇琮、郁贤皓等先生予以鼓励和帮助，特此致谢。栾贵明先生抄示《永乐大典》中有关《唐语林》的材料，王瑞来先生抄示有关宋史的材料，日本学者横山弘先生寄示《永乐大典》中有关《唐语林》的未刊佚文的复印件，都曾给我很大的帮助，在此一并致谢。拙著为《南京大学古典文献研究所专刊》之一，蒙中华书局惠予出版，在此亦深表感谢。

《唐人轶事汇编》前言

傅斯年在《史料学方法导论》中说"官家的记载时而失之讳"，"私家的记载时而失之诬"。陈寅恪在《〈顺宗实录〉与〈续玄怪录〉》一文中持同样见解，提出了治史的一项原则，体现了学术思想的进步，文曰：

> 通论吾国史料，大抵私家纂述易流于诬妄，而官修之书，其病又在多所讳饰，考史事之本末者，苟能于官书及私著等量齐观，详辨而慎取之，则庶几得其真相，而无诬讳之失矣。

这项原则的提出，是他纵观吾国史料之后得出的结论，符合实际。

公私纂述的常见弊端

"私家纂述易流于诬妄"，这容易理解。考其原因，则有如下数端：

(一) 囿于见闻，易滋误端

那些出身世家与个人社会地位高的作者，因为经历的事情多，接触的人也多，记载的事情，出于耳闻目见，也就比较可信。例如赵璘撰《因话录》六卷，《四库全书总目》称"璘家世显贵，又为西眷柳氏之外孙，能多识朝廷典故。《东观奏记》载唐宣宗索《科名记》，郑颢令璘采访诸家科目记，撰成十三卷上进，是亦娴于旧事之明征。故其书虽体近小说,而往往足与史传相参"。① 但如《云溪友议》的作者范摅,本是江湖散人,居留多在吴越一区,交游中乏多闻博识之士,记叙的内容,往往出于道听途说,不可信从。例如他在《江都事》中叙李绅故事,云李绅治民严酷,致使"邑人惧祸渡江过淮者众",显然过于夸张。当然,小说中的记载也不大可能纯出编造,往往以一些不可靠的传说为根据。《新唐书》卷一八一《李绅传》言开成初为河南尹,"绅治刚严",恶少"皆望风遁去",《云溪友议》却记作一般平民"户口逃亡不少"了。书中还说"骡子营骚动军府,乃悉诛之",尤属张冠李戴。"骡子营"乃蔡州军事,见《旧唐书》卷一四五《吴元济传》与一六一《刘沔传》。吴传云:"地既少马,而广畜骡,乘之教战,谓之'骡子军',尤称勇悍,而甲仗皆画为雷公星文以为厌胜。"可知此事与李绅全然无涉。

(二)朋党成见,故意歪曲

史称唐代之亡,乃由三个问题所触发:藩镇、宦官、朋党。中唐之后,小说言及朋党之争者甚多。牛李之争此起彼伏,持续数十年之久,把许多文士都卷了进去,他们记叙的东西,难免带有偏见。例如李党中人刘轲著《牛羊日历》,就对牛僧孺等人肆意丑诋;牛党中人卢言著《卢氏杂说》,也曾引用一些不可信的材料对李德裕肆意攻击,且对对方政治上的失败持幸灾乐祸的态度。② 假如轻信这些材料,也就会受到欺骗,从而作出不合实际的结论。

(三)攘善讳恶,任意抑扬

我国士人常有用文字发泄私怨的情况。例如有人作《补江总白猿

---

① 参看拙撰《赵璘考》,载《古代文献研究集林》第一集,陕西师范大学出版社 1989 年版。
② 参看拙撰《卢言考》,载《学术月刊》1987 年第 4 期。

传》，恶意污蔑欧阳询，云是白猿所生。但也有另一种情况，有人为了盗窃虚名，宣扬自己的家庭，往往将他人的一些事迹归在自家身上，形成迷惑不清的情况。例如《邺侯家传》中记载德宗时宣武节度使刘玄佐入朝一事，云是出于李泌的劝告，就不符事实。《资治通鉴》贞元二年十一月"壬寅，玄佐与陈许节度使曲环俱入朝"，胡三省注："韩滉既遗刘玄佐以入朝之资，又大出赏劳以动其一军之心，玄佐虽欲不入朝，得乎？"又引《考异》曰："《邺侯家传》曰：'韩相将入朝觐，先公令人报："比在阙庭已奏，来则必能致大梁入朝。今来，所望善谕以致之。"十二月，刘玄佐果入朝。'"司马光随后加按语曰："此盖李繁掠美。今从《柳氏叙训》。"可以想见，这类事情如无史家进行考辨，也就会一直混淆不清地传播下去。

私人著述之所以出现上述情况，容易理解。因为作者闭门著书，不受任何约束，如果文德不高，也就会出现"诬妄"之弊。即使他文德尚佳，也想努力征实，但个人见闻有限，终究会有缺失的地方，难免出现"诬妄"的流弊。

"官修之书"的情况应该好些了吧。从史料的来源、史官的待遇、修史的组织措施等方面来说，条件总是要好得多。但史官修史也会出现种种问题，这里有社会的原因，也有个人的原因。

史官修史一般总是把皇帝的实录作为基本的史料。我国自周代起，就已建立起了完整的史官制度，记言记事，各有所司，历代都有相应的建置。按理来说，由日常起居官记下的起居注，再在这基础上整理出来的实录，应该是最为可信的了。实际情况并不如此。且不说地方官吏及朝廷禀报的材料是否全然可靠，就在修史的人编纂实录时，也要受到当时政局的影响，增删材料，抹煞事实，甚至彻底加以改写。例如韩愈撰《顺宗实录》，叙宦官的劣迹甚为切实，随即遭到宦官的忌恶，以致宪宗、文宗两朝多所修改，详见《旧唐书》卷一五九、《新唐书》

卷一四二《路随传》。

从个人原因来说,史德不佳,而又凭借高位,那也会出现极为荒谬的事。例如初唐时期的许敬宗,以迎合高宗、武后而得宠,主持史局后,利用修史谋求私利,竭尽颠倒黑白之能事。《旧唐书》卷八二《许敬宗传》曰:

> 敬宗自掌知国史,记事阿曲。初,虞世基与敬宗父善心同为宇文化及所害,封德彝时为内史舍人,备见其事,因谓人曰:"世基被诛,世南匍匐而请代;善心之死,敬宗舞蹈以求生。"人以为口实,敬宗深衔之。及为德彝立传,盛加其罪恶。敬宗嫁女与左监门大将军钱九陇,本皇家隶人,敬宗为妻,多得赂遗,及作宝琳父敬德传,悉为隐诸过咎。太宗作《威凤赋》以赐长孙无忌,敬宗改云赐敬德。白州人庞孝泰,蛮酋凡品,率兵从征高丽,贼知其懦,袭破之。敬宗又纳其宝货,称孝泰频破贼徒,斩获数万,汉将骁健者,唯苏定方与庞孝泰耳,曹继叔、刘伯英皆出其下。虚美隐恶如此。初,高祖、太宗两朝实录,其敬播所修者,颇多详直,敬宗又辄以己爱憎曲事删改,论者尤之。然自贞观已来,朝廷所修五代史及《晋书》《东殿新书》《西域图志》《文思博要》《文馆词林》《累璧》《瑶山玉彩》《姓氏录》《新礼》,皆总知其事,前后赏赉,不可胜纪。

这些著作,大都已经失传,有的史书却还在流传。对待那些经过许敬宗之手的文字,当然应该郑重检核的了。

许敬宗的修史,固然竭尽任意抑扬之能事,但总还有一点事实根据在,还不能说是捕风捉影的编造。而像五代之时南唐的编写家世,则纯出于凭空虚构,更无史实可言。司马光《答郭纯长官书》曰:

李昇起于厮役，莫知其姓，或云湖州潘氏子。李神福俘之，以为僮仆。徐温丐之以为子。及称帝，慕唐之盛，始自言姓李。初欲祖吴王恪，嫌其诛死，又欲祖郑王元懿，命有司检讨二王苗裔。有司请为恪十世孙，昇曰："历十九帝，十世何以尽之？"有司请以三十年为一世，议后始定。（《温国文正公文集》卷六一）

南唐立国不久，因而构拟的世系未能列入正史。但可以设想，假如南唐一统天下，政权巩固，绵延数世，那么史官依据上述李唐世系而撰写的历史，又有什么信史可言。①

从所处的地位来说，史官本人也承受着很大的心理负担。依常理而言，史官纂修当前的历史，因为史料容易征集，应该更有可能成为信史；但上至帝王，下至达官贵人，牵涉到父祖或本人的历史评价，无不竭力给史官增加压力。《新唐书》卷一三二《吴兢传》曰："初与刘子玄撰定《武后实录》，叙张昌宗之，心不善，知兢所为，即从容谬谓曰：'刘生书魏齐公事，不少假借，奈何？'兢曰：'子玄已亡，不可受诬地下。兢实书之，其草故在。'闻者叹其直。说屡以情薪改，辞曰：'徇公之情，何名实录？'卒不改。世谓今董狐云。"可见其时吴兢处境的艰难和守正之不易了。韩愈本以获持道统自命，以为修史可"诛奸谀于既死，发潜德之幽光"（《昌黎先生集》卷一六《答崔立之书》），但也怕当史官而受

---

① 《旧五代史》卷一三四《僭伪列传》云："〔李〕昇自云唐玄宗第六子永王璘之裔。唐天宝末，安禄山连陷两京，玄宗幸蜀，诏以璘为山南、岭南、黔中、江西四道节度采访等使。璘至广陵，大募兵甲，有窥图江左之意，后为官军所败，死于大庾岭北，故昇指以为远祖。"《新五代史》卷六二《南唐世家》："〔昇〕自言唐宪宗子建王恪生超，超生志，为徐州判司；志生荣。乃自以为建王四世孙，改国号曰唐。立唐高祖、太宗庙，追尊四代祖恪为孝静皇帝，庙号定宗；曾祖超为孝平皇帝，庙号成宗；祖志孝安皇帝，庙号惠宗；考荣孝德皇帝，庙号庆宗。"于此可见南唐李昇伪造世系所造成之混乱情况。

祸。他任史官修撰后,在《答刘秀才论史书》中沮丧地说,史官"不有人祸,则有天刑"(《昌黎先生集》卷二)。于此可见史官因职务公开之故,易受人事的纠缠,不像司马迁那样:《史记》虽被后代列入正史,但出于一人之手,司马迁本想藏之名山,传之后世,因此未受干扰,可以保留更多的个人见解。

韩愈的这种态度,很受时人指责。柳宗元就曾激烈地批判他尸位素餐之不当。但韩愈提到的种种难处,如云"传闻不同,善恶随人所见,甚者附党,憎爱不同,巧造语言,凿空构立善恶事迹,于今何所承受取信,而可草草作传记令传万世乎?"确实也是令人感到棘手的事。

以上种种,均可为传、陈二氏之说提供例证:即私家纂述易流于诬妄,官修之书又多所讳饰。

正史小说的界线区划

自唐初起,修史的任务由皇家控制,当时完成的前五史(《周书》《北齐书》《梁书》《陈书》《隋书》)等都由朝廷遴选人才撰写,一般由宰相领衔主持工作,如《隋书》一书,就由长孙无忌主持,其中的《经籍志》部分,则由魏徵主持。由此可见朝廷上下对于这项工作的重视。又如《晋书》一书,唐太宗还亲自为司马懿、司马师、陆机、王羲之四人撰写传论,因此该书署称"御撰"。儒家向来重视修史,"孔子作《春秋》而乱臣贼子惧",统治者以为抓住修史一环,在正名分和正人心等方面可起巨大作用,因此他们不惜花费巨大的人力和物力,去从事这项工作。自唐代起,修史成了一种制度,后起王朝的重要任务之一,就是组织人力,修前代历史。五代之时,石晋命宰相赵莹领衔纂修《唐书》,宋初以为此书修得不理想,乃命宋祁、欧阳修等重修,于是出现了所谓新、旧两部《唐书》。元代修《宋史》,明初修《元史》,清初修《明史》,尽管书成后水平未必有多高,但修史的规模更大,组织更健全,刊刻也更为及时。清亡后,北洋政府也组织人力修成《清史稿》,可见公家修史之事,在封建社会之中已成陈规。

自唐代起,朝廷还把若干史书列为考试进士的指定用书,《玉海》卷四九引《两朝志》曰:"国初承唐旧,以《史记》、两《汉书》为三史,列于科举。"这样士子也就必须精研史书。这类经过皇家核准的史书,其地位也就不同于一般的史籍了。

在封建社会里,儒家中人特别重视正名分的工作。历史书的情况千差万别,确是鱼龙混杂。继前四史之后,由朝廷组织人员编写,并用皇帝名义颁布的史书,也都荣膺"正史"的称号了。这类断代史采用的都是纪传体,首列帝王本纪,与其他编年体、纪事本末体不同,这也是这一类书荣获"正史"一名的原因。①

阮孝绪著《正史削繁》九十四卷,这一名词始见于此。其书已佚,不知他把哪些著作称为"正史"。其后的目录书中沿袭不改。史而称"正",则其书自尊,与其他霸史、杂史等著作,自有高下之别了。

目下列入正史的史书,有二十四种,亦即所谓二十四史。这些书中,水平高下悬殊,对于史料的处理,也大有出入。例如《宋书》《南齐书》《梁书》《陈书》,多依实录及各家行状等材料编纂;与之性质相同的《南史》,就喜采择小说入史了。五代石晋时张昭远等编《旧唐书》,因为唐代中期以前的帝王实录和国史还有留存的,于是在很多地方利用了这类史料,尤其是在一些帝王的本纪中。宋祁、欧阳修等编《新唐书》时,以为中唐以后记载的史实颇多残缺,但又没有其他材料可

① 《明史》把编年体的史书也列入了"正史",但清代乾隆年间纂修《四库全书》时,明令仅以纪传体为"正史",而将编年体剔出单列。《四库全书总目》卷四五"正史类"下提要曰:"正史体尊,义与经配,非悬诸令典,莫敢私增,所由与稗官野记异也。"

作补充,于是大量吸收杂史及小说入史了。后人对此颇多批评,但也有人公平地指出,正由于宋祁、欧阳修吸收了其他材料,才使此书有关中唐之后的记载比较完整,从而在整体水平上比之《旧唐书》有所提高。

宋祁、欧阳修等人编纂《新唐书》时,利用了哪些材料,因为没有什么具体的记载,读者虽然可以比勘而知,但仍难以确说。司马光著《资治通鉴》,利用了哪些史料,则可推循而得。李焘在《上〈续资治通鉴长编〉表》中说:

> 司马光之作《资治通鉴》也,先使其寮采摭异闻,以年月日为丛目,丛目既成,乃修长编。唐三百年,范祖禹实掌之,光谓祖禹:"长编宁失于繁,无失于略。"今《唐纪》取祖禹之六百卷删为八十卷是也(《文献通考·经籍考》卷二〇引)。

可喜的是,司马光在定稿时,将材料去取过程中思考的一些问题记录了下来,另编成《考异》三十卷,从而使人可以了解到他掌握的是哪些材料。

司马光在《进书表》中也说他曾"偏阅旧史,旁采小说","又参考群书,评其同异,俾归一涂,为《考异》三十卷"。近人对此作了很多研究,张须《通鉴学》以《通鉴考异》所列书名为主,旁及正文所引,分为十类,计为正史二十五种,编年史二十九种,又诸录八种,别史五十四种,杂史六十七种,霸史三十五种,传记十八种,又碑碣七种,奏议八种,又别集十六种,地理十种,小说十五种,诸子九种,总计三百零一种。[①] 但

---

① 《通鉴学》卷上第三章《通鉴之史料及其鉴别》,开明书店 1948 年版。

徐波外集

据其他学者的统计,以为数字还有出入。① 由于各人对某些书的书名和性质理解不同,统计之时看法必然也有所不同,因此要说哪一种数字绝对正确,甚为难说,而且有些书用过之后未必都在《考异》中留下名字,因此司马光掌握的史料,应该比时人标明的书单更为丰富。

南宋时期的学者也曾谈到司马光运用史料的不拘一格,《容斋四笔》卷十一《册府元龟》中说:

> 以唐朝一代言之,叙王世充、李密事用《河洛记》,魏郑公谏争用《谏录》,李绛议奏用《李司空论事》、睢阳事用《张中丞传》,淮西事用《凉公平蔡录》,李泌事用《邺侯家传》,李德裕太原、泽潞、回鹘事用《两朝献替记》,大中吐蕃尚婢婢等事用林恩《后史补》,韩偓凤翔谋画用《金銮密记》,平庞勋用《彭门纪乱》,讨裘甫用《平剡录》,记毕师铎、吕用之之事用《广陵妖乱志》,皆本末粲然。然则杂史、琐说、家传,岂可尽废也?

《资治通鉴》是我国编年史中的名著,在封建社会的各个王朝中占有极为重要的地位,清初修《明史·艺文志》,还被列入"正史"之中。司马光在处理史料时,就没有什么先入之见,而是通过比勘考核,择其可信者加以吸收。这种处理材料的态度,将私著的地位大大提高了。可见严正的史学家都能接受官书与私书并重的观点,只是在二者分量的估计上还是会有不同。

---

① 陈光崇《张氏〈通鉴学〉所列〈通鉴〉引用书目补正》,以为实有三百五十九种、高振铎《〈通鉴〉参据书考辨》,以为实有三百三十九种。二文均载刘乃和、宋衍申主编《资治通鉴》丛论一书,河南人民出版社1985年第一版。

轻视小说的传统观念不易改变

以上所论，说明古代一些杰出的历史学家在处理史料时已能打破种种偏见，把一些前人认为不能入史的材料也吸收进去，但从大多数人来说，仍然认为二者之间的价值大有不同。从这里可以感受到传统观念的力量之悠久与巨大。

大家知道，宋代帝王极为重视文化建设，宋初曾有四大书的编纂。这四种书，性质有所不同：《太平御览》为类书，《太平广记》为小说总集，《文苑英华》为文学总集，《册府元龟》为政治通史。前三种书，在太宗时编成，后一种书，即《册府元龟》一千卷，则在真宗时编成。

按《册府元龟》原名《历代君臣事迹》，真宗诏改此名，以为可作后世君臣的龟鉴。《玉海》卷五四《册府元龟》下载真宗对辅臣曰："所编《君臣事迹》，盖欲垂为典法，异端小说，咸所不取。"因此，这书援引的材料大都出于正史，以朝廷的眼光来看，这是最为纯正可信的历史材料。小说等等，材料不纯，必须排斥在外。

如果说宋初修史时还有宋祁、欧阳修、司马光等人广泛地从杂史、小说等文献中去发掘材料，那么到了元代之后，也就不大见到这样的工作方法了。自元代修《宋史》之后，一直到民国之初修《清史稿》，史官依据的材料，不出实录、行状等等，因此这类史书虽说材料尚有可信处，但在事件细节上时嫌粗率，文字表达上时嫌平板，这应当也是史官执意排斥小说，有意与文学脱离关系的缘故。

为什么古人轻视小说，定要将之排斥出历史范畴之外呢？

这与儒家传统有关。宋代之后，儒家学说更向褊隘的方向发展了。

班固根据刘歆《七略》编成《汉书·艺文志》，《诸子略》中分列儒、道、阴阳、法、名、墨、纵横、杂、农、小说十家。班氏把小说置于末位之后，又说："小说家者流，盖出于稗官，街谈巷语，道听途说者之所造也。孔子曰：'虽小道，必有可观者焉。致远恐泥，是以君子弗为也。'①然亦弗灭也，闾里小知者之所及，亦使缀而不忘。如或一言可采，此亦刍荛狂夫之议也。"可见他对小说家的评价很低。而他随后在为《诸子略》作总结时又说："诸子十家，其可观者，九家而已。"则是又把小说一家开除出学术领域了。

自从《汉书·艺文志》借孔子的话为小说定性之后，后起的目录书上也一直这么看待，《隋书·经籍志》下的定义是："小说者，街谈巷语之说也。"言下之意，自然认为小说不足登大雅之堂。但我国古来也有"泰山不让土壤，河海不择细流"之说，因此班固、魏徵等人随后总是援用孔子的另一段话，"虽小道，必有可观者焉，致远恐泥"，表示可以有选择地予以采用，这又为后代个别史家的扩大史源找到了理论上的根据。

不管怎样，古人认为小说（包括性质相近的杂史、故事等）的史料价值很低，史官如果不是彻底排斥的话，也只能置于很次要的地位。

如上所述，只有司马光等具有很高识见的史家，才能在援用所谓正史的材料之外，援用大量的私家著述，用作参证或补证之助。

元明两代，史学上的成就不大，清代朴学兴起，治学注重实事求是，与以前情况有所变化。这里可以援引一些著名学者的意见，以及他们处理史料的原则，借以考察清代的史家在这问题上的进展。

考据之学，首求材料的齐备，以及处理材料时态度的客观。梁启超在总结清儒考证之学的通则时说：

---

① 此语出于《论语·子张》，实为子夏之语。

一、凡立一义，必凭证据，无证据而以臆度者，在所必摈。

二、选择证据，以古为尚。……

三、孤证不为定说。其无反证者姑存之，得有续证则渐信之，遇有力之反证则弃之。

四、隐匿证据或曲解证据，皆认为不德。①

清儒根据这种精神进行考证工作，自然会扩大资料源头，不局限于正史一途了。

考据之业以乾嘉为盛，其时名家辈出，史学方面尤以钱大昕、王鸣盛和赵翼的成就为大。今即以三人为例，加以分析。

赵翼《廿二史劄记小引》曰："间有稗乘脞说与正史歧互者，又不敢遽诧为得间之奇。盖一代修史时，此等记载无不搜入史局，其所弃而不取者，必有难以征信之处，今或反据以驳正史之讹，不免贻识有识。是以此编多就正史纪、传、表、志中参互勘校其有牴牾处，自见辄摘出，以俟博雅君子订正焉。"此说未免过于绝对，修史史官未必都能像司马光那样，对稗官野史一一进行搜集和考核。赵翼的这种观点，只是一种正统观念，因而对小说持排斥的态度。

钱、王二氏则有考据材料不囿于正史的见解。钱氏在《续通志列传总叙》中说：

史臣载笔，或囿于闻见，采访弗该，或怵于权势，予夺失当。将欲补亡订误，必当博涉群书，考唐、宋、辽、金、元、明正史之外可备取材者，编年则有司马光、朱熹、李焘、李心传、陈均、刘时举、陈

① 《清代学术概论》十三，《中国近代思想文化史史料丛书》，复旦大学出版社1985年9月第一版。

樫、薛应旂、王宗沐、商辂；别史则有曾巩、王偁、叶隆礼、宇文懋昭、柯维骐、王维俭、邵远平；典故则有杜佑、王溥、王钦若、马端临、章俊卿、王圻；传记杂事则有温大雅、刘肃、韩愈、王禹偁、郑文宝、林坰、马令、陆游、张唐英、宋敏求、李心传、徐梦莘、杜大圭、徐自明、王鼎、刘祁、元好问、苏天爵、陶宗仪、郑晓、王世贞、沈德符、孙承泽等，遗书具在；以及碑版石刻，文集选本，舆地郡县之志，类事说部之书，并足以证正史之异同，而补其阙漏。（《潜研堂文集》卷十八）

但钱大昕《廿二史考异》全书仍很少引用小说，例如该书卷六十《孔戣传》引《新唐书》本传"戣为华州刺史，明州岁贡淡菜蚶蛤之属"……此事《国史补》卷中《孔戣论海味》亦有记叙，《新唐书》本传似即出此而钱氏不引，可见他不重引小说以考史。

王鸣盛在《十七史商榷序》中说：

二纪以来，恒独处一室，覃思史事，既校始读，亦随读随校。购借善本，再三雠勘；又搜罗偏霸杂史，稗官野乘，山经地志，谱牒簿录，以暨诸子百家，小说笔记，诗文别集，释老异教；旁及于钟鼎尊彝之款识，山林冢墓、祠庙伽蓝、碑碣断阙之文，尽取以供佐证，参伍错综，比物连类，以互相检照，所谓考其典制事迹之实也。

由上可见，乾嘉学派的大师已经注意到了扩大史源，尽可能地搜集史料，对正史中的记载有所订正。王氏还曾举过一个生动的事例，说明小说入史的必要和价值。《十七史商榷》卷九三《欧史喜采小说薛史多本实录》条曰：

大约实录与小说，互有短长，去取之际，贵考核斟酌，不可偏执。如欧史〔朱〕温兄全昱传，载其饮博取骰子击盆呼曰"朱三，尔砀山一百姓，灭唐三百年社稷，将见汝赤族"云云。据〔王〕禹偁谓《梁史》全昱传，但言其朴野，常呼帝为三，讳博戏事。所谓《梁史》者，正指《梁太祖实录》。今薛史全昱传亦不载博戏诋斥之语。欧公采小说补入，最妙。然则采小说者未必皆非，依实录未必皆是。

在当时来说，这是一种很进步的观点。但王氏诸书可惜并不能全部贯彻这种观点。《十七史商榷》中多次援引小说后，又随之以训斥，如卷九一论李绅云："《南部新书》卷丁乃云'以吴湘狱仰药而死'，小说家言不可尽信如此。新、旧《唐书》皆言湘之坐赃，乃群小欲倾绅以及李德裕，而孙光宪《北梦琐言》第六卷则谓绅镇淮南，湘为江都尉，有零落衣冠颜氏女寄寓广陵，有容色，绅欲纳之，湘强委禽焉。绅大怒，因其婚娶娉财甚丰，乃罗织执勘，准其俸料之外，有陈设之具，皆以为赃，奏而杀之。绅本狂暴，此说恐当得情。绅罪甚大，得良死为幸。新、旧书皆以湘实受脏，绅杀之非枉者，恐皆非实录。"这里王氏的态度前后有矛盾，他一方面信从《北梦琐言》之说，以为这一小说的记载可信，而对《南部新书》的记载则持菲薄的态度。《南部新书》所记诚误，但王氏的语气则透露出了传统的偏见。

由此可知，王鸣盛在处理史料的问题上曾有很好的意见，但在《十七史商榷》中仍然可以见到他一而再地提出小说不可信的见解。可见封建时代的文人不可能将小说真的提到与正史并列的地位。

他们注重正史之外的材料，大都是想用以补正史之缺误，孰重孰轻，地位还是截然不同的。

小说语言小说笔法入史的问题

上举《十七史商榷》叙及朱全昱用土语责骂朱温的一番话,涉及史书中是否可用切合人物性格的语言来写人物传记的问题。这也就是说,历史书中是否应该采用一些文学手法来塑造人物形象。

照理来说,这个问题早在实践中得到解决。司马迁作《史记》,叙写的人物栩栩如生。如项羽其人,平日喑呜叱咤,气势磅礴,而叙及项羽陷入垓下之围时,则又充分表达出了英雄末路之悲,感人至深。他又喜用口语入史,如《陈涉世家》中叙其早年同伙惊叹之词"伙颐,涉之为王沉沉者",《留侯世家》中叙刘邦斥郦食其曰:"竖儒,几败而公事。"都曾博得学界的赞誉。

但当朝廷设局修史之后,常是起用墨守成规的史官执笔。他们只是注重文章典雅,因而反对采用俚词俗语,由是产生的一些史书,非但文笔不生动,而且反映不出当时的历史真实原貌。正像刘知幾在《史通·言语》篇中指责北朝修史时的情况所说:"其于中国则不然。何者?于斯时也,先王桑梓,翦为蛮貊,被发左衽,充牣神州。其中辩若驹支,学如郯子,有时而遇,不可多得,而彦鸾修伪国诸史,收、弘撰魏、周二书,必讳彼夷音,变成华语。等杨由之听雀,如介葛之闻牛,斯亦可矣,而于其间则有妄益文采,虚加风物,援引《诗》《书》,宪章《史》《汉》,遂使沮渠、乞伏,儒雅比于元封;拓跋、宇文,德音同于正始,华而失实,过莫大焉。"这也可以说是古时史书中的一种常见病。

在现代人看来,这类采用文学语言的问题,容易得出共识,因为大家都已认识到历史记载必须充分反映事实的原状,那种舞文弄墨陷于虚假的文字,应当淘汰。

清代考证之业兴起之后,学界更为重视辨明事实真相,其时出现的一些名著,如顾炎武的《日知录》、钱大昕的《廿二史考异》等,目的都在辨明古时的一些社会现象和历史事实。古代笔记小说中的一些记载时有失实之处,在他们看来,也就没有什么史料价值,不足以作考史之助。可以说,这种情况到了陈寅恪的研究工作中才有根本的改变。

陈寅恪提出过"通性之真实"这一论点,当代其他史家似未涉及,应该认为,这是一种具有重要价值的观点,应该引起后人的足够重视。

笔记小说中的某些记载,虽然不合事实,但却反映了当代的社会风气,从中可见当时人的社会观念和真实心态,内涵甚为深广,具有很高的认识价值。

唐代士子通过科举进入仕途,进士、明经和制科诸项,最受士子重视。其中尤以重诗赋的进士科为热门。明经科仅注重诵习经典,不足显示才华,故不为士人所重。陈寅恪在注视二者之间的关系时,视野甚为开阔。他在考察牛、李二党形成时,申论曰:

> 唐代贡举名目虽多,大要可分为进士及明经二科。进士科主文词,高宗、武后以后之新学也;明经科专经术,两晋、北朝以来之旧学也。究其所学之殊,实由门族之异,故观唐代自高宗、武后以后朝廷及民间重进士而轻明经之记载,则知代表此二科之不同社会阶级在此三百年间升沉转变之概状矣。①

陈氏随后举了三个例子说明这一问题。一出于《剧谈录》,叙元稹事;一出于《东观奏记》卷上,叙李珏事;一出于《新唐书》卷一八三《崔彦昭传》。陈氏又在第二事下加注曰:"参《新唐书》壹捌贰《李珏传》及

---

① 《唐代政治史述论稿》中篇《政治革命及党派分野》,生活·读书·新知三联书店 1956 年版。

《唐语林》叁《识鉴》类";第三事下加案语曰:"此采自尉迟偓《中朝故事》。"由此可知,这后面两个故事都出自小说私记,后为正史所汲取。第一个故事尤有情致,故陈氏首先予以介绍,其文曰:

> 元和中,李贺善为歌篇,为韩愈深所知,重于缙绅。时元稹年少,以明经擢第,亦攻篇什,常交结于贺,日执贽造门。贺览刺,不答遽入。仆者谓曰:"明经及第,何事看李贺?"稹惭恨而退。其后〔稹〕以制策登科,及为礼部郎中,因议贺祖讳晋〔肃〕,①不合应〔进士〕举,贺遂致辔轲。韩愈惜其才,为著《讳辩》明之,竟不成名。

康骈撰《剧谈录》,颇多侈陈怪异,如神鬼灵应和武侠故事等,属于传奇一类,不尽实录。即如上面这条,文字即多疏误,陈氏为之补订数处,始可通读。而此说之不合事实,后世学者起而驳正者更不一而足。王士禛《古夫于亭杂录》卷二曰:"元擢第既非迟暮,于贺亦称前辈,讵容执贽造门,反遭轻薄!小说之不根如此。"朱自清《李贺年谱》更用科学的手段论证道:"按元稹明经擢第,贺才四岁。事之不实,无庸详辩。"可见用传统的考据眼光来看,此说无价值可言。

陈寅恪以史学名家,考证工作之细密,博得了学术界的一致赞誉,而他在这一问题上则又表示出了另一种史学眼光,超越于事实的真实而探讨当时的社会风气。他说:

> 《剧谈录》所记多所疏误,自不待论。但据此故事之造成,可

---

① "祖"当为"父"之误。李贺父名晋肃,新、旧《唐书》及其他文献记载均无异说。

推见当时社会重进士轻明经之情状,故以通性之真实言之,仍不失为珍贵之社会史料也。①

"真实"云云,可分个案之真实与"通性之真实"两类,前者人人都能理解,后者则在陈氏之前,似未见有人注意。这一新的见解,予人以启示,为史料的活用打开了大门。笔记小说中尽多这类在细节上不合史实的记载,如能深入挖掘其内涵,则可窥测当时人们的共同心理,把握当时的社会风气,于是那些有睽史实的记载又从另一方面发挥出其作用。从文学的角度来说,这一类文字或许可以说是符合"艺术的真实"的吧。

陈氏所以能够提出这一见解,应当与他独具的文史高度综合的研究方法有关。汉代之后,文史分流,史家考史,文士创作,每判为二途,各不相涉。陈氏史学名家,开创了以史说诗和以诗说史的研究方法,从而针对文学的特点,提出了"通性的真实"之说,进一步沟通了文史的领域。

下面我们把周勋初撰《就〈唐语林校证〉事答客问》中的一段文字引用于下,以说明对这一问题的看法和对这类材料的运用。

问:笔记小说中的记载不管是否真实,都是有价值的么?

答:可以这么说。《唐语林》中的材料,大都是唐人记唐事,从中可以觇测时代风气,了解唐代社会的一些特殊情况,这就有很高的认识作用和研究价值。例如《幽闲鼓吹》中有一则白居易见顾况的著名故事,并见《唐语林校证》卷三,文曰:"白居易应举,初至京,以诗谒顾者况。况睹姓名,熟视曰:'米价方贵,居亦不

---

① 载《唐代政治史述论稿》中篇《政治革命与党派分野》。

易。'及披卷，首篇曰：'咸阳原上草，一岁一枯荣。野火烧不尽，春风吹又生。'乃嗟赏曰：'道得个语，居即易也。'因为之延誉，声名遂振。"这件事情是否实有，很难说，有的学者就认为二人不可能在长安见面。但不管怎样，这件轶事还是可以用来说明不少问题。一、唐人在应试之前，先要晋谒名流，献上诗作，求得赞誉。这种行卷的作风，大作家在未成名前也无不如此。二、京师人口密集，生活水平很高，故有"居亦不易"之说。这使我们想到，杜甫四十三岁时居京，却把家眷安置在奉先，可能也嫌京城里生活水平太高，因而不得不把家眷安置到郊区去。三、从顾况的赞语中可知，诗写得好的人，在京城里却也不难耽下去。这使人想到李白，他以布衣的身份，只是凭借诗名，就能在京城里轻松地生活。由此可知，那些内容不见得很可信的记载，有的却也包含着丰富的信息，可以从中了解到唐代文人的特有风气和复杂心态。

问：这样说来，笔记小说的情况很特殊，如何发挥其作用，关键在于人们的认识，是么？

答：笔记小说的性质介于文史之间。说它是文吧，记的都是史实；说它是史吧，却又有文的特点，如夸张、渲染，甚至想象、虚构等。这种作品，读之饶有兴味。如果其中某个故事已为正史所采纳，那我还是愿意再找原始记录一读，因为这像保持原汁的饮料一样，从中往往可以发掘到更多的余味。至于如何把这类材料用到科学研究上，那可就要根据使用材料时的特殊要求灵活处理了。①

---

① 载《书品》1989年第1期。

小说私记材料的充分利用

小说私记中的记叙常与正史中的记载不同，人们进行判断时，常以自己对这一类事情的成见作判断，或依正史中的记载为准，而排斥异说。陈寅恪重视小说私记中的材料，他在判断异说之是否可信时，则将这类文字中涉及的问题放在当时的时代风尚中加以考察，而判断其是否合乎情理，进而据之立论，阐发自己的新见。这里可举韩愈其人作为例证。

宋代之后，韩文公的形象似已固定下来，作为道统中的一位人员，必然品德高尚，行为端方，甚至不苟言笑，望而生畏。但唐宋笔记小说上却是记下了有关韩愈的另一个侧面，也就引起了反复的争论。

李肇《国史补》卷中有《韩愈登华山》一条记载，虽寥寥数语，却引起了后人的激烈争辩，文曰：

> 韩愈好奇，与客登华山绝峰，度不可返，乃作遗书，发狂恸哭。华阴令百计取之，乃下。

这番描写，似乎有损于韩愈的形象，于是有人起而维护，根据他们坚持的"情理"而进行推断，以为李肇的记载乃不实之词。

胡仔《苕溪渔隐丛话》后集曾引用两家驳论，一为《历代确论》载沈颜《登华旨》，一为《艺苑雌黄》引谢无逸所作《读李肇〈国史补〉》，以为李肇的记载"不谕文公之旨"，"不合于理"。显然，他们不是根据事实而进行辩证，只是认为韩愈既为贤者，就不应该有此举措，立论的根据是很不足的。

沈颜为五代十国人。《昭德先生郡斋读书志》卷四中录沈颜《聱书》十卷，云"右伪吴沈颜，字可铸，传师之孙。天复初进士，为校书郎。属乱离，奔湖南，辟巡官。吴国建，为淮南巡官、礼仪使、兵部郎中、知制诰、翰林学士。顺义中卒。……性闲淡，不乐世利，尝病当时文章浮靡，仿古著书百篇，取元次山聱叟之说，附己志而名书。其自序云：'自孟轲以后千余年，经百千儒者咸未有闻焉。天厌其极，付在鄙子。'其夸诞如此。"《登华旨》一文，看来就是《聱书》中的一篇了。魏泰在《东轩笔录》卷一五与《临汉隐居诗话》二书以及邵博在《邵氏闻见后录》卷一七中辨此事时，均作沈颜《聱书》。沈颜自命为儒家正统的传人，自然要极力替韩愈辩解了。

韩愈在《答张彻》诗中曾经叙及登华山之事，且有"悔狂已咋指，垂诚仍镌铭"之句，魏泰就是根据韩愈自述而断定李肇的记载为可信的。这里还应注意的是，李肇与韩愈同时，且同朝为官多时。对于同时人不含恶意的记载，后人自当加以重视。

《唐语林》卷六载韩愈的另一轶事，引起了更大的争论。

> 韩退之有二妾，一曰绛桃，一曰柳枝，皆能歌舞。初使王庭凑，至寿阳驿，绝句云："风光欲动别长安，春半边城特地寒，不见园花兼巷柳，马头惟有月团团。"盖有所属也。柳枝后逾垣遁去，家人追获。及镇州初归，诗曰："别来杨柳街头树，摆弄春风只欲飞。还有小园桃李在，留花不放待郎归。"自是专宠绛桃矣。

《唐语林》是纂辑唐宋两代五十种笔记小说而成的，此说出于何书，已无法考出，宋代好多类书和诗话中都提及此事，均云出自《唐语林》，想来王谠根据的是前代的某一记载。

此说随后又引起了很多异说。邵博《邵氏闻见后录》卷一七："孙子阳为予言：'近时寿阳驿发地，得二诗石。唐人跋云：退之有倩桃、风柳二妓,归途闻风柳已去,故云。'"则是断言韩愈确有此事的了。二侍妾名字不同,或系传闻之误。但也有人起而反驳,以为不足置信,蒋之翘辑注《唐韩昌黎集》卷一〇引《唐语林》、《邵氏闻见后录》后,加按语曰:"然其说甚不足信。退之固是伟人,归来岂别无所念,而独殷殷于婢妾。假思之,亦不过作怀人常语耳,更何必切名致意若此。况所云发地得诗石,则当时必韩公自立,他人岂便以去妾为言,此韩公之意,盖感慨故园景色,如《诗·东山》'有敦瓜苦,烝在栗薪。自我不见,于今三年'同旨。其说宜不攻而自破也。"则是从回护的立场出发,否定上述记载。

我国学界向有比兴说诗的传统。韩愈此诗本以美人香草的手法写出,能否指实,无法确论,因此尽管历代有人辩难,但还是得不出一致的结论。

五代陶谷《清异录》卷上:

> 昌黎韩愈晚年颇亲脂粉,故事服食。用硫黄末搅粥饭啖鸡男,不使交千日,烹庖,名火灵库。公间日进一只焉。始亦见功,终致绝命。

这一记载,言韩愈因服食而死,与韩愈在文字中表明的态度似绝不相容。他在《故太学博士李君(于)墓志铭》《故监察御史卫府君墓志铭》等文中曾强烈地反对服食,尽管各人服食的内容有所不同,但韩愈对此态度甚为鲜明,似乎不大可能说的是一套,做的又是一套,蹈他人之覆辙而食苦果。

但白居易《长庆集》卷六二《思旧》一诗中有云:

> 闲日一思旧,旧游如目前,再思今何在,零落归下泉。退之服

硫黄,一病讫不痊,微之练秋石,未老身溘然;杜子得丹诀,终日断腥膻;崔君夸药力,经冬不衣绵。或庆及暴夭,悉不过百年,唯余不服食,老命反迟延。

这里说到的"退之服硫黄",又可与《清异录》中所说的韩愈服火灵库之说联系起来,似乎韩愈确是因服食而死的了。但又有人起而力辨。如钱大昕在《十驾斋养新录》卷一六《卫中立字退之》条中转引方崧卿辩证,云白诗中的退之,即韩愈所作《卫府君墓志》中的卫中立,卫中立字退之,这与韩愈本人的态度也可以一致起来。陈寅恪则又起而驳正,他据当时的社会风习和时人的行文格局立论,以为白诗中的"退之"定属韩愈无疑。他说:"乐天之旧友至交,而见于此诗之诸人,如元稹、杜元颖、崔群,皆当时宰相藩镇大臣,且为文学词科之高选,所谓第一流人物也。若卫中立则既非由进士出身,位止边帅幕寮之末职,复非当日文坛之健者,断无与微之诸人并述之理。然则此诗中之退之,固舍昌黎莫属矣。"随后他就举张籍《祭退之》中"乃出二侍女,合弹琵琶筝"等语为证,说明"韩公病甚将死之时,尚不能全去声伎之乐,则平日于'园花巷柳'及'小园桃李'之流,自未能忘情"。因此他的结论是:"鄙意昌黎之思想信仰,足称终始一贯,独于服硫黄事,则宁信其有,以与唐代士大夫阶级风习至相符会故也。乐天于炼丹烧药问题,行为言语之相矛盾,亦可依此解释。"①应该说,陈氏对韩、白二家思想行为的分析,结论更为可信。

《唐语林》卷三《方正》上有另一种记载:

---

① 上引陈文,均见《元白诗笺证稿》附论(乙)《白乐天之思想行为与佛道关系》,古典文学出版社1958年版。

韩愈病将卒,召群僧曰:"吾不药,今将病死矣。汝详视吾手足支体,无诳人云'韩愈癫死'也。"

　　这一轶闻从未见人引用过,但似亦可与火灵库之事联系起来考察。硫黄乃剧毒之物,中毒之人,皮肤溃疡,类似癫病(麻疯),而癫病向称恶疾,冉伯牛染此病后,孔子哀称"斯人也而有斯疾也",①所以韩愈唯恐与之敌对的僧人混称他得癫病而死,从而有此申明的吧。

　　由此可见,笔记小说中确是记载着许多不经见的轶闻,虽似与常识有违,实则更为可信,可补正史之不足。这类轶闻常是反映出当时的民情风俗、时代风气,更能表现文士的心态,在正统史家的笔下是很难见到的。当代的文史研究工作者必须克服轻视小说私记的传统偏见,充分利用这方面的材料,才能突破前人的成说,而对一些复杂的史实作出新的解释。

编纂《唐人轶事汇编》的一些考虑

　　正史与小说理应并列为重要史料的原则既已确定,那就可以将每一个朝代的笔记小说按科学的方法分段汇辑,以供学者阅读正史的同时,了解到民间对于这些人物的不同记载。

　　按民国初年坊间曾有前人编纂的《宋稗类钞》和《清稗类钞》等书出现,但印制粗糙,工作草率,引文不注出处,时或篡易原文,因此难作学术资料看待。丁传靖辑《宋人轶事汇编》二十卷,可以说是首次出现的一部较好的断代史方面的笔记小说总集。这书问世后,曾给研究宋代文史的人带来不少方便。《宋史》篇幅甚巨,但囿于史书体例,只能

---

① 见《论语·雍也》。

让人看到每个人的生平履历,而看不到这些人的音容笑貌和思想活动。丁传靖将笔记小说中的有关文字汇集起来,提供了不少以文学手法记叙下来的生动文字,读之可给人留下深刻的印象。例如卷一叙太祖临崩轶闻,引《烬馀录》记玉斧斫地事,又引《湘山野录》叙烛影斧声事,就对太祖、太宗禅代之际的复杂情势提供了不见正史的另一记载。又如卷一二叙二苏事,引用多家记载,介绍东坡豪迈不羁的性格和机智诙谐的作风,研究苏轼的人,阅读这些文字之后,对于这位宋代第一文豪的丰富思想和复杂心态,一定会有更深的领会。但丁氏此书编纂时所订体例不太严格,诸如引书不标卷数,书名每用省称,文字随便删节等,都会增加引用时的困难,甚至降低这些材料的价值。而且丁氏引书常出错误,例如卷一二引《清波杂志》曰:"崇宁、大观间,海外诗盛行,朝廷虽尝禁止,赏钱增至八十万,禁愈严而传愈多,往往以多相夸,士大夫不能诵坡诗,便自觉气索,而人或谓之不韵。"实则此文原出朱弁《风月堂诗话》卷上;又如卷一引《诗话总龟》曰:"章圣常宴群臣于太清楼,忽问市店酒有佳者否? 中贵人对'唯南和仁酒佳',亟命沽赐群臣。又问近臣曰:'唐时酒每升价如何?'无有对者,唯丁晋公奏曰:'唐时酒每升三十钱。'章圣曰:'何以知之?'晋公曰:'臣尝记杜甫诗曰:速来相就饮一斗,恰有三百青铜钱。'章圣大喜曰:'杜甫诗,自可为一代之史。'"然今遍检《诗话总龟》,无此文字。查钱谦益注《杜工部集》,首载诸家诗话,中引《古今诗话》,即此文。①《诗话总龟》屡引《古今诗话》,不知丁氏所见之本是否确有此文? 如果确有此文,也需向读者有所交待才是。况且此文原出文莹《玉壶清话》卷一,赵次公注《杜诗》亦曾引用,今《九家注杜诗》引赵次公注尚可见,该书虽然不注明出处,但亦当出于《玉壶清话》。丁书引作《诗话总龟》,即使有根据不能算错,但未注明

---

① 郭绍虞《宋诗话辑佚》中《古今诗话》部分漏辑此条。

原出处,总嫌草率。这些不足之处,后人编纂类似著作时,应当避免。

唐代史书的编写比较多样,新、旧《唐书》并行,可互相补充,《资治通鉴》中的《唐纪》部分,又编写得很出色。因此,后代学者研究唐代史实,了解唐代人物的活动,利用史书中的材料,有其方便之处。唐代笔记小说的写作也极繁荣,不但著述的品种多,而且内容丰富,文字可观,利用这方面的材料,可以大大地提高我们对唐代社会习俗和人物风貌的认识。只是唐代距今毕竟年代已远,而且其时印刷术还未普遍利用,比之宋、明以后的著作,传下来的相对来说就要少些。况且在世人轻视小说的情况下,唐代的一些笔记小说在流传过程中经常遭人篡改,因此整理唐代笔记小说,也就更有其困难之处。

宋初钱易汇辑许多唐代笔记小说中的材料,成《南部新书》十卷;北宋王谠汇辑唐代和宋初的五十家笔记小说,成《唐语林》十卷,也因与上相同的原因,未能传下完整的本子。《太平广记》《绀珠集》《类说》《说郛》以及其他一些类书中也留下一些笔记小说的片段文字,虽然也有许多有用的材料,可以帮助后人了解唐人的某些史实和唐代的某些人物,但也因同一主题的文字分散各处,学者即使想要多方搜集,一时也难以做到。针对这一情况,我们决定从事这项一人劳而万人逸的工作,编纂这部《唐人轶事汇编》。

这项工作由南京大学古典文献研究所的四名成员承担。周勋初任主编,负责全书设计、通读并整齐全稿和撰写前言;严杰负责拟订工作计划,编制目录;姚松负责编制索引;严杰、武秀成和姚松从头到尾参加了全书的编纂,但姚松因任所里学术秘书,工作较繁,所以大部分的工作由严杰、武秀成担任。经过四个寒暑的努力,前后三易其稿,始告完成。这是大家同心协力的结果,也是我古籍所在全国高等院校古籍整理研究工作委员会的支持下完成的一项较大的项目。我们热诚地希望学术界予以批评和指导。

《唐钞文选集注汇存》前言

我国学术界有许多称"学"的专业,内如"红学""龙学"等,都是近几十年来才兴起的。从过去来说,文学领域中仅有"选学"一目。这就是古今文人至为重视的《文选》之学。刘肃《大唐新语》卷九《著述》曰:

> 江淮间为《文选》学者,起自江都曹宪。贞观初,扬州长史李袭誉荐之,征为弘文馆学士。宪以年老不起,遣使就拜朝散大夫,赐帛三百四。宪以仕隋为秘书,学徒数百人,公卿亦多从之学,撰《文选音义》十卷,年百余岁乃卒。其后句容许淹、江夏李善、公孙罗相继以《文选》教授。开元中,中书令萧嵩以《文选》是先代旧业,欲注释之,奏请左补阙王智明、金吾卫佐李玄成、进士陈居等注《文选》。……智明等学术非深,素无修撰之艺,其后或迁,功竟不就。

《旧唐书》卷一八九上《儒学上·曹宪传》中也说"初,江、淮间为《文选》学者,本之于宪,又有许淹、李善、公孙罗复相继以《文选》教授,由是其学大兴于代。"《新唐书》卷一九八《儒学上·曹宪传》中也有同样的记载。这说明唐初"选学"即趋兴盛。

其后文士无不重视《文选》。杜甫在《宗武生日》一诗中就曾告诫儿子要"熟精《文选》理",陆游在《老学庵笔记》卷八中记载当时有"《文选》烂,秀才半"的谣谚,可见此书受重视之一斑。

清代《选》学大盛,出现了许多高水平的学术著作,如汪师韩《文选理学权舆》八卷,梁章钜《文选旁证》四十六卷,胡绍煐《文选笺证》三十卷等,都是毕生精力所粹的名著。民国时期,尚有高步瀛《文选李注义疏》八卷和黄侃《文选平点》等书,骆鸿凯亦著《文选学》一书,都是很有建树的《文选》学专著。

中华人民共和国成立之后,魏晋南北朝时期的贵族文人作品不受重视,《文选》之学趋衰。"文化大革命"之前,没有出现过什么有关《文选》的专著。但当中国步入改革开放的新时期后,《文选》之学复兴,这时大家才有机会向周边地区环顾,发现国内的《文选》研究在文献学领域内已趋落后。

日本学者研究《文选》时,凭借他们在文献方面的优势,取得了不少成绩。他们拥有许多珍贵的钞本,其中最为名贵的,即《文选集注》钞本二十三卷。以斯波六郎博士为代表的一批学者,利用这些珍贵的材料,和其他钞本、刻本作比较研究,对总集本身和诸家注本的内容有了更为深入的认识,得出了许多新的结论,推动了《文选》的研究。现将有关《文选集注》一书的情况,结合各家的研究成果,介绍如下。

《文选集注》的发现与传播

涩江全善、森立之于日本孝明天皇安政三年(1856)撰《经籍访古志》,卷六"总类"中首次著录《文选集注》零本三卷,云是"旧钞卷子本,赐芦文库藏",提要曰:

> 见存第五十六、第百十五、第百十六,合三卷。每卷首题"文选卷几",下记"梁昭明太子撰"及"集注"二字,界长七寸三分,幅九分,每行十一字,注十三、四字。笔迹沈着,墨光如漆,纸带黄色,质极坚厚。披览之际,古香袭人,实系七百许年旧钞。注中引及李善及五臣、陆善经、《音决》《钞》诸书,注末往往有今案语,与

温故堂藏旧钞本标记所引合。就今本考之,是书似分为百二十卷者。但《集注》不知出于何人,或疑皇国纪传儒流所编著者与?

文中提到的温故堂藏旧钞本《文选》零本一卷,《经籍访古志》上也已著录,内云"卷中朱墨点校颇密,标记旁注及背记所引,有陆善经、善本、五臣本、《音诀》、《钞》、《集注》诸书及案语"。可见《文选集注》一书,其时利用的人虽然不太多,但已引起人们注意。

涩江全善、森立之还介绍说此书曾藏金泽称名寺。后来发现的有些《文选集注》卷子,上面盖有金泽文库的印章,可证目下看到的《文选集注》确为金泽文库旧物。但《经籍访古志》中也提到,有人曾在称名寺败篦中发现此书零片二张,一为第九十四卷,一不知卷第,可见前时此书不太受到重视,已经有严重损毁。

光绪、宣统之际(1908 年前后),董康赴日访问,根据涩江全善、森立之书中提示,前往物色,尚得三十二卷。因语内藤虎次郎博士,反映到日本政府,遂得列为国宝①。

罗振玉对保存传播此书作出了很大的贡献。他于清末东渡,发现此书后,珍如拱璧,决心保护此书,不让其湮废。他请人模写,加上自

---

① 董康《书舶庸谭》卷八下民国二十四年(乙亥)五月十三日日记云:"小林询大坂某会社属介绍收购上海某君所藏《文选集注》之结果。《文选集注》者,吾国五代时写本,除六臣外,兼及曹宪等注,即六臣注亦较通行本为长。以分卷计之,当有一百廿卷。森立之《经籍访古志》言金泽称名寺藏有零本。余于光、宣之际,偕岛田前往物色之,得卅二卷。曾以语内藤博士,白诸政府,列入国宝。时吾国公使署田参赞购得残本数卷,余从田君收得诔词一卷。田君归国后悉鬻之于厂肆正文齐;余某君所藏,即从正文齐购之也。甲寅岁,余因迎玉姬,无资备办食具,乃翻《静志居诗话》朱吉以美婢易袁宏《后汉书》故事,割让于津门某氏。嗣厂友张月岩得此卷,以万元巨值鬻于胜山,艺林共知其事,以故某君未允贱售。"胜山即日人胜山岳阳。

己所藏的两卷,共得残本十六卷,乃以《唐写文选集注残本》为名,辑入《嘉草轩业书》,于民国七年(1918)影印行世。其中自藏的第四十八、五十九二卷据原卷影印,其余均为摹写之本,而第百十六卷前半,更据日本某家藏本用小字誊写,距离原貌更远①。

罗振玉于次年离开日本回国,将京都净土寺町的一所寓宅捐给京都文科大学,让出卖后把所得款项作为影印日本所藏中国古写卷子的费用,并托内藤虎次郎、狩野直喜两位博士经办此事②。二人后来编成了一套《京都帝国大学文学部影印旧钞本业书》,《文选集注》列在第三集至第九集,工作始于昭和十年(1935),后于十七年(1942)完成。比起罗氏以前所印的十六卷,京都帝国大学的影印本在质量上有了很大的提高。因为后者都是依据原书影印的,而且开本宽大,保存原貌,前者则是据之临摹的,不但字划失真,而且遇到模糊之处,每径行略去。因此京都大学影印本出版后,完全可以取代前此的罗振玉十六卷本。

今按此书字大一点五公分见方。正文每行十一字,或十二三字;注文小字双行,每行十四至十六字。除八、九二卷出于另一人手外,其他各卷均似出于一人之手,书法秀润有致。即以书艺而言,亦有观赏价值。

---

① 台湾大通书局于 1972 年印行《罗雪堂先生全集》,《文选集注》一书于原十六卷外又多出数卷,想是后来陆续所得,而生前未及印行。

② 日本新美宽《新获文选集注断简》:"使《文选集注》广为流传者,实应归功罗叔言翁。……翁辛亥革命间来日,卜居京都市净土寺町,归国之际,举其寓宅所得,捐赠以为东海旧钞本《文选集注》印行之资。以此托君山、湖南两先生。"载《东方学报》第八册,京都,1937 年 10 月。参看甘孺(罗继祖)辑述《永丰乡人行年录(罗振玉年谱)》民国八年己未(1919)条,江苏人民出版社 1980 年版。

《文选集注》的编者和年代

《文选集注》一书，我国古代典籍上从无记载，日本文献中也记载不多，今将一些学术界的研究成果略作介绍。

这种集注的体例是怎样产生的呢？涩江全善、森立之疑是"皇朝纪传儒流所编"，意思是说日本古代史官所编，大约史书中有集注的体例，如《史记》有三家注等，所以有此设想的吧。小尾郊一以为"该书和《五经正义》的编撰目的相同。……《文选集注》的编撰，盖与经书的注疏本相同吧。①"屈守元则以为它是"'六臣注本'系列的产物，确定它出于南宋书坊大刊'六臣注本'一类本子之后"，"是以南宋书坊刻经书的'注疏释文三合本'，史书的'三家注本'，集部的什么'千家注''五百家注本'，这种风气为其时代背景的。②"诸说均有所见，但依其产生的时代而言，则当定为唐代某一《文选》学者参照经史著述中的合本子注体例汇编而成。

按此书征引的各家《选》注，五臣、陆善经本殿后，时当开元时，故可推断此书定当编成于玄宗之后。

从避讳的角度来看，《文选集注》遇到高祖李渊、太宗世民之名讳，大半缺笔；而遇中宗李显、玄宗隆基之名讳，则无一字缺笔；遇宋代诸帝，更无一字缺笔者，可证此书所据之本出于唐代，为唐中期之后的某一唐代《文选》专家所编。其时上距唐初已历多世，已祧不讳。太祖为不祧之祖，固当避讳；太宗功烈辉煌，唐人习惯仍然避讳；故可根据上

---

① 《译注文选・解说》，载《全释汉文体系》第三十六册，集英社 1974 年版。

② 《文选导读》第五《文选流传诸本述略》（五）集注一百二十卷本，巴蜀书社 1993 年版。

述避讳现象确定此书编著年代。

又此书每用唐代俗体书写,如"闭"作"閇","恶"作"悪"等,均与唐代《干禄字书》一书上的记载相合。颜元孙在序中宣称其著书目的在纂集唐人之俗书,以定正俗,此亦可证《文选集注》当为唐人钞本①。

此书又是什么时候传入日本的呢?日本平安朝中期藤原道长撰《御堂关白记》,曾载长保六年有乘方朝臣持集注《文选》与元、白集来。长保六年当宋真宗景德元年(1004),"集注《文选》"应当就指《文选集注》②。凡此均可说明此书原为我国唐人所编,唐末宋初即已传入日本。还有一些材料可以理解为前此此书已经传入,但比不上这一记载之确凿可信③。

人们目下见到的这一种《文选集注》,到底是传入的原本呢?还是日本学者据之誊录之本?大家进而推断时,一般只能依据书体和其他

---

① 邱棨鐭于《文选集注所引文选钞研究》和《唐写本文选集注第九十八卷跋》等文中都曾作过详细论证,载中国文化学院夜中文系文学丛书第一种邱棨鐭著《文选集注研究》,1978年10月。

② 斯波六郎《对〈文选〉各种版本的研究》第二部分"旧钞《文选集注》残卷"于此持谨慎态度。因为中国五臣注《文选》也称五臣"集注《文选》",故而认为尚待进一步查考。文载《文选索引》卷首,日本京都大学人文科学研究所一九五九年版。小尾郊一《译注文选,解说》则据《御堂关白记》宽弘三年(1006)十月二十日条下有"五臣注《文选》、文集等持来"等语,以为一人同书所载而用词有异,五臣注《文选》与集注《文选》明系两种不同书籍,集注《文选》当即《文选集注》。花房英树《关于文选第九十八卷》中也以为道长一共用了三个名词"集注文选"、"五臣注文选"与"折本文选",三者自然有别。"折本文选"指"版本文选"。文载《小尾博士退休纪念中国文学论集》,第一学习社1976年版。

③ 日本天历二年,当我国五代后汉乾祐元年(948),藤原良秀读《后汉书·扬雄传》中的《甘泉赋》时,已于"诏招摇与太阴兮,伏钩陈使当兵"句旁加注时引《文选集注》中语。花房英树据此撰文,以为《文选集注》此书已在此前传入日本,见《关于文选第九十八卷》。

类似的书籍产生的年代类推,说法分歧很大。董康以为此书是我国五代时写本,罗振玉在影印本序中则说:"其写自海东,抑出唐人手,不能知也。"新美宽则认为"就今存大半残卷观之,殆属平安时期末期之书体,无疑也。"①上述诸说均为推测,难以得出共识。

　　一九七一年时,台湾地区的学者邱棨鐴到日本进行学术交流,仔细阅读《文选集注》,在第六十八卷首页发现了三方印章,曰"□州田氏藏书之印",曰"田伟后裔",曰"审美珍藏"。"□州"当为"荆州","荆"字已残,但从艸从刀,尚可辨识。次页又有印章四方,曰"七启盦",曰"博古□□□",曰"伏侯在东精力所聚",曰"景伟庵印"。田伟藏书之处号"博古堂",有关此名之印章甚为模糊,仅可辨其"专"旁及"古"字。邱氏据此定为宋初藏书家田氏旧藏②。只是此说仍有可疑。《文选集注》第六十八卷曾为近人田潜收藏,见本书附录田氏为《文选集注》第七十三卷残叶所作之题跋。查六十八卷"田伟后裔"一章,铁钱篆阳文,不类宋代印章风貌。其他印章亦为近代篆刻风格。卷内多处钤有"潜"、"潜山"小印,此卷末尾尚有一方"潜叟秘笈"的阳文印章,可知卷

---

　　① 见《新获文选集注断简》。日本学者见解大体相同,唯在年代上尚有早、中、晚不同时期之说。

　　② 参见邱棨鐴《今存日本之〈文选集注〉残卷为中土唐写旧藏本》一文。晁公武《昭德先生郡齐读书志》(衢州本)卷九"书木类"载《田氏书目》六卷,提要曰:"右皇朝田镐撰。田伟居荆南,家藏书几三万卷。镐,伟之子也,因成此目。元祐中,袁默为之序。"叶昌识《藏书纪事诗》卷一引《紫桃轩杂缀》:"《荆州府志》载:'宋田伟,燕人,为江陵尉,因家焉。作博古堂,藏书三万七千卷。'"又引《舆地纪胜》:"田伟藏书三万七千卷,无重复者。"王欣夫人补正引谢肇淛《五杂俎》:"……又有田伟者,为江陵尉,作博古堂,藏书至五万七千余卷。"见《藏书纪事诗》(附补正),上海古籍出版社一九八九年版。参看潘美月《宋代藏书家考》二《北宋承平时期藏书家》田伟部分,台湾学海出版社1980年四月版。

首数枚亦为田潜之印章,与宋代田伟无涉①。田潜,一名吴焀,字潜山,号伏侯,江陵人。两湖书院学生,光绪戊戌(1898)游学日本,壬寅(1902)中举,乙巳(1905)随考察政治大臣游历欧美,均以研究教育为务。曾任留日学生监督,清廷驻日公使馆参赞,故得就近购进《文选集注》数卷,从而有"伏侯在东"之说②。荆州田氏世为著姓,所以田潜上追田伟一代,作为藏书家的光辉历史。

由此可知,《文选集注》的编者和写本年代问题一时尚难得出结论,有待大家作进一步的研究。

《文选集注》中各家注本之介绍

今依《文选集注》中各家注本出现的先后分别作些介绍。

李善注

《文选集注》中注文的编排次序为李善、《钞》、《音诀》、五臣、陆善经等多家注本,这大约是按各家出现的年代先后排列的。各家注后常有编者按语,一一指出文字差异,曰"《钞》作某","《音诀》作某","五臣作某","陆善经作某"之类,但不提"善本作某",可见正文乃从善本。

有关李善注本与五臣注本的文字异同,很多学者作过比较,尤袤

---

① "荆州田氏藏书之印"与有关"博古堂"的两方印章最为可疑。田潜于清宣统庚戌(1910)从日本购得日正平间刻本《论语集解》十卷,亦曾盖有"有宋荆州田氏七万五千卷堂"、"荆州田氏藏书"、"景伟廎印"、"后博古堂所藏善本"、"潜山读本"、"田伟后裔"、"伏侯得之日本"诸印,似可推知上述二章当为同一性质之印章。参看王重民《中国善本书提要》经部·八·四书类,上海古籍出版社 1986 年版。又上述"田氏七万五千卷堂"云云,显为后人的虚构夸饰之词。

② 参看注①和潘重规《日本藏〈文选集注残卷〉缀语》一文。

重刻《文选》李善注时,撰有《李善与五臣同异》一卷,附于所刻《文选》之后,而像《文选考异》等书中,更多抉发。但各种李善注本之间,文字亦有异同,则是近代多种本字出现后方才引起人们注意的。《文选集注》中的李善注与传世各本差别很大,更值得重视。日本学者多人曾将《文选集注》中的李善注与其他本子中的李善注作比较,常有发现《集注》中的文字独得其真,由此亦可见其在校勘上有重要价值。

日本学者对于各种李善注本之间的相互关系还作了深入的研究,并开展反复的讨论。斯波六郎的工作极为踏实和细致,把《文选》研究推进了一大步。他的结论是:"可知此本自李善注本身至类目、篇题、正文,最存李善本之旧。自此本问世,谓之庐山真面乃明,亦非虚言。①"但他在世时,中国北京图书馆藏北宋国子监本李善注与韩国奎章阁藏原出平昌孟氏校正本和天圣年间国子监本的六臣注②等珍贵文献还未有人介绍,因而有些判断尚有失误。

斯波六郎仍然相信《四库全书总目提要》中的说法,以为现行的李善注都是从六臣注本《文选》中分出来的。

中国大陆地区的学者程毅中、白化文考查的北京图书馆所藏北宋国子监本,为现存最早的李善注本,可以推知宋代社会上一直有李善单注本在流传。南宋尤袤《遂初堂书目》记载他家藏有李善注与五臣注本,唯独没有六臣注本,可见他所刻的《文选》并非是从六臣注本中抽出李善注而刻出的③。日本学者冈村繁继此续作深讨,并提出了所谓两种系统之说,以为"李善注早先是如前述唐(永隆)钞本一般极为简素,故后日以这简素的李善注为底本,分别定立系统,最少也编纂了

---

① 《对〈文选〉各种版本的研究》。
② 韩国金学主《朝鲜时代所印文选本》,载《韩国学报》第五辑,1985年。
③ 程毅中、白化文《略谈李善注〈文选〉的尤刻本》,载《文物》1976年第11期。

两种补订本李善注：一种是《文选集注》所收的李善注，另一种是宋明刊本为祖本的李善注。二者分别属于不同的系统。另外李善注的承传过程，亦不是由完全而走向不完全，以至脱漏的方向，而是由简素走向烦琐、增殖的方向。①"森野繁夫则起而维护斯波六郎之说，并作了进一步的论证和推断，以为"刊本李注是从《集注》本中抽出李注加以修订再编而成的②"。这一问题还在继续探讨之中。

各国学者通过研究《文选集注》而对李善注增加了很多新的认识，但一时还难以得出共识，这是因为《文选》李善注从问世之日起就出现了很多差异甚大的本子。中唐时期的李匡乂在《资暇集》卷上《非五臣》中说：

> 代传数本李氏《文选》。有初注成者，复注者，有三注、四注者，当时旋被传写之。其绝笔之本，皆释音训义；注解甚多，余家幸而有焉。尝将数本并校，不唯注之赡略有异，至于科段，互相不同，无似余家之本该备也。

《新唐书·李邕传》中也说曾经帮助他父亲李善补益《选》注。这就是说，李善注《文选》时经历着一个由简单到详细的过程。这或许也只是依据一般常识作出的判断，不能排除另一种可能，李善在注出了一种详细注本之后，曾加精简而产生另一注本。

目下《文选》李善注的各种善本陆续发现，如敦煌卷子中的《文选》零卷、九条家本《文选》二十二卷，以及奎章阁所藏《文选》等。学者还

---

① 《文选集注与宋明版本的李善注》，载《加贺博士退官纪念中国文史哲学论集》，日本讲谈社1979年版。

② 《关于〈文选〉李善注》，载《日本中国学会报》第三十一集，1979年。

应广泛占有资料,将各种有价值的注本辗转互校,而不要停留在抽样比较的水平上,这样或许更能揭示李善注的原貌,并说明李善注本几个系统之间的不同特点。

但在研究李善注时,《文选集注》属于极为重要的一种,那是毫无疑问的。通过《集注》中的案语,可以知道目下流传的《文选》,各种善注刊出时,都已经过后人改动。《文选》尤袤本和胡克家本卷四十中均有任彦昇《奏弹刘整》一文,《文选集注》卷七十九亦录,日本原藏三条家的古钞本《文选》五臣本和原藏密韵楼的宋刻陈八郎本五臣注上也有著录。不难发现,诸本差异甚大。根据《文选集注》中的陆善经注与编者案语,可知李善注本正文中原无刘整之嫂的本状与有关人员供词中的许多文字,今本李善注将本状与供词全部录入,实乃后来刻印善注的人依傍五臣注而改变旧式。善注本在吏议"整即主"后加注曰:"昭明删此文太略,故详引之。"参考《文选集注》,可知详引之文原来放在注内,今本却已归入正文了①。

《钞》《音诀》

《文选集注》中引用《钞》与《音诀》的地方很多,但不著作者姓名,因此异说很多,应该作些分析。

《文选钞》和《文选音诀》二书,不见我国古代书目,而在《日本国见在书目录》中都有记载。该书"总集家"中著录《文选钞》六十九(公孙罗撰),《文选音诀》十(公孙罗撰),列在《文选》六十卷(李善注)后。公孙罗曾和李善一起向曹宪学习《文选》,按《传》中名字的编排,年岁应

---

① 　参看拙撰《〈文选〉所载〈奏弹刘整〉一文诸注本之分析》,载《文学遗产》1996年第二期。

当晚于李善①。

公孙罗的注释，当时虽有名声，但已遗佚殆尽，仅《唐语林》卷二中有云：

> 《南都赋》言"春茆夏韭"，子卯之卯也，而公孙罗云："茆，鸟卯。"非也。且皆言菜也，何"卯"忽无言②？

这可能是古籍中仅存的一条公孙罗《文选注》了。《文选集注》中却还保存着公孙罗《文选钞》和《音诀》中的大量文字，岂非《选》学大幸？

但据近人研究，《文选钞》与《文选音诀》中矛盾很多，立论常有不同，绝非一人所撰③。有人认为"《集注》所引《音诀》之撰者乃采摭萧、曹、骞公等，所谓'诸音'汇而定其然否，惟此诸家音中，无一引及公孙罗与李善。《音诀》既非许淹音，又非萧、曹、骞公所撰，由此可证。至于李善注，《集注》本录于正文下，不与《音诀》相次，尝考善注中所本正文与《音诀》所见者颇多互异，则《音诀》之书当非李善所撰。其撰者为

---

① 《旧唐书·曹宪传》附李善传，云是"明庆中，累补太子内率府录事参军、崇贤馆直学士，兼沛王侍读。"又附公孙罗传，云是"历沛王府参军、无锡县丞。"按李、公孙二人仕屦而言，李善亦应比公孙罗年长得多。

② 此文当出《刘宾客嘉话录》。今本《刘宾客嘉话录》佚，唐兰援此入校辑本《补遗》，且云首句当作"'春茆'音子卯之卯也。"注曰："'春茆'下有'夏韭'两字，而无'音'字，齐之鸾本（《唐语林》）有'音'字。按'音'字当接'子卯之卯也'五字，为'茆'字作音耳。后人既增'夏韭'二字，遂以'音'字为误而删之。然《南都赋》自云'春卯夏笋，秋韭冬青'，不云'夏韭'也。"见《刘宾客〈嘉话录〉的校辑与辨伪》，载《文史》第四辑，中华书局一九六五年六月。参看拙撰《唐语林校证》卷二该条，中华书局一九八八年版。

③ 斯波六郎《对〈文选〉各种版本的研究》。

较萧、曹、许、骞稍晚之公孙罗,殆无可疑矣。①"既然《音诀》确可证明是公孙罗的作品,那么于此时有不同的《钞》当然不可能是公孙罗的著作了。

这一问题尚可深入探讨。有关《钞》与《音诀》二书的研究,下面三点似应多加注意。

一、《日本国见在书目录》上记载得很明确。既然《文选音诀》可以证明记载无误,那么有关《文选钞》的记载是否也已增加了可信程度?

二、不论是新、旧《唐书·曹宪传》中所附李善、公孙罗的传记,还是《旧唐书·经籍志》《新唐书·艺文志》中有关各家《文选注》与《文选音》的记载,还是《文选集注》中有关各家注本的先后排列,都与李善、公孙罗二人的著述年代相合。

三、凡以"钞"为名的著作,都有"誊录""集纳""草稿"的意思。今知公孙罗的这两种著作,都是抄撮他人著述而成,那么其间出现一些矛盾之处,也是可以理解的了。又如任彦昇《奏弹刘整》一文中首言"臣闻马援奉嫂,不冠不入;氾毓字孤,家无常子",《钞》在疏证上述两家时,仅言氾家而不提马家双字,亦可见其注释体例之草率。

《日本国见在书目录》中著录的公孙罗《文选钞》六十九,当即新、旧《唐书》中著录的公孙罗注《文选》六十卷,其中多出的九卷或系后人附益的相关文字。《文选音诀》当即上述二书中的《文选音义》十卷。公孙罗撰二书之说似不宜轻易否定。

《日本国见在书目录》于《文选钞》六十九(公孙罗撰)之下,尚著录有"《文选钞》州"一书,不知这是上一种书的另一分卷不同的本子呢?还是另一人所撰? 如为另一人撰,则与《文选音诀》当然会有不同。这

---

① 邱棨鐷《文选集注所引文选钞研究》。

些地方还应深入探讨。

五臣注

吕延祚在《上集注文选表》中虽然极力贬低李善注的价值，但据历代学者的研究，五臣注中实际上大量采入了李善注的成果。如果我们再拿《文选集注》中的《钞》与五臣注作比较，更可发现后者大量吸收前者成果。由此可以勾勒出一条李善注经由《钞》而发现至五臣注的线索。目下各种有关五臣的珍贵注本陆续面世，如陈八郎本、三条家本、杭州猫儿桥钟家刻本，以及奎章阁所藏本等，比类而观，可以看出《文选集注》中五臣注的特殊地位。因为《集注》成书早，距离五臣成书的年代不远，应该保留更多原貌。

陆善经注

此书在我国书目中一无记载，唯《玉海》卷五四引《集贤注记》曰：

> 开元十九年三月，萧嵩奏王智明、李玄成、陈居住《文选》。先是冯光震奉敕入院校《文选》，上疏以李善旧注不精，请改注。从之。光震自住得数卷。嵩以先代旧业，欲就其功，奏智明等助之。明年五月，令智明、玄成、陆善经专注《文选》，事竟不就。

可知陆善经曾参与萧嵩领导下的集体注释工作，但没有完成。陆善经是开元时期著名的学者。《新唐书·艺文志》中著录了他好几种著作，但没有有关《文选注》的记载。或许他在参与集体注《选》时家有存稿，后且注完全善书，并传播在外，所以《文选集注》的编者才有可能将之采入。

《文选集注》的价值

由上可知,《文选集注》包容宏富,在文选学、史料学与语言学等领域中都有重要价值。今分别作些介绍。

文选学上的价值

在《文选集注》中,不但保存着内容丰富的公孙罗《文选钞》和《文选音诀》,还有体例谨严的陆善经注,这就说明,《集注》中有极为重要的资料,可以帮助人们更好地理解《文选》,还可提供丰富的学术信息。

《文选》中的李善注和五臣注,本身也已成了学术界关注的研究对象。《文选集注》中的李善注与五臣注,与传世各本都有很多不同,可以作为重要的一种版本而供研究。

李善注有保留古注的做法,如《二京赋》用薛综注,《子虚》《上林》二赋用郭璞注等。《文选集注》卷八左太冲《三都赋序》题下陆善经注云:"旧有綦母邃注";《蜀都赋》刘渊林注题署下,陆善经注曰"臧荣绪《晋书》云:'刘逵注《吴》《蜀》,张载注《魏都》,綦母邃序注本。'"可知綦母邃注当时颇为有名①。《隋书·经籍志》中亦有著录。从这一材料中,也可看出晋人竞为《三都赋》作注的盛况。

《文选》中有许多争辩不休的问题,限于材料,一时难下定论。例如《文选》中的作品,究竟分为几类? 胡克家《文选考异》卷八引陈景云说,以为其中应有"移"类,这样全书就得分为三十八类,后人均承其说。而据近人研究,《文选》各种版本中均不见"移"这一文体,李善注

---

① 参看罗国威《左思〈三都赋〉綦母邃注发覆》,载中国文选学研究会、郑州大学古籍整理研究所编《文选学新论》,中州古籍出版社 1996 年版。

等将之合于"书"类,故全书应定为三十七类①。有的学者参考《文选集注》卷八十八司马长卿《难蜀父老文》中的陆善经注,知《文选》中尚有"难"类,陈八郎本五臣注《文选》中亦有"难"类②,因而认为《文选》中的文体实为三十九类。这一问题,目下实难圆满解决。因为世上已无保留《文选》原貌的本子,大家所能看到的完整本子,只是李善注本、五臣注本、六臣注本等不同系统的差异甚大的各种本子,其中六臣注本乃并合而成,自难据之逆断萧统原来的文体分类。三十七类云云,不合传世《文选》版本的实际;三十九类云云,只是归纳现存各种不同系统的《文选》内出现过的文体而得的总数,无法举出一种具体的版本证实此说。按宋初编《文苑英华》,本为接续《文选》而作,内分各类文体为三十八类。我国古代典籍的编纂每有陈陈相因之处,据此似可推知,宋初文士看到的《文选》实分三十八类,虽然我们已很难列出其中到底包括了哪一些文体。只是《文苑英华》的编者所能看到的典籍,当有接近李善注、五臣注原貌的本子,也有可能看到保存《文选》原貌的白文本。因此,今人探究《文选》的文体问题时,似应更多地关注继之而作的《文苑英华》一书。

---

① 穆克宏《萧统〈文选〉三题》,载《昭明文选研究论文集》,吉林文史出版社1988年版;后收入《滴石轩文存》,海峡文艺出版社1994年版。按此说立论的前提是以为《文选》各种本子均无"移"体,实则日本古钞白文无注本中单列"移"体;古代刊本中,如陈八郎刻五臣注本、朝鲜正德四年刻五臣注本与汲古阁刻李善注本亦有"移"体。前时学者所见版本不多,故《考异》中有"诸本皆脱"之说,今人自不能据之作进一步的推论,以为传世的各种《文选》本子中均无"移"体。

② 傅刚《〈文选〉版本叙录》,载北京大学中国传统文化研究中心《国学研究》第五卷,北京大学出版社1998年4月版;游志诚《论〈文选〉之难体》,载《魏晋南北朝文学与思想学术研讨会论文集》(第二辑),台湾文津出版社1993年版。

徐波外集

史料学上的价值

研究中古时期的文史,常是苦于材料不足。这一时期距离现在已很遥远,也很难指望会有什么突然发现。但《文选集注》中却还保存着许多早已被人认为亡佚的材料,人们还未普遍加以发掘。

许询为东晋名流,交游甚广,而生平记载不详。《文选集注》卷六十二"许徵君询"名下引《文选钞》曰:"徵为司徒掾,不就,故号徵君。好神仙游,乐隐遁之事。"又引《隐录》曰:"询总角奇秀,众谓神童。隐在会稽幽究山,与谢安、支遁游处,以弋钓啸咏为事。"《隐录》亦为佚书,不见古今书目。又《文选集注》卷八十五《奏弹刘整》一首题下引《文选钞》,转引《梁典》叙刘整家事;卷八《三都赋序》下《钞》引王隐《晋书》,叙左思作《三都赋》时"吴事访于陆机",都是不见他书的珍贵材料。《文选集注》保存着许多不见其他典籍的重要材料,于此也可见其可贵。

魏晋南北朝时文化极为繁荣,著述繁多。以史书而言,有关著作不下数百种,观《隋书·经籍志》中的著录即可知。而自唐初朝廷大规模地修史之后,大批私家著述即告散佚。清代汤球、黄奭等人都曾努力从事辑佚,清理过不少史料,但若与《文选集注》相核对,即可了解不少书中均有材料可以补入。即如《文选集注》卷八十五《与嵇茂齐书》作者赵景真名下,《钞》引干宝《晋纪》叙嵇康与吕安之事甚详,而汤球之书全然阙如。今人为了发掘材料,竟从头书与《三国志》《世说新语》《水经注》等书的注中发掘佚文。《文选集注》之中,尤多这类散佚的著作,相信可给学术界平添不少史料。

语言学上的价值

魏晋南北朝时音义之学甚为发达。《新唐书·艺文志》中著录唐人有关著作甚多,均为集纳中古时期语言研究方面的成果而成。但前人研究音义之学,大都只重视陆德明《经典释文》一书,这当是历代王朝首重经书之故。清代以来,也有不少学者注意佛家典籍中的音义著作,如唐释玄应与慧琳分别著述而名字相同的《一切经音义》、慧苑的《华严音义》等。但有关《文选音义》一类著作,却未引起人们重视,或许因为有关著作大都散佚,材料不易获得。其实《文选》内容丰富,各类文体中涉及的语言现象极为广泛,深加发掘,定能有所收获。《文选集注》中有公孙罗《文选音诀》一书,内有包括萧该《文选音》一书在内的许多宝贵材料,人们加以研究,定会对中古时期的语言现象和文学现象增进认识。

总的来说,《文选集注》一书在文选学、史料学与语言学等方面具有十分重要的价值,亟应引起人们的注意。

馀 论

日本京都帝国大学文学部影印此书时,时值战争时期,流布不广,中国学者难以看到此书。中华人民共和国成立初期,文化交流之事不畅,《文选》资料更难顾及。直到中国步入改革开放新阶段,学界中人环顾其他地方学术研究情况,方有借鉴国外学者研究成果的要求。但《文选集注》篇幅巨大,定价昂贵,各地学者难以购买,大家这才感到有重印该书的必要。

我在1994年赴日本国立奈良女子大学讲学期间,得到许多朋友的帮助,复印了《文选集注》一套,藉供研究。鉴于此书具有很高的价值,学术界渴望见到此书,于是我又与上海古籍出版社联系,得到他们的支持,决定重印此书,将此珍贵文献迎归故土。为此我又力所能及地征集一些新的材料,务使此书更为完整。当年罗振玉影印此书时,尚有海盐张氏所藏二卷、楚中杨氏一卷未曾印入，今得台湾汉学研究中心提供胶卷，印入《文选集注》第九十八卷，当是海盐张氏遗物。又得天津市艺术博物馆所藏周叔弢捐献的《文选集注》第四十八卷①，并入原京都帝国大学影印本后，此卷已近完帙。又京都帝国大学影印本第七十三卷中原缺二页，今得北京图书馆帮助，提供残页胶卷，恰好可以补足，同书第六十一卷江文通《杂体诗》潘黄门（悼亡）中原缺二十五行，经日本国立奈良女子大学横山弘教授联系，得到日本御茶之水图书馆成篑堂文库支持，提供残页照片，此诗始告完整。估计此书零页尚有残存，但多保存在私人手中，一时难以求得，目下只有以此付印了。与前相比，此书已经有所增益，比之罗氏印本，非但在卷帙上有增加，而且在质量上也有很大的提高。即与京都帝国大学文学部影印本相比，也已增加不少篇幅。近于完整的卷子，即有九十八与四十八二卷，因此，目下存世的《文选集注》，已有二十四卷。

从此书的复印到公开出版，都曾得到国内外许多朋友，如兴膳宏、横山弘、金子和正、大平幸代、刘显叔、卢锦堂、陈尚君、程有庆、杜泽逊、傅刚等先生，在各个阶段或某一环节上给我很大的帮助。陈尚君先生还受上海古籍出版社的委托，担任此书的具体编纂工作。内藤、狩野两位博士向原藏《文选集注》残卷的藏书家或藏书单位求得原书或底片后，即按原样印入。因以利阅读。责任编辑周小虹女士又作了细致的加工，凡此均请接受我诚挚的谢意。

1998 年 6 月识于南京大学古典文献研究所

---

① 此卷轴之标签上题"唐写文选残卷"，下为双行小字"日本国宝金泽文库旧藏/宣统庚戌伏侯所收并记"，可知为田潜从日本购得而流出者。

《册府元龟》前言

关于《册府元龟》一书的编纂情况,程俱《麟台故事》卷三下《修纂》曾有介绍:

> 景德二年九月,命刑部侍郎资政殿学士王钦若、右司谏知制诰杨亿修《历代君臣事迹》。钦若等奏请以太仆少卿直秘阁钱惟演,都官郎中直秘阁龙图阁待制杜镐,驾部员外郎直秘阁习细,户部员外郎直集贤院李维,右正言秘阁校理龙图阁待制戚纶,太常博士直史馆王希逸,秘书丞直史馆陈彭年、姜屿,太子右赞善大夫宋贻序,著作佐郎直史馆陈越同编修。……初命钦若、亿等编修,俄又取秘书丞陈从易、秘阁校理刘筠。及希逸卒,贻序贬官,又取直史馆查道、太常博士王曙,后复取直集贤院夏竦。又命职方员外郎孙奭撰《音义》。凡九年。至大中祥符六年(1013),成一千卷上之。总三十一部,部有总序;一千一百四门,门有小序。又《目录》《音义》各十卷。上览久之,赐名《册府元龟》。(《四部丛刊续编》影印明景宋钞本)

上述诸人,《宋史》中大都有传,可见这是一部集中了当日学界精英而编成的巨著。

《册府元龟》所录材料,先按部门再依年代先后排列。"总序""小序"都从历史演变着眼,阐发部门政制的原则。序文由李维、钱惟演、刘筠、夏竦、陈彭年等负责撰就,后由杨亿定稿。可知全书的结构相当完整,编纂之前曾作精心设计。

宋太宗赵光义曾命臣下编过《太平御览》《太平广记》《文苑英华》三书，与真宗赵恒嘱令编就的《册府元龟》合称四大书，其中《太平御览》《文苑英华》《册府元龟》均达一千卷之多，《太平广记》则为五百卷。前三书的卷数虽一样，但《册府元龟》每一卷的容量要比其他二书为大，估计总字数要比《太平御览》多一倍，约有一千余万字。这在《四库全书》所收的几种篇幅巨大的书中，仅次于《佩文韵府》而位列第二。

《册府元龟》的宗旨

《宋史·艺文志序》："唐之藏书，开元最盛，为卷八万有奇。然乱离以来，编帙散佚，幸而存者，百无二三。"宋室初建，随即着手整理文献，分类编纂，以便保存。宋真宗为《册府元龟》制序，叙其经过颇详，此序今佚，《玉海》卷五四《承诏撰述·类书》录《景德册府元龟》引御制序曰：

> 太宗皇帝始则编小说而成《〔太平〕广记》，纂百氏而著《〔太平〕御览》，集章句而《文苑〔英华〕》，聚方书而撰《神医〔普救〕》；次复刊广疏于"九经"，校阅疑于"三史"，修古学于篆籀，总妙言于释老。洪猷丕显，能事毕陈。朕遹遵先志，肇振斯文，载命群儒，其司缀缉。粤自正统，至于闰位，君臣善迹，邦家美政，礼乐沿革，法命宽猛，官师论议，多士名行，靡不具载，用存典刑。

宋真宗命编此书的用意既明，其与前时三大书的一些原则差别亦可藉以窥知。

宋真宗赵恒继承其父太宗光义的事业，编纂《册府元龟》一书，似乎也重在保存文献，实际上情况已有根本不同。这从《册府元龟》一书书名的变化上可以看出。

此书原名《历代君臣事迹》,后来才改名《册府元龟》。这番改动,说明真宗的指导思想更趋明确。原先他只想追踪先朝,编一部有关历代君臣事迹的大书,顾名思义,可知这只是一部有关政事的资料书,主题虽与前朝三书不同,性质则无大异。"册府元龟"一名的情况就不同了。"元龟"者,大龟也。古时以龟为灵物,三代之时,有大事则以占卜定吉凶,求行事的指导,因此此书改名"册府元龟",表明其着眼点已不仅放在纂辑历代君臣事迹上,而是注意提供可供借鉴的资料,以便从中汲取治国的经验教训。这样的一种"册府",所包容的内涵,也就起到了治国指针的作用。

每一部书都有它的主题思想,但像《太平广记》《太平御览》《文苑英华》等书,汇纂前代著作而成,帝王的用意不显。或许宋代开国君主赵匡胤与光义二人乃武人出身,文化水准不高,故而目的重在保存文献,而对扭转唐末五代以来的混乱思想还未顾及。真宗代起,这一任务也就提上了议事日程。

我国古代把《太平御览》和《册府元龟》都归入"类书"类。若将二者作一比较,可知性质颇为不同。《太平御览》的内容属于百科全书式的汇纂之作,上至天文地理,下至虫鱼鸟兽,无不兼采。《册府元龟》则纯属政治方面的典籍,凡博物方面的具体知识,概不录入;即使是一些政治制度方面的内容,如本应采入《国史部》内的"仪注""职官"等问题,因为可起鉴戒的作用太小,也不载录。书中着意提供的,是有关政治与体制方面的一些重大问题。

《太平御览》以蜀、吴、五胡十六国、宋、齐、梁、陈、北齐为偏霸,置《偏霸部》,秦与东魏、北周入《皇王部》,《册府元龟》则以秦、蜀、吴、宋、齐、梁、陈、东魏、北齐、后梁为闰余,入《闰位部》;十六国及五代中之十国,另立《僭伪部》。由此可见,宋真宗时史学中的正统观念正在树立之中。《太平御览》乃采用前代的史料编纂而成，观点也大都沿袭前人，《册府元龟》编者重行甄别，体现了宋代的历史正统观点。其后欧阳修编《新唐书》，私撰《五代史记》，这种史观更见完整了。

洪迈《容斋四笔》卷十一《册府元龟》记编修官曾向真宗上言，议及引用材料等事，文曰：

> 近代臣僚自述扬历之事，如李德裕《文武两朝献替记》、李石《开成承诏录》、韩偓《金銮密记》之类；又有子孙追述先德，叙家世，如李繁《邺侯传》《柳氏序训》《魏公家传》之类：或隐己之恶，或攘人之善，并多溢美，故匪信书。并僭伪诸国，各有著撰，如伪《吴录》、《孟知祥实录》之类，自矜本国，事或近诬。其上件书，并欲不取。余有《三十国春秋》《河洛记》《壶关录》之类，多是正史已有；《秦记》《燕书》之类，出自伪邦；《殷癫小说》《谈薮》之类，俱是诙谐小事；《河南志》《邠志》《平剺录》之类，多是故吏宾从述本府戎帅征伐之功，伤于烦碎；《西京杂记》《明皇杂录》，事多语怪；《奉天录》尤是虚词。尽议采收，恐成芜秽。

上述诸书，显然不合编写《册府元龟》时真宗提出的政治标准，因而遭到了否决。

中国的史学传统，重在褒贬，"孔子作《春秋》而乱臣贼子惧"。因此古代修史之时，特别注意对某一些历史事件与历史人物的表扬和批判，藉以树立准则，垂示后人。《册府元龟》的编纂，正是这一史学传统的体现。

宋真宗亲自过问这件大事。《玉海》卷五四上记载："景德四年九月戊辰，上谓辅臣曰：'所编《君臣事迹》，盖欲垂为典法，异端小说，咸所不取。观所著篇序，援据经史，颇尽体要，而诫劝之理，有所未尽也。'钦若等曰:'自缵集此书,发凡起例,类事分门,皆上禀圣意,授之群官,间有凝滞,皆答陈论。今蒙宣谕,动以惩劝为本,垂世之急务也。'"又载"〔祥符元年〕五月甲申手札:诏凡悖恶之事,及不足为训者,悉删去之。日进草三卷,帝亲览之,鑗其舛误,多出手书诘问,或召对指示商略。"可见他对编写原则的重视和坚持。

宋真宗"指示商略"之事,尚有不少文字保存下来,如《续资治通鉴长编》卷六二载:

> 〔景德三年四月〕丙子,幸崇文院观四库图籍及所修《君臣事迹》,遍阅门类,询其次序,王钦若、杨亿悉以条对,有伦理未当者,立命改之。谓侍臣曰:"朕此书盖欲著历代事实,为将来典法,使开卷者动有资益也。"赐编修官金帛有差。

宋真宗不但作原则指示,而且在阅读过程中,通过某些史料的去取,进一步阐明自己的意图,例如《续资治通鉴长编》卷六五载:

> 〔景德四年四月〕丁丑,上谓王钦若等曰:"近览《唐实录》,恭宗即位,坐朝常晚,群臣班于紫宸殿,有顿踣者。拾遗刘栖楚切谏,叩龙墀不已,宰臣宣谕乃退。恭宗为动容,遣中使慰劳。谏臣举职,深可奖也。而史臣以逢吉之党,目为鹰犬,甚无谓也。今所修《君臣事迹》,尤宜区别善恶,有前代褒贬不当如此类者,宜析理论之,以资世教。"

"恭宗"即唐敬宗李谌,宋避太祖之祖赵敬名讳而改。此事发生分歧的焦点,是对刘栖楚的为人有不同评价。史称刘栖楚为奸相李逢吉的党羽,名列所谓"八关十六子"中,所以史臣将之加以贬斥。

实则刘栖楚的情况甚为复杂,《因话录》卷二载其任京兆尹时事,诛罚不避权势,赵璘曾予高度评价。《资治通鉴考异》卷二十叙八关十六子,司马光按:"栖楚为吏,敢与王承宗争事,此乃正直之士,何得为佞邪之党哉!"即以上述事例而言,亦可称为骨鲠之臣,宋真宗提出的处理意见,是可取的。《册府元龟》卷五四八《谏诤部·强谏门》即遵旨录入。

又《续资治通鉴长编》卷七三载:

> 〔大中祥符三年〕五月辛巳,内出手札示编修《君臣事迹》官曰:"张杨为大司马,下人谋反,辄原不问,乃属之《仁爱门》,此甚不可者。且将帅之体,与牧宰不同。宣威禁暴,以刑止杀,今凶谋发觉,对之涕泣,愈非将帅之事。《春秋》息侯伐郑,大败,君子以为不察有罪,宜其丧师。今张杨无威刑,反者不问,是不察有罪也。可即商度改定之。"

此事原出《三国志·魏书·张杨传》裴松之注引《英雄记》。张杨,东汉末年人,建安元年拜大司马。虽然史书对他曾有好评,然以此事而论,是非不分,实为庸懦,已经失去将帅治军的原则,所以宋真宗要叫编修官重新考虑。今此事已从卷四一二《仁爱门》中删除。

由上可知,宋真宗编纂《册府元龟》的目的,是要统一人们的政治标准,树立符合宋代政权需要的价值观念。每一个新的王朝的建立,都会遇到如何收拾前代残局的问题。唐末政治混乱,再加上五代十国长期的政治混乱,封建社会中依据儒家学说而确立的一些社会准则,已经失去约束力,人们思想上很混乱,例如对待冯道这样的一位"长乐老",该怎样评价,大家的看法就有分歧。价值标准不一,则社会秩序就难于稳定,因此宋初帝王过问此事,也是势所必至之事。

宋真宗集中当时最负盛名的一批文士编纂《册府元龟》，目的就在通过历史事例重新树立儒家确定的准则，故在编纂的体例上，也要参照《春秋》史法。《玉海》卷五四载：

> 王钦若以南北《史》有索虏、岛夷之号，欲改去，王旦曰："旧史文不可改。"赵安仁曰："杜预注《春秋》，以长历推甲子多误，亦不敢改，但注云日月必有误。"乃诏：欲改者注释其下。

这样的处理方式，无疑是恰当的。不轻改史文，也是我国史学的一种优良传统。

《册府元龟》的价值

宋真宗敕纂《册府元龟》的宗旨既明，此书的性质也就清楚了。

后人对于此书颇多批评，实多由于未曾注意此书宗旨。

上面已经提到洪迈从史源的角度曾对《册府元龟》提出批评，《容斋四笔》卷十一《册府元龟》中介绍了编修官向真宗上言，以为杂史等材料多不可信，故不宜采录此中材料，洪氏以为不然，随即举司马光修《资治通鉴》之事为证：

> 如《资治通鉴》则不然，以唐朝一代言之：叙王世充、李密事，用《河洛记》；魏郑公谏争，用《谏录》；李绛议奏，用《李司空论事》；睢阳事，用《张中丞传》；淮西事，用《凉公平蔡录》；李泌事，用《邺侯家传》；李德裕太原、泽潞、回鹘事，用《两朝献替记》；大中吐蕃尚婢婢之事，用林恩《后史补》；韩瞬凤翔谋画，用《金銮密记》；平庞勋，用《彭门纪乱》；讨裘甫，用《平剡录》；记毕师铎、吕用之事，

用《广陵妖乱志》，皆本末粲然。然则杂史、琐说、家传，岂可尽废也！

洪迈的意见自然也是正确的。但他应该注意到，《册府元龟》和《资治通鉴》二书在材料的处理上之所以会有如此大的差异，正因二书视角有所不同之故。《册府元龟》的重点不在考订史事，而是通过经、子、正史中的史实提供鉴戒。每一种书的编撰都有它特定的目的，洪氏从考订的角度对《册府元龟》提出要求，当然会有不满了。

《玉海》卷五四中记载宋真宗指示编纂《册府元龟》的原则是"异端小说，咸所不取"，又诏"凡所录以经籍为先"，编务的总负责人杨亿具体申述道：

> 群书中如《西京杂记》《明皇杂录》之类，皆繁碎不可与经史并行，今并不取，止以《国语》《战国策》《管》《孟》《韩子》《淮南子》《晏子春秋》《吕氏春秋》《韩诗外传》与经史俱编。历代类书，《修文殿御览》之类，采摭铨择。

杨氏叙及的著作，今日都很容易看到。《修文殿御览》固已遗佚，但太宗时编《太平御览》，也已采摭过不少材料入内，因此凭借当时学者的介绍以及读者翻检时得出的初步印象，容易得出上述结论。

宋袁氏《枫窗小牍》卷下曰：

> 《册府元龟》凡一千卷，三十一部、千一百四门。门有小序，撰自李维等六人，而窜定于杨亿。其书止采六经、诸史，《国语》《国策》，管、安、孟、晏，《淮南》《吕览》《韩诗外传》及《修文御览》《艺文类聚》《初学》等书，即如《西京杂记》《明皇杂录》等皆摈不

采。……凡八年而成，然开卷皆常目所见，无罕觏异闻，不为艺家所重。

这种看法不符实际。实则《册府元龟》中包容着很多不见他书的珍贵资料，具有他书无法代替的价值。今分三点加以叙述：

(一) 史料学上的价值

我们首先对材料问题作些分析。编纂《册府元龟》的目的既是为了取得历史鉴戒，那为什么不纯取正史，还要从经、子中去取材呢？

了解古代史书情况的人都知道：所谓"正史"，指的是历代朝廷奉为正体的纪传体史。自《史记》起，每一个王朝都有所撰述，一直延续到清代。只有《史记》一书属于通史。司马迁从黄帝叙起，一直记载到汉武帝时。此书叙夏、商、周三代之史，因受材料局限，嫌叙事过简，这样宋代编纂《册府元龟》之时，也就不得不从经、子中取材了。

刘昫领衔编纂的《旧唐书》二百卷，薛居正领衔编纂的《旧五代史》一百五十卷，宋真宗时已经行世，而作为二书史料来源的唐五代帝王实录与国史，以及诏敕章奏、诸司吏牍等尚多存在，诸臣修《册府元龟》时，时而径引原始材料。《旧唐书》中采入上述材料，往往经过剪裁，《册府元龟》则每全行录入。因此，若把《册府元龟》与《旧唐书》作比较，可以发现前者记载的内容往往比较详尽。例如文宗大和五年王守澄、郑注陷害宋申锡之事，《册府元龟》记之于卷六七〇《内臣部·诬构》，其中详记王守澄奏本内捏造的许多情节，比之两《唐书》与《资治通鉴》中的记载，要详尽得多。

岑仲勉《唐史馀瀋》卷四有《〈册府元龟〉多采〈唐实录〉及〈唐年补录〉》一条，对此亦有具体论证。岑氏据《册府元龟》卷九七九则天长寿三年二月西平大长公主还蕃条下注文："按《唐书》太宗贞观十五年，文成公主出降吐蕃弄赞,至高宗来降(永隆之讹)元年,公主卒,《实录》所载西平大长公主,检和亲事迹未获。"可证这里采的是《实录》中文,可补正史之阙。岑氏又据《册府元龟》卷七〇八狄兼谟条下注文:"按《唐书》本传不载此事,《唐年补录》有此诏而不载兼谟等本官。"可证这里采入的是《唐年补录》中文,亦可补正史之阙。宋初直承唐、五代时,史料保存较多,《册府元龟》中所采入者,后代或已遗佚,因而更见可贵。

由于《册府元龟》条文之下不注原出处,后人难以发现这些文字是否出于正史之外,但如勤作比较,定能发掘出很多珍贵的史料。除有关历史事件的记叙外,有关典章制度等方面,也有很多原始资料,为《通典》《唐会要》等书所缺载者。即或有之,则在文字的详略等方面每有出入,可以据之互校或互补。

(二) 校雠学上的价值

《册府元龟》中依据的正史,从版本的角度来说,都是比之目下流行之本更为接近原书面貌的古本。因此,就以一般的正史材料而言,也有校勘学上的价值。

《册府元龟》中的材料,可用以补史、校史与辑佚。

清代校雠学家在古籍整理方面成就至巨,但由于对《册府元龟》存在偏见,未能广泛利用,这就限制了他们的成就。即如四库馆臣之纂辑《旧五代史》,本可大量利用《册府元龟》中的材料,但他们不加利用,而把主要力量放在开发《永乐大典》上。《永乐大典》中的材料固然可贵,但此书毕竟是明代钞本,不像《册府元龟》中的材料,好多地方保存着五代之时史料的原貌。四库馆臣未加利用,实为可惜。

近代学者利用《册府元龟》补史的范例,是陈垣据之补《魏书》缺页事。

魏收所撰的《魏书》,自唐代以来,就有残缺。明清两代所刻的《魏书》，均出宋蜀大字本，该本也有残缺。清代殿本《魏书》于卷一〇九《乐志》内注"缺一版"，但却无法补足。严可均辑《全后魏文》卷三十八内录刘芳上书言乐事，引《魏书·乐志》仅一行，下注"原缺一页"；卢文弨撰《群书拾补》，于《魏书》此页亦认为"无从考补"，仅从《通典》补得十六字。陈垣据《册府元龟》卷五百六十七补足全文，弥补了前此诸家的缺憾。

自从陈垣利用此书在校雠学上作出了重大贡献之后，学术界对此书的看法大为改变。建国之后，中华书局组织专家点校二十四史时即已注意利用《册府元龟》补史。按《魏书》原缺三页，如上所言，殿本于《乐志》内盰"缺一版"，因而引起了后人的注意，卷一〇八《礼志》四之四、一一一《刑罚志》内亦各缺一页，传世各种《魏书》均如此，但因无提示，且缺文处前后文字似相衔接，故未引起人们注意。中华书局点校《魏书》的专家据《册府元龟》卷五八一补入三百二十五字，《礼志》之文始足；据卷六一五补入三百十七字，《刑罚志》之文始足。这些都是补史方面取得的良好成绩。

宋代之前的几种正史，仅靠钞本流传，容易出现缺页和误写等情况，依靠后出刻本对校，往往难于解决问题。《册府元龟》中容纳着大量宋代之前的古本，其材料每多优于目下流传本子，用作校雠，可以解决很多前人未曾涉及的问题。这一点，有待后人续作细致发掘。

（三）学术史上的价值

我国具有悠久的史学传统，但偏重于政治史方面的编纂，而对其他门类的学术史，则相对来说不太重视。以正史而言，《史记》中有八"书"，后代史书也大都有分门别类的各种"志"，叙述各类学术的源流演变和在本朝的具体情况，但在纪传体中，仅能占有一定的比例，篇幅不可能太多，叙述的内容也就必然有局限。

自唐代起,始有政书一类著作,如《唐会要》,记载一个朝代的法度典章;如《通典》,则通古今而论之。诸书均分门别类,记叙这些门类的沿革和现状。其后各个朝代均有这类著作,保存了丰富的文献资料。

《太平御览》等类书中,也包容着各种各样的学术门类,系统地积累了相关材料,便于人们检索。但这类类书,终因门类过多,内容分散,在某一专题内积累的材料,也就不可能太多。

《册府元龟》容量大,对于各类问题,资料的搜集更见完整,编纂更有系统。利用《册府元龟》中的材料,可以分门别类地编写成多种专题历史。

就以史学而言,大家都知道我国具有悠久的历史传统,有人将我国古代文化径称为史官文化,但这一传统怎样形成,怎样发展,却不易找到相关材料,获得系统知识。刘知幾《史通》中于此有所论述,但刘氏着眼于理论阐发,并不把力量放在提供系统的资料上,因此无法满足后人获得完整的史学史知识的要求。

《册府元龟》的情况不同,《国史部》中细析之为十三门:选任、公正、恩奖、采撰、论议、记注、谱牒、地理、世官、自序、疏谬、不实、非才,这样也就分门别类地提供了有关史学史上的大量原始材料,后人如欲进行史学史的编纂,从中可以不费力地取得大量有用的材料。

有的问题,由于特定的背景和条件,古人甚为重视,在历史上发生过重大影响。如谱牒之学,凡是研究汉至唐宋文史者,不可不有所了解。但过去的史书上于此没有系统记载,也很难找到其他材料来参考,要想获得完整的认识,有一定的难度。《册府元龟·国史部》中有《谱牒门》,收集了六十二条材料,阅读这些长编式的记叙,可对古时谱牒的形成与发展获得完整的认识。

我国古代在选任官吏上最早建立起一整套的用人制度,对世界各地都曾产生过巨大的影响。《册府元龟》中有《贡举部》,内分条制、考试、科目、对策、应举、清正与谬滥七门，每一门中都收集了丰富的有关资料。读者如欲了解历代帝王求贤用人的事例，就可到《条例门》中去寻找；如欲了解历代考试的制度，就可阅读《考试门》中的材料；如欲了解历代考试的具体科目，就可阅读《科目门》中的材料……假如有人要想撰写古代的贡举史或科举史，那么可从《册府元龟》中找到丰富的相关材料，这为科学研究工作提供了不少方便。

如上所言，《册府元龟》全书共有三十一部，一千一百零四门。而据今人统计，明刻本《册府元龟》中已分为一千一百一十五门。这就为千百种分门别类的专题研究提供了系统的素材，于此也可看出它在学术史上的价值。

《册府元龟》的整理

《册府元龟》编纂完成后，随即奉命刊版。宋真宗天禧四年（1020）曾赐辅臣各一部，宋仁宗景祐四年（1037）曾命赐御史台，但这部北宋祥符初刻本早已全部失传，前此公私书目中无系统记载。

目下人们所能见到的宋本《册府元龟》，均为南宋时期的蜀刻本。一种题《新刊监本册府元龟》，半叶十三行，行二十四字，白口，左右双边。这一刻本仅存八卷，计为卷249、251、252、253、254、261、262、279，现藏北京国家图书馆；另一种书名前无"新刊监本"字样，为南宋中期眉山刻本，半叶十四行，行二十四字，白口，左右双边。这一刻本现存五百八十八卷，计为卷6—10、41—45、56—60、129—166、171—180、182—204、271—275、286—295、307、309、341—345、356—375、386—390、396—400、411—415、442、444—460、471—475、482—485、491—495、505—538、545—577、583—599、604、605、608—660、666—701、706—708、717—720、726—732、737—739、742—756、761—791、796—

800、803—806、811、812、815—865、876—933、936—938、940—942、944—947、950—956、967—1000，分藏日本静嘉堂文库、台湾中央图书馆、北京国家图书馆、北京大学图书馆。共计五百七十三卷，内有重出者十五卷，故以存世之书册总数计，共有五百八十八卷。若以存世之卷数计，上列五百七十三卷，加上"新刊监本"八卷，则《册府元龟》宋本之存世者，合计为五百八十一卷。此外，卷246、250、443、481还各存残页各一页。中华书局已于1988年将《册府元龟》宋刊本全部影印出版，前有《影印说明》，介绍宋刊版本问题颇详，可以参看。

《册府元龟》篇幅巨大，保存不易，到了明代也已难以见到。社会上流行的主要是一些传钞本。直到明末，先由三水文翔凤发起，后由新昌黄国琦继续，自熹宗天启辛酉(1621)起，至思宗崇祯辛巳(1641)止，历时二十年，始整理成一种可付刊行的本子。其间历尽艰辛，先后访得与借阅了十家钞本参校，商请各地学者九十馀人帮助覆勘。黄氏于崇祯壬午(1642)任福建建阳县知县时，始得本省巡按李嗣京、建南道胡维霖等人资助，才能在建阳开版，且于该年十月完成。黄家于清世祖顺治时遭火灾，圣祖康熙时曾补版重印。高宗乾隆时书版售与吴门书贾，其时版片蠹蚀霉缺者甚多，后经补刻，又重印过一次。与黄氏原刻本相比，文字已有所不同。中华书局于1959年影印的明本《册府元龟》，根据的是黄国琦的原刻初印本。

由上可知，《册府元龟》问世之后，宋代曾有三刻，明代又曾一刻。因为卷帙浩繁，价格昂贵，读者不易求得，明、清两代的文士很少能见到此书。我们今日能够方便地利用此书，实属幸事。

前已说到，黄国琦等人因未见宋本《册府元龟》，只是利用了多种传钞本参校，尽管他们作出了很大努力，勘正了不少错误、脱漏，但还是留下了不少缺憾。中华书局影印明本之时，曾用宋本四百四十五卷的摄影样张加以比勘，将黄刻确实脱漏的一百四十二条依残宋本钞录,作为补遗,附于相应的各卷之后,这就弥补了明本的不足。

但这并不是说宋本一定胜于明本。明本毕竟经过众多文士的反复雠校,博寻子、史、经、传中文字,辨析疑难,因而对于宋本中的错简脱误之处,也有改正。由此可知,后人若用《册府元龟》,最好能够汲取宋、明二本之长。

清代以来,著名藏书家陆心源、傅增湘等人都曾做过宋、明二本互校的工作,所获甚丰。但他们也难以全部见到存世的所有宋本《册府元龟》残帙和明代《册府元龟》钞本。而且这工作费时费力,他们也不可能花太多的时间从事于此。因此,二者互校的工作尚有待于后人来完成。

南京大学古典文献研究所鉴于《册府元龟》具有很高的文献价值,目下又需要有一种经过整理的本子,遂应凤凰出版社之请,承担了此书的校订工作。我们以明本为工作底本,以宋本为重要的参校本,间或参考其他存世明钞,写下了详细的校记。而于宋、明诸本之不明晰处,则又推寻这些文字的本源,力求恢复这些史料的原貌。在校订过程中,我们广泛参考了前人的意见,择善而从,吸收了不少成果。前人每以《册府元龟》文字不标出处为憾,学者引文也不太愿意援用此书,即以此故。这次我们为了追求校订工作的完善,大多数的条文都作了溯源的工作,这在校勘记中有所反映,可供学术界参考。由于我们的工作都是在繁重的教学任务之馀从事的,限于时间,限于水平,其中或有不足之处与错误,敬祈各界指正。

《宋人轶事汇编》前言

　　中国的王权政治前后历时数千年之久，中间经过了众多的朝代更迭。有的王朝历时甚久，如周朝，前后加起来达七八百年，汉朝，前后加起来也有四百年左右；而有的朝代，历时数十年甚或仅数年即告覆灭。这就不免引起后人的深思。特别是在一些强大的王朝衰亡之后，更会引起新朝人士的悚惧。他们反复思考，希望从中汲取经验教训，以免新建的王朝重蹈覆辙，历史上留下了很多有关这一方面的记叙与议论。

　　汉初贾谊撰《过秦论》三篇，已成史论方面的典范之作，因为秦朝覆灭时的惨烈状况太可怕了。原先作为诸侯之一的秦国，僻处西部地区，国力弱于中原地区的一些强国，然而经过几代君主的努力，终于凭借强大的兵力横扫东方各国，完成了统一大业。秦皇嬴政踌躇满志，自称始皇，以为一脉相承，可以传之无穷，然而仅传一代，即告覆灭，"一夫作难而七庙隳，身死人手，为天下笑"。刘邦建立新王朝后，虽欲改弦更张，然而找不到方向。文、景继起，采用黄老之术，休养生息，然仍沿用严刑峻法，蹈袭前朝。这种局面，一直要到武帝开始采取"独尊儒术，罢黜百家"的国策之后才有大的改变；其后历经元帝、成帝，才终止了采用"霸王道杂之"的统治之术，汉代的政治格局才算是完成了转型。

　　汉末衰乱，三国纷争，历时数十年后，又统一于晋。历史为什么一次次地循环往复，又引起了学术界的思考，于是有陆机的《辨亡论》等文字出现。《文心雕龙·论说》篇曰："陆机《辨亡》，效《过秦》而不及。"然而不管后起的文章是好是坏，这类议论总能得到大家的认可，总结前朝经验教训的思考始终不断萦绕在文士的心头。

宋代不然。这一问题还没有在文士的头脑中闪现，开国皇帝赵匡胤就以实际行动扭转了局面。他采取简捷有效的办法，逐一实施，开启了宋朝的一代新风。

一、宋代文治格局的形成

（一）宋太祖赵匡胤开启了一代新风

前人普遍认为，唐代之亡，出于三大祸害：宦官、朋党、藩镇。赵匡胤本为一介武夫，深知拥兵称王的军阀之祸害，于是他先从消除藩镇这一祸根下手，然后一一解决其他难题。

赵匡胤的第一妙着就是所谓"杯酒释兵权"。司马光《涑水记闻》卷一记此事曰：

> 上因晚朝，与故人石守信、王审琦等饮酒，酒酣，上屏左右谓曰："我非尔曹之力不得至此，念尔之德无有穷已。然为天子亦大艰难，殊不若为节度使之乐，吾今终夕未尝敢安枕而卧也。"守信等皆曰："何故？"上曰："是不难知之，居此位者，谁不欲为之？"守信等皆惶恐起，顿首曰："陛下何为出此言？今天命已定，谁敢复有异心？"上曰："不然。汝曹虽无心，其如汝麾下之人欲富贵者何！一旦以黄袍加汝之身，汝虽欲不为，不可得也。"皆顿首涕泣曰："臣等愚不及此，唯陛下哀怜，指示以可生之涂。"上曰："人生如白驹之过隙。所谓好富贵者，不过欲多积金银，厚自娱乐，使子孙无贫乏耳。汝曹何不释去兵权，择便好田宅市之，为子孙立永久之业；多置歌儿舞女，日饮酒相欢，以终其天年？君臣之间，两

无猜嫌,上下相安,不亦善乎!"皆再拜谢曰:"陛下念臣及此,所谓生死而肉骨也。"明日,皆称疾,请解军权。上许之,皆以散官就第,所以慰抚赐赉之甚厚,与结婚姻,更置易制者,使主亲军。

唐初朝廷崇尚武力,宰臣每用武将充当,出将入相,屡见史籍。其时边境上与其他民族的冲突不断,故自玄宗时起,即以节度使拥重兵防御镇守。安史之乱后,中央政权削弱,拥兵者乃演变成独霸一方的藩镇。这一批人既拥兵割据,一些得到军士拥护的长官又起而推翻原有的首领,即使有一些首领想拥护朝廷,也无法扭转局面。如魏博节度使田布意欲归附朝廷,终因无力扭转局势而自尽;陆长源任宣武节度使行军司马,欲以峻法绳束骄兵悍将,结果自身被杀,还险些殃及前去任职的韩愈。五代残唐,每一个王朝差不多都由部下起来推翻旧主子的后裔而自立新朝。赵匡胤深知如不改变这种局面,非但政权无法稳固,国家也无从安宁,因此他利用当时众望所归的局势,既依靠掌兵的故旧夺得政权,又晓以利害,让他们不必再冒什么风险便可坐享尊荣。就这样,赵匡胤轻巧地在餐饮之间清除了威胁权位的潜在敌手,将兵权牢牢控制于中央,从而扭转了时势发展的方向。日后宋主虽仍沿袭前朝旧规,将昔日的一些同伙分封外地任节度使,但是这些将领已无可能再闹割据,于是终赵宋一代,没有再次出现藩镇之祸。

赵匡胤还一改改朝换代时铲除其他割据地区君臣的常用手段,善待各地降王,约束派去攻城掠地的将领,不再烧杀抢掠。隋文帝杨坚史称贤君,但他攻下南方陈朝之后,竟将六朝金粉肆意毁坏,以为借此可以根除地方势力的抬头。宋太祖不然,攻取城市后尽力约束人为的破坏,各地降王也常得到照顾而免除生命威胁,那些旧朝的臣子,很多仍在新朝任职,甚至那些旧朝的后裔,也可提笔记录前朝旧事。例如吴越王钱镠的孙子钱易,撰有《南部新书》十卷;荆南高季兴的部属孙光宪,撰有《北梦琐言》三十卷;南唐旧臣郑文宝,撰有《南唐近事》一卷、《江表志》二卷。这些书中都为唐宋之交的政局与文坛提供了不少珍贵的史料。

赵匡胤的目的,就在采用种种措施提倡文治,扭转唐人崇尚事功的定势。而他最为有力的措施之一,就是传下不许杀戮言事者之祖训。署称陆游所撰之《避暑漫钞》引《秘史》曰:

> 艺祖受命之三年,密镌一碑,立于太庙寝殿之夹室,谓之誓碑,用销金黄幔蔽之,门钥封闭甚严。因敕有司,自后时享及新天子即位,谒庙礼毕,奏请恭读誓词。是年秋享,礼官奏请如敕。上诣室前,再拜升阶,独小黄门不识字者一人从,余皆远立庭中。黄门验封启钥,先入焚香明烛,揭幔,亟走出阶下,不敢仰视。上至碑前再拜,跪瞻默诵讫,复再拜而出。群臣及近侍,皆不知所誓何事。自后列圣相承,皆踵故事,岁时伏谒,恭读如仪,不敢漏泄。……靖康之变,犬戎入庙,悉取礼乐祭祀诸法物而去。门皆洞开,人得纵观。碑止高七八尺,阔四尺余,誓词三行:一云"柴氏子孙有罪,不得加刑。纵犯谋逆,止于狱中赐尽,不得市曹刑戮,亦不得连坐支属";一云"不得杀士大夫及上书言事人";一云"子孙有渝此誓者,天必殛之"。后建炎中,曹勋自虏中回,太上寄语云"祖宗誓碑在太庙,恐今天子不及知"云云。[①]

纵观有宋诸帝,对于太祖的这项祖训,还是认真执行了的。宋史上,少见因议政而遭残杀的事例,这无疑会对臣下议政的勇气与热情

---

① 参看刘浦江《祖宗之法:再论宋太祖誓约及誓碑》,载《文史》2010 年第三辑。

起激励作用,于是大家常抒发己见,纵论天下大事。臣子秉持儒家仁政爱民的理论,结合现状,提出自己的看法,这就大大地减少了彼此之间无谓的纷争,也避免了形成朋党而滋生的门户之见。唐代官僚集团之间因利益纠结而形成的朋党,遂不再成形。

宋代臣子的议政言行,一直受到当时和后代的重视。南宋赵汝愚编《诸臣奏议》一百五十卷,明代黄淮、杨士奇编《历代名臣奏议》三百五十卷,其中大部分为宋人奏议,从中可以看到其时知识界以天下为己任的抱负,也可发现他们的关注点往往在于政体的基本建设而非一时的事功。

在宋代历史上,很少见到帝王摆出一副英明天子乾纲独断的样子。太祖为了防止庸驽的子孙接位后会影响国运,因而提高了相权,同时又设置了参知政事一职,既与冢宰协力治天下,又相互牵制,防止权力的过分集中。此外还有枢密使等——分享部分权力,且由各部门相互牵制。因为宋代帝王能把政权移交外廷处理,从而避免了唐代的宦官之祸。历代帝王常见的那种宠信身边侍从而导致小人上下其手的情况,少见于宋代历史。

每一个朝代,都会面临千变万化的情势。如何处理,在不同人群之间,自会产生不同意见。唐人承贵族执政之余风,又尚事功,因而时见一些领袖人物唯我独尊,甚至意气用事,排斥异己;宋代朝臣崇尚儒者作风,争执之时比较理性,更重是非之争,因而没有重蹈唐人之覆辙,再现朋党之祸。即使是争执最为激烈的变法之争,尽管内有蔡京之流的败类从中渔利,但仍有那么一点政治斗争的意味,而不能视之为朋党倾轧。这样,宋太祖的一生,虽无多少丰功伟绩,但他定下的方针大计,在后代子孙的执行过程中,未逾规矩,终于铲除了唐代政治的积弊,将一个崇尚武功的前朝,转变成了推行文治的新朝。

唐宗宋祖,国人喜相提并论,而又常是觉得宋祖无法与唐宗相比。

唐太宗于魏晋南北朝长达数百年的战乱之后，又临隋代再一次的动乱，从而认真总结历史上的经验教训，推行开放政策，使五胡乱华而入居中原的异族共同承担责任，加快融合，且使境外的不同民族前来归附，或与之交往，这就形成了璀璨多姿的唐代文明。在他的努力之下，南北不同文化加速调和，游牧民族的亢爽之气与南方汉族长期积累下来的精巧技艺沟通融合，逐渐形成了后人引以为荣的唐代诗文。由太宗开创的唐代文明，国人一直引以为豪，只是大家往往偏于从国力的强弱上去评判帝王的建树，而不去全面观察他们在国运方面的其他贡献。即以宋太祖而言，由他奠定基础而形成的宋代文化，也足以照耀千秋，让国人引以为荣。

明末王夫之评宋太祖曰：

〔宋祖〕起行间，陟大位，儒术尚浅，异学不乱其心。怵于天命之不恒，感于民劳之已极，其所为厚柴氏、礼降王、行赈贷、禁淫刑、增俸禄、尚儒素者，一监于夷狄盗贼毒民侮士之习，行其心之所不安，渐损渐除，而苏其喘息。抑未尝汲汲然求利以兴，求病以去，贸愚氓之愉快于一朝，以不恤其久远。无机也，无袭也，视力之可行者，从容利导，而不尸自尧自舜之名，以矜其美，而刻责于人。故察其言，无唐太宗之喋喋于仁义也；考其事，无文、景之忍人之所不能忍，容人之所不能容也；而天下丝纷之情，优游而就绪；瓦解之势，渐次以即安。无他，其有善也，皆因心者也。①

这种意见值得重视。赵匡胤在历史上的贡献，理应予以高度评价。

---

① 载《宋论》卷一"太祖"，舒士彦点校本，中华书局 1964 年版。

（二）宋学的先驱者与奠基人

纵观中国政局，贵族执政的年代，差不多占到全部时间的一半。魏晋南北朝时，北称崔、卢，南称王、谢，一直占有优越的政治地位。唐代帝王李姓也要声称出于陇西李氏，且在编写《氏族志》时明令列为天下第一著姓。因此，唐代高居相位的人，仍以所谓"皇姓"或"七姓"中的世家大族中人为多。

前此学者考察中国政治的变迁，有一种意见认为，唐代为贵族统治的结束阶段，宋代为平民参政的开始阶段。此说有其参考价值，可以由此进行分析。

赵宋王朝用心建立文官政府，吸收不同阶层的士人进入官僚队伍，因而完善科举制的考核，扩大吸收新进士人的规模，于是大批出身于中下层的士子进入了仕途，这就进一步根除了前时贵族政治的余风，社会上的各式人等渐趋平等相处。宋代科举制度通过其考核而进入仕途之易、直接吸收士人之多，不但远超唐代，即使后起的明清两代，也未达到这样的规模。

中古时期的贵族政治，起于东汉。一些家族，凭借文化上的优势，既通经术，又据高位，他们大都聚族而居，以共通的家学门风为标识，在社会上占有优越地位。到了魏晋南北朝时，由于玄学的兴起，家族内部人员之间的学术与作风已经出现很多不同。到了隋唐，政治中心移向中原腹地，那些著姓中人由于仕宦等原因，大都向京城周边集中，他们脱离本土，宗族的纽带也就不断松懈。特别是在科举取士的制度推广之后，大批中下层家庭的子弟进入仕途，原来的贵族阶层为了顺应时势，也不能不应科举试，这就进一步加快了摧毁贵族执政的基础。像李德裕这样家族意识很强的贵族中人，自己坚持不应科举试，但也要注意进士阶层的动向，从中扶植新兴力量了。晚唐五代，盘据各地的军阀攻战不歇,贵族豪门往往夹在其中成为牺牲品,那些绵延数代的大姓也遭到致命的打击,即使显赫如赵郡李氏,到宋代之后,也消失在历史长河中了。①

如以唐、宋两代的最高执政者而言,情况即大异。唐代崔氏十房中,前后就有二十三人任相,占到唐代宰相总数三百六十九人中的十六分之一。其馀像赵郡李氏、陇西李氏、荥阳郑氏、太原王氏、范阳卢氏等大族,也是高官辈出,一直延续到唐末。《新唐书·宰相世系表》曰:“唐为国久,传世多,而诸臣亦各修家法,务以门族相高。其材子贤孙不殒其世德,或父子相继居相位,或累数世而屡显,或终唐之世不绝。呜呼,其亦盛矣!”宋代就无这种某一家族长期执政的情况出现。任相者多出身下层,更无世族豪门世代为相的情况。即使是像最为显赫的吕氏家族:吕蒙正相太宗,侄夷简相仁宗,吕夷简四子均居高位,其三子公著则相哲宗,这一家族的先世也无上述世家大族的特征,只是到了宋代之后,竟由儒学晋身,故与家世关系甚浅,固难称为豪族。而且这在宋代来说,还只能说是个别现象。②

宋初的一些名人,如范仲淹、欧阳修、富弼、宋庠、宋祁等人,均出身贫寒,后由科举进入仕途。这一些人,由于时代的丕变,个人成长环境的差异,比之前朝士大夫,在思想作风上也已显现出很多不同面貌。

范仲淹是宋初的一位名人。他在政治、军事、思想、文学等方面均有建树。他的著名语录“先天下之忧而忧,后天下之乐而乐”,已是中国人民耳熟能详的警句,惠溉后人至深。而他之所以有此抱负,则与

①　参看詹森著,耿立群译《世家大族的没落——唐末宋初的赵郡李氏》,载《唐史论文选集》,台湾幼狮文化事业公司1990年印行。

②　参看吕茂东《吕氏一门三相家世考》,载《东岳论坛》第三十一卷第四期,2010年4月。吕氏此文多据宗谱与地方志立说,后人尚可多方求证,更求精密,然亦可知吕氏本非一系相承诗礼传家之世族。

其兼资文武和锐意革新的才能与志向有关。他厉行政治改革,庆历新政虽告失败,然其革新精神一直影响着宋代政治的发展;他以文士的资质,出守西北边疆两年,总结出来"近攻、坚守"等战略思想,对防御西夏入侵起到了重要作用。可以说,他的建树是多方面的,文治武功二者都有所表现,只是武功方面的成绩远逊于其文治之功。这就是宋人的新貌,也可说是宋代社会一个缩影。他在军幕中作《渔家傲》词,词曰:"塞下秋来风景异,衡阳雁去无留意。四面边声连角起。千嶂里,长烟落日孤城闭。   浊酒一杯家万里,燕然未勒归无计。羌管悠悠霜满地。人不寐,将军白发征夫泪。"谭献《词辨》评曰"沉雄似张巡五言。"以为范词体现出了唐诗的精神,则是可以从中觇知唐宋文脉的递邅。

钱穆论宋学,称范仲淹为"北宋政治上的模范宰相",与位列《宋元学案》之首的胡瑗这位"北宋公私学校里的模范教师"并列,以为二人体现了时代精神,"北宋的学术和政治,终于在此后起了绝大的波澜",由此掀起的新思想与新精神是:

他们开始高唱华夷之防,这是五胡北朝以来,直到唐人,不很看重的一件事。又盛唱拥戴中央,这是唐代安史乱后两百年来急需矫正的一个态度。宋朝王室,只能在政制上稍稍集权中央,至于理论思想上正式的提倡,使人从内心感到中央统一之必需与其尊严,则有待于他们。他们重新抬出古代来矫正现实。他们极崇《春秋》,为"尊王攘夷论"之拥护与发挥。最著如孙复。他们用明白朴质的古文,所谓文以载道,即文道一贯,以今语译之,即文学与生活或行事(即道)一致之理论也。来推翻当时的文体。最著如柳开、石介,乃至欧阳修。他们因此辟佛老,如石介、欧阳修。尊儒学,尊六经,他们多推崇《易经》,来演绎他们的哲理思想。他们在政制上,几乎全体有一种革新的要求。他们更进一步看不起唐代，连带而及于汉。而大呼三代上古。汉唐是现实，三代上古是他们的理想。他们说唐代乱日多，治日少。他们在私生活方面，亦表现出一种严肃的制节谨度，适应于那时的社会经济，以及他们的身世，与唐代贵族气分之极度豪华者不同。而又带有一种宗教狂的意味，非此不足有以天下为己任之自觉精神。与唐代的士大夫恰恰走上相反的路径，而互相映照。他们对于唐人，只看得起韩愈，而终于连韩愈也觉得不够，因此想到隋末唐初的文中子王通。因此他们虽则终于要发挥到政治社会的实现问题上来，而他们的精神，要不失为含有一种哲理的或纯学术的意味。①

若与唐代文士相比，宋代文士思考问题时理论色彩常是显得更为浓郁，志趣似乎更为高远，但却显得有些迂阔；行动的功效，施展的才华，不似唐人那么多姿多彩。然而宋人在文化上的贡献，自有其丰富与优胜之处。

欧阳修、司马光继起，二人的作用也应予以高度重视。他们体现了宋初帝王在稳定政局之后，意欲树立正统史观的努力。欧阳修撰《新唐书》、《五代史记》(《新五代史》)，司马光修《资治通鉴》，宣扬儒家精神，强调《春秋》大义，为亟欲建立文治政府的宋王朝作思想动员。而他们在修史时广采稗官野史的做法，所呈现的新史观，又推动了宋人竞相写作笔记的风气。

苏氏父子之出现于宋代历史，有其特殊的代表意义。苏轼不但在文学艺术等诸多领域均有其建树，而且在思想作风上也呈现出新的面貌。他在朝为官时，持儒家观点，侃然论政；失意贬官放逐在外时，则

---

① 钱穆《国史大纲》第六编《两宋之部》，第三十二章《士大夫的自觉与政治革新运动》—《学术思想之新曙光》，商务印书馆 1947 年上海新一版。

以道家与佛家思想自我排解；而他的为人，又是那么超越尘俗，不汲汲于功利。我们如将唐人记载李德裕的许多轶闻与宋人记载苏轼的许多轶闻并读，就可看出贵族政治下培养出来的人物，与宋代涌现出来的那些杰出的士人之间差别之明显。

应该说，这是宋代统治者努力摆脱唐人遗风、努力培养新型知识分子的结果。经过几代人的努力，重文轻武方针贯彻多年，宋代文化终于成型，于是涌现出了像欧阳修这样多方面努力开拓的人物、苏轼这样全面展示文士风貌的人物。由于这些原因，宋代的笔记中，也就少见武人的身影，这就与唐代的情况大不相同了。

宋代文士不但能在唐代文史已趋极盛的情况下，开拓新的局面，在文学创作与史学著述等方面取得新的巨大成就，形成新的风貌，而且在哲学等领域中，也取得累累成果。

一般说来，唐人追求事功的结果，比较重视性情的展现，而在文化内涵方面有所欠缺，在哲学方面的建树不多，思辨能力最高的人往往见之于高僧大德，他们在宗教哲学上有很多建树，并且发展出了融合中国固有哲学而形成的禅宗。到了宋代时，终于产生了在儒家文化的基础上吸收了老庄和禅家义理而形成的理学。早期儒学关注政治社会与伦理道德，不大顾及性与天道，到了韩愈、李翱等人，才从思孟学派中寻找资源，建设心性之学。禅宗的明心见性之说体系完整，思辨性更强，宋代理学大家"出入于老释"，受此影响，也就建立起了更为精致的学术体系，从而产生了深远的影响，一直支配着后代士人的思想意识。对于宋代在文化建设上取得的巨大成就，后代的有识之士，常是大加赞赏。陈寅恪云：

> 吾国近年之学术，如考古历史文艺及思想史等，以世局激荡及外缘薰习之故，或有显著之变迁。将来所止之境，今固未敢断

论。惟可一言蔽之曰,宋代学术之复兴,或新宋学之建立是已。华夏民族之文化,历数千载之演进,造极于赵宋之世,后渐衰微,终必复振,譬诸冬季之树木,虽已凋落,而本根未死,阳春气暖,萌芽日长,及至盛夏,枝叶扶疏,亭亭如车盖,又可庇荫百十人矣。由是言之,宋代之史事,乃今日所亟应致力者。①

其他学者类似的意见很多,今不一一具引。

(三) 宋代文化的发展与国运的变迁

但事情总有它的两面性。宋代重视文治的结果,必然重文轻武,国力趋于衰弱,陷于不振。宋代朝廷又严格控制将领擅自行动,以免危及中央。在宋代历史上,很少出现行伍出身的优秀将领。只有狄青、郭逵二人,起于基层,屡立战功,防卫边疆,镇压叛乱,号称名将。他们在维护中央政权的过程中作出了很大的贡献,仅因不是进士出身,虽贵至枢密使,还是受到他人的鄙薄与猜忌。

在此形势下,宋代的官场,不论文职或武职,都充斥着各种各样的文士,社会风气当然也会呈现出特有的面貌。

大批文士涌入官僚队伍之后,导致冗员繁多,行政效率低下,而朝廷为了优待官员,薪资优厚,罢职或退休后待遇良好,这就更进一步地增加了底层老百姓的负担,国力也就进一步地削弱。

为了不断补充官僚队伍中的成员,宋王朝在唐代科举制度的基础上加以改进,扩大名额,简化手续,让大批士子更易进入官员的候补行列。因此,反映在文学作品中,宋代士子的心态一般都比较平和,看不

---

① 《邓广铭宋史职官志考证序》,载《金明馆丛稿二编》,上海古籍出版社1980年版。

到唐代那些科场失意的士子低沉或愤激的情绪。晚唐政局动乱中,一些失意士人常投身于反叛的队伍中,据云黄巢就是由此走上造反行列的。

大家或许会认为,宋代农民的负担实在太重。宋代农民生活在社会底层,生活确很困苦,但我们若是深入全面地去考察宋代社会的情况,也就可以发现,这时的社会生产力仍在迅速地发展,这又是什么原因呢?

宋代农村中,出现了很多重要的推动社会前进的因素,其中之一,则是广泛地实施了租佃制。农民按租约缴纳田租,这就进一步解脱了前此农奴制遗留下来的人身依附,个人的生产主动性也大为提升,还能不受羁绊,外流到其他地方去闯荡。由于宋代国力衰弱,疆域日蹙,后且仅存半壁江山,于是农民随之不断往南方迁移,向人口稀少的地方发展,将丘陵与山区也加以开发。他们深耕细作,在农业技术上也有了很大的提高。宋代出现了好几种有关农业技术的专著,也从另一侧面反映出其时农业生产已取得很大的发展。

自北宋起,由于党项羌在西北边疆建立起了西夏王朝,内地人民与中亚相联系的丝绸之路完全被切断,迫于形势,宋人乃向东南方向发展,开辟了海上的丝绸之路。明州、泉州、广州等商埠,外商不断前来,促进了全国各大城市的繁荣。而内地的大批农民涌入城市,商业愈益发达,又引发了娱乐业的开展,市民文化随之兴起,中国文学中出现了很多新的题材与文体,显示出与前迥然不同的面貌,《东京梦华录》《梦粱录》等著作,对开封、杭州等地区所作的生动记录,至今仍能激发人们的遐思。

自南宋起,中国固有图籍中又出现了一种新的著作体例——地志。战国之后,历代都有介绍全国人文和物产的著作出现,正史中都有《地理志》一类的著述,但却少见局限于某一地区的记录。到了宋代,由于各个地区得到了深度的开发,一些学者出于对某一地区的关注,或是出于对家乡地区的热爱,开始写作州、县或某一地区的方志。例如人文荟萃的吴郡,先后就有朱长文《吴郡图经续记》、范成大《吴郡志》等著作问世。书中往往沿用前人材料,但也时而可见新的介绍。范氏之书有五十卷之多,内如《牧守》《官吏》等类,可考历任地方官的治绩,《人物》八卷,内多轶事记叙。考宋代方志之存世者三十多种,元代方志之存世者十多种,内涵丰富,均可供人发掘和利用。

如上所言,宋代文明仍在不断取得迅猛的发展,在其内部,已经孕育着现代社会的好多新鲜因素。可以说,唐代残留下来的贵族政治遗风,宋代已经基本摆脱其影响。例如唐人讲求郡望与姻族等社会关系,宋人已不太予以关注;唐代还有人从事谱牒类的著作,宋代已无继作之人;唐代士子以参加军幕和依托藩镇为重要出路,宋人也不再踏着同样的脚步前进了。

历史的发展,曲折多变,人们从不同角度观察,常是可以得出不同的结论。唐代最为英明的君主,一般认为,前有太宗,后有玄宗。玄宗时的国力,比之前代又有提升,或可说是真正达到了盛唐的巅峰。但盛极则衰,安史之乱后,唐王朝即一蹶不振,逐步走向衰败,因此唐人最为痛恨的,也就是处在东北边境的这些藩镇。安禄山、史思明是导致唐王朝衰败的罪魁祸首,其后盘踞于此的魏博等藩镇,也是拖垮唐王朝的祸根。这些当然是事实。然纵观全局,史实表明,位处东北的这些藩镇却是有效地阻拦住了契丹等异族的入侵,这就为中原地区传承的华夏文明建起了一道屏障。[①] 宋代重文轻武,东北边疆显得脆弱

---

① 参看黄永年《唐代河北藩镇与奚契丹》,原载福建人民出版社《中国古代史论丛》1982年第二辑,此处据其自选集《文史探微》中的文本,中华书局2004年版。

不堪,位处中原腹地的朝廷既没有能力将燕云十六州收入赵宋版图,更没有能力抵御一波波游牧民族的入侵。其后契丹、女真、蒙古等族先后入侵,宋王朝自开封南迁临安,还是难以抵御其兵锋。先是辽人入据北方东部地区,后金人入据整个北部,继起的元人终于灭掉了赵宋王朝,建立起了横贯欧亚的大帝国。从长远来看,契丹、女真、蒙古等族定居中原之后,与汉人相处,经过数百年的融合,使中华民族不断壮大,但在这段漫长的历史中,广大人民颠沛流离,家破人亡,长期积累下来的华夏文明几经残毁。赵宋王朝重文轻武的后果,也是极为严重的。

西北地区的情况也一样。安史之乱后,西北地区的主要兵力调入中原,边境上的实力大为削弱,丝绸之路中断。其后党项羌崛起,建立起了西夏王朝,于是终赵宋一代,无法再开通这一要道,西域文明乃至欧洲的文明,无法通过这一纽带与中原腹地连接,于是唐代那种兼容并包、多姿多彩、呈现开放胸怀的文明,终于画上了句号,再也不见于中国历史了。其后成吉思汗摧毁了西夏王朝,大肆残杀,各民族之间的仇恨与政权更迭,使当地人民为此付出了沉重的代价。唐代文明中断,宋代文明消退,西北地区也就难以滋长起与中原文明齐步的地域文化,几乎留下了一片空白,这也是历史上的一件憾事。

二、唐宋人物轶事的不同风貌

(一) 唐宋笔记类著作内容之差异

我在《唐人轶事汇编》的《前言》中曾对编纂目的有所说明,这次编纂《宋人轶事汇编》,用意自然相同。

研究历史人物,如果仅依正史上的记载进行考察,则往往难以见到人物的个性与诸多侧面,也难以了解其复杂的社会关系。由于每一个人物的表现总是多方面的,人们从各种不同角度去观察,得到的印象往往各不相同。正史中的记录,常是举其有关政事的荦荦大者,对于这一人物的性格特征和言谈举止,则每不作具体描述。阅读正史,了解其中的人物,也就不够具体,不够丰满;而一些笔记或类似文体的著作中,所作的记叙,常是多样和生动得多。因此,研究历史上的人物,如能将正史上的记载与民间的私人撰述参互考察,那么读者对此人物的理解,也就会更全面、更具体。

民间的这种私人著述,就个人的耳闻目睹随笔记录,古已有之。尽管“笔记”之名起于宋代,实则唐代已大量涌现。每一个时代的文士,思路与情趣各不相同,因此,唐宋两代人的记叙也就各有其特色。

唐人承魏晋南北朝人之遗绪,受《世说新语》一类的著作影响甚大,因此这类著作的名字,每以“话”“语”等词加以点缀,如《大唐新语》《刘公嘉话录》等。宋代王谠综合唐人著作而成《唐语林》,明白告示此书即承刘义庆之遗绪而作,但二者风貌显然有异。《世说新语》以记言为主,晋人沐浴玄风,谈吐风雅,追求一种潇洒出尘的风貌。评点人物时,关注对方的才性、品格、仪表和怀抱;唐人重事功,即使是在《唐语林》的《品藻》一目中,虽仅列寥寥数则,也仅关注对方政治上成就之大小得失与诗文水准之高下。可见唐人的关注之点,比之前人已有很大的不同。他们的记叙,也就显示出特有的时代风貌。

如将唐宋两代人的记叙相比较,也可以发现一些相异之处。

唐人对小说与杂史的理解常持模糊的态度,甚至可以说,他们把正史之外的著述都称之为“小说”。这类著作,自魏晋南北朝时起即分从不同方向发展:记录人事者后人每称之为志人小说,有人则称之为轶事小说;记载神异故事者后人每称之为志怪小说,有人则称之为神异故事。唐人的记叙,继承前代传统而又常不作严格区分。如刘餗出生于史官世家,继承父业,也从事国史的撰述,但他写作《小说》(一名《国史异纂》,亦称《隋唐嘉话》),记录士大夫的轶事,中间还夹杂进了洛阳画工解奉先在壁像前妄誓而转生为一骑犊之事。宋人轶事中,轶事与志怪的记叙就大致分途了,志怪类的著作大为减少。宋代士人一般均奉儒家义理为主导思想,志人小说中很少羼入道听途说的志怪类奇闻。

所谓志怪小说,自魏晋南北朝时始告出现,唐代当然也有这类著作,其中时有一些关于高僧的神奇事迹的记叙,《松窗杂录》中就有一行预言玄宗行幸万里的记载。不过唐代的神异故事中要以道教神仙的事迹为多,因为李唐王朝自认为系老子李耳的后裔,所以道教的地位常是高踞于佛、儒之上,一些李氏子孙的笔下,均喜宣扬神奇的鬼神故事。例如中唐名相李德裕,不论在其自撰的《次柳氏旧闻》中,还是在他口述而由韦绚笔记的《戎幕闲谈》中,都有很多离奇曲折的神异故事。而且唐人关心政治,这类故事之中每杂历史恩怨,例如前时武曌改国号为周,几乎断送李氏一脉,故而一些有关武后的记载,每每杂有丑诋武家的故事。《太平广记》卷一四三引《戎幕闲谈》,载文水县武后父士彟之墓忽失龟头,所立碑上有"武"字者十一处皆镌去之。不经半年,武元衡遇害。按赵明诚《金石录》卷二五《跋尾十五·周武士彟碑》,则谓此碑尚存,"武"字刻划完好,无讹缺者。可知此说纯属道听途说,也不能排除此事出自李德裕本人的编造。

神仙道化的轶事,遍播朝野,即使是在那些严肃的笔记中,也常杂有这类奇闻。如赵璘撰《因话录》,因为其中的材料大都来自姻属间的亲身闻见,故大致可信,从而得到《四库全书》编者与近代史学大家岑仲勉等人的高度评价。然而内中也记载了不少有关著名道士田良逸等人的神奇事迹,遂使这类著作与后起的宋人笔记呈现出不同面貌。

总的看来,唐代笔记的内容往往真真假假,比较驳杂。皇甫枚撰

《三水小牍》，内有关于晚唐著名女诗人鱼玄机虐毙侍女绿翘而为京兆尹温璋答杀的记载，后人常根据此书介绍鱼玄机的悲惨身世，然因《三水小牍》中的大部分篇章均属神奇怪异的故事，因而也影响到了内中一些重要文字的可信程度。

唐代为传奇这一文体的繁荣时期。唐人轶事中有些历史性的记叙，往往又夹杂着传奇色彩。如《幽闲鼓吹》中记白居易赴京应举，献诗顾况，有"咸阳原上草，一岁一枯荣。野火烧不尽，春风吹又生"之句，顾况遂前后态度丕变。又如《明皇杂录》卷下记玄宗命高力士以白羽扇赐张九龄，九龄惶恐，以为将遭冷遇，遂作《白羽扇赋》献之。据后人考证，上述二说均不合事实，出于编造。因此，有关这类文人轶事的资料，应当是在传奇之风风靡一时的影响下产生的。

宋代人物的轶事中，就很少见到真真假假驳杂难明的情况，说明其时文人学士即使是在写作随笔式的文字时，也已分清不同文字的体类要求，从而擅自抉择了。

欧阳修为一代文宗，他在各方面的建树，对宋代文坛产生过十分巨大的影响。他写作的《归田录》，则为笔记体的写作导夫先路，且为这种文体的写作树立起了范本的作用。欧阳修自云此书乃依李肇《国史补》而作，而李肇之撰《国史补》，则自云乃仿刘𫄧《传记》而作。李氏《序》云："予自开元至长庆撰《国史补》，虑史氏或阙则补之意，续《传记》而有不为。言报应，叙鬼神，征梦卜，近帷箔，悉去之。纪事实，探物理，辨疑惑，示劝戒，采风俗，助谈笑，则书之。"明示其写作宗旨就在排除鬼神梦幻类无法征实的传闻，也不载男女猥亵的情事，这就与志怪和传奇划出了界线，宋代笔记一般就是沿着这条道路向前发展的。

由此之故，我在研究唐人轶事时，喜用"笔记小说"一名，因为其时笔记与小说确是不易区分。例如《四库全书总目》卷一四〇子部小说家类录《中朝故事》二卷，提要云："上卷多君臣事迹及朝廷制度，下卷则杂录神异怪幻之事。"说明此书即由笔记、小说二者组合而成。到了宋代,则二者分列,少见杂乱之作。吾等今日编纂《宋人轶事汇编》,采录的绝大多数材料,出于笔记而非小说。

在此还可附带讨论一下与笔记性质相近的另一种文体。

唐宋两代,诗歌成就极为辉煌。自唐代起,产生了"诗话"这一新的体裁。宋词兴起,于是又有"词话"一端。这类文字实与笔记为近,只是内容偏于文学鉴赏与文坛掌故,内容较为单一与明确。

《四库全书总目》集部中有"诗文评"一类,内又分为五小类,且各举例以明之。中云"孟棨《本事诗》,旁采故实;刘攽《中山诗话》、欧阳修《六一诗话》,又体兼说部"。这就是说,唐代的诗文评与宋代的诗文评内容上有所区别。区别何在,似乎还可以作些说明。

孟棨一作孟启,当以作"启"为是。《本事诗》者,乃言诗之本事,介绍诗篇产生的背景。这是中国文学的特色,在儒家思想的影响下形成。《孟子·万章下》曰:"颂其诗,读其书,不知其人,可乎?是以论其世也,是尚友也。"可知知人论世也是我国史官传统的一种表现。

唐代首先出现诗话这一体裁,然数量不多,最著者也就是范摅的《云溪友议》、孟启的《本事诗》,以及已经散佚的卢瓌《抒情诗》等数种。从这些诗话的内容看,大都具有传奇的性质,故事曲折离奇,配合著名诗篇,确是引人入胜,但却未必可信。例如《云溪友议》卷下《题红怨》中记宫女题诗于一红叶上,偶为书生卢渥所得,后卢氏任职范阳,遇宣宗省却宫人,许从百官司吏,此题诗宫女适得配卢渥。此一传说,已成脍炙人口的爱情故事,而未必就是事实。又如《本事诗》中记韩翃与柳氏悲欢离合的故事,亦即著名的《章台柳》诗本事,许尧佐已写成传奇《柳氏传》,孟启重又载入书中,又云:"开成中,余罢梧州,有大梁夙将赵唯为岭外刺史,年将九十矣,耳目不衰。过梧州,言大梁往事,述之可听,云此皆目击之,故录于此也。"则是故事又似可信的了。又如《太平广记》卷二七九引《抒情诗》，叙韦检与其鬼妻唱和事，或系卢瓌自编的故事，因为唐传奇中常见这类诗人与亡妻唱和的趣闻。这类文字，大都出于作者为了表现自己的诗才而自拟，自然不能作为史料看待。

由此可知，唐人诗话内容真真假假，难以判定其可信与否。

欧阳修作《六一诗话》，也与唐人诗话面目大异，排除了鬼神梦幻与男女情爱等内容，已是纯粹的评论诗篇之作了。即使言及诗之本事，也以如实抒写为重。后出的诗话，大体都是同一类型之作。

（二）唐宋两代文士对待国史的不同态度

在唐代的史料笔记中，"国史"起过很大的作用，前后许多知名与不知名的作者都曾大量引用国史中的材料。唐人笔记中呈现的这一情况，似乎很难解释：深藏宫廷的国史怎么会被位处下层的一些作者所利用呢？

这是因为唐代朝廷对国史的管理并未规定严格的保密制度。《唐会要》卷六三《史馆上·修国史》曰：

> 贞观十七年七月十六日，司空房玄龄、给事中许敬宗、著作郎敬播等上所撰高祖、太宗《实录》各二十卷。……仍遣编之秘阁，并赐皇太子及诸王各一部，京官三品以上，欲写者亦听。

这里对阅读者的品位虽有所规定，但此门一开，不难想见，与这些大官员有关系的人也就有其可能接触到国史。况且中唐之后，战乱不断，京师残破，史馆中的材料多次外泄，社会上的各式人等也就有其可能接触到国史。

李翱在《答皇甫湜书》中说："近写得《唐书》，史官才薄，言词鄙浅。"可知他也读到过国史。《旧唐书·田弘正传》曰："颇好儒书，尤通史氏,《左传》《国史》,知其大略。"说明社会上的各式人等已把阅读国史不再视作难事。

这类国史,还曾远播海外。日本藤原佐世编纂的《日本国见在书目》中,"杂史家"中著录唐实录三种:"《唐实录》九十卷,司空梁国公房玄龄等撰;《唐实录》九十卷,中书令许敬宗撰;《高宗实录》六十卷,武玄之撰。"这些国史显然是日本的遣唐使通过各种关系辗转获得的。只是这些国史在各种书目上的记载篇幅差距很大,可知唐代国史在辗转传播的过程中,历经多人抄写,面貌往往会有差异。

《旧唐书·经籍志上》中说:"天宝已后,名公各著文章,儒者多有撰述,或记礼法之沿革,或裁国史之繁略,皆张部类,其徒实繁。"说明唐人撰述时,每引《国史》中的材料为佐证。后人看到唐人引用《国史》时,自不必多所惊怪。①

唐代一些笔记的作者,社会地位不高,但书中却往往大量引用《国史》中的材料,如《新唐书·艺文志》"小说家类"著录胡璩《谭宾录》十卷,注曰:"字子温,文、武时人。"又"杂史类"著录刘肃《大唐新语》十三卷,注曰:"元和中江都主簿。"而此书前有元和丁亥自序,署衔"登仕郎前守江州浔阳县主簿"。可知二人社会地位都不高,然而书中却录入不少出自《国史》的材料。后出之书,如《新唐书·艺文志》"小说家类"著录《芝田录》一卷,不著撰人,《说郛》各本则署丁用晦撰,宋无名氏《新编分门古今类事》卷一八《刘毅斋名》条、《古今合璧事类备要》续集卷三均引,亦作丁用晦撰,其人情况不明,其书则亦引及《国史》,可见唐人不论身处何位,均有可能接触"国史",而径自将之纳入己作。

唐代那些勤于著述的文士,有可能会同时看上一些热门的题材,

---

① 参看李南晖《唐人所见国史考索》,载莫砺锋编《周勋初先生八十寿辰纪念文集》,中华书局 2008 年版。

有的则径自将前人的同类著作改写后编入，因此唐人的一些笔记小说中时见有类同的文字出现。如刘肃撰《大唐新语》，很多故事与刘𫗧的《隋唐嘉话》类同，佚名的《大唐传载》中的文字则每与《隋唐嘉话》中的文字相混。丁用晦《芝田录》，不但屡引唐代前期产生的文字，而且征引魏晋南北朝人的文字。李濬的《松窗杂录》，也有不少条目出于前人的著作。至于像孙光宪的《北梦琐言》、王定保的《唐摭言》等书，征引前人文字时，则常加以说明，已是比较规范的著作态度了。

相比之下，宋人笔记的体例就要纯粹得多，他们一般只录亲身闻见之事，不依辗转传抄的材料而杂纂成书。因为宋代笔记的作者均由科举晋身，社会地位普遍较高，对于笔记的性质偏于史的传述，比较自觉，因此所用的材料，比之唐人之作，也就可信得多。

宋代笔记作者的身份前后也有差异，由于国势的强盛与衰微，情况不同，涉笔者的身份随之有所不同。据张晖统计，"北宋笔记作者大都是官员，占总数的百分之七十五，其中达官显宦也较多，仅中央六部以上的官员就有九人。南北宋之间笔记作者是官员的占总数的百分之五十，南宋笔记作者是官员的约占总数的百分之五十九点七，都低于北宋的比例。而且这两个时期的笔记作者的所任官职大多数都较低微。"①这种情况的出现，或许可以认为是由南宋之时笔记体的撰述更趋普及，文士染指者益众而造成的。

作为宋人轶事来源的大宗之一，笔记的写作还受到宋初修史之风的影响，司马光写作《资治通鉴》的影响尤为深远。

司马光在主持《资治通鉴》的修撰时，先命几名助手将各种材料汇成长编，而在定稿之时，则又将材料去取过程中所思考的一些问题记录下来，另外编成《考异》三十卷。他在《进书表》中说，他曾"遍阅旧

---

① 　张晖《宋代笔记研究》，华中师范大学出版社 1993 年版。

　　　　　　徐波外集

史,旁采小说",又"参考群书,评其同异,俾归一涂,为《考异》三十卷",这就树立起了一种操作规范。考察史实时,既要注意官方记录,也要注意民间记载,目的则在最大限度地追求事实真相。

中晚唐时,政治局面混乱,朝廷已无能力正常地纂修国史。欧阳修、宋祁编撰《新唐书》的传记,只能大量采录笔记类的史料。司马光编《资治通鉴》时情况类同,而他在考核各种史料时,发现国史的可信程度,有时反而逊于笔记类著作。《资治通鉴》卷一九〇高祖武德五年(622)十一月,帝"待世民浸疏,而建成、元吉日亲"下引《高祖实录》与《太宗实录》,历数二人恶行,而后《考异》曰:

> 按建成、元吉虽为顽愚,既为太宗所诛,史臣不能无抑扬诬讳之辞,今不尽取。

又《通鉴》卷二四七武宗会昌三年(843)四月,记"李德裕请讨泽潞"事,《考异》按曰:

> 《旧纪》《传》及《实录》所载德裕之语,皆出于《伐叛记》,《伐叛记》系于四月刘从谏始亡之时,至此君相诛讨之意已决,百官集议及宰臣再议,皆备礼耳。德裕之言,当在事初,《实录》置此,误也。

司马光的这种著作态度,旧史与小说并重,对史料不抱成见惟求其是的见解,具有很高的史识。影响所及,宋人写作笔记时已把求真放在首要地位,也激发了文士及时记录时事的热情。

司马光还撰有《涑水记闻》等笔记多种。写作的目的,是为撰写《资治通鉴后记》积累资料。此书因故未成,但《记闻》一书却也为后人树立了典范。此书影响所及,在江少虞《宋朝事实类苑》、李焘《续资治通鉴长编》、朱熹《资治通鉴纲目》等书中明晰可见，而对后起者写作的笔记来说，也有先导作用。

宋太宗赵光义猜忌太祖长子德昭会依历代帝王继承的常规继承皇位，迫使其自尽，司马光在《涑水记闻》卷二中记曰：

> 时上以北征不利，久不行河东之赏，议者皆以为不可，王乘间入言之。上大怒，曰："待汝自为之，未晚也！"王皇恐还宫，谓左右曰："带刀乎？"左右辞以禁中不敢带。王因入茶果阁门，拒之，取割果刀自刭。

李焘《续资治通鉴长编》卷二〇太平兴国四年（九七九）八月甲戌记此事，采司马光说，而在注中介绍《国史》中的赵德昭"本传云：德昭好啖肥猪肉，因而遇疾不起"，显然，这是史官的曲意掩饰之词，宜乎李焘弃之"不取"了。由此亦可见到司马光在笔记体的创辟上贡献之大、影响之深，而宋代帝王对文士实录时事的宽容态度，也是历史上所少见的。

由上可知，宋代笔记作者的情况前后各异，其特点却没有多大变化。总的说来，作者已经摆脱前时风行的志怪与传奇的影响，史学观念普遍趋于求真，不再仰求国史之类的特殊史料，而是致力于提供亲身闻见的事实，因此显得平实可信。只是唐人那种绚烂而富有朝气的风貌也消失不少。宋代诗话与笔记的情况相同，也已成了衡文之作和记载故实的材料，唐人的那种配合诗篇而精心构拟的绚烂故事，都已趋于绝迹了。

（三）唐宋轶闻中典型案例之分析

常言说："物以类聚，人以群分。"政治纷争中，如有一群人持同一观点，为同一图谋而合力，那在反对者的眼中也就认为是在结党营私，而在古人来说，则往往会称之"朋党"。西汉时，刘向为了反对外戚擅权，威胁刘姓皇权，乃上封事，极言"朋党"之害。东汉桓、灵之世，宦官把持朝政，一群士大夫起而抗争，反而遭到执政者的镇压，史称"党锢"之祸。可知"朋党"之说，一直是中国士人关心的话题之一。

唐代李德裕撰《朋党论》，极言汉代政治的鉴诫作用。他所攻击的对象，自然是围绕在牛僧孺周边的一群人物。对他来说，当然认为对方是"朋党"，自己则不存在"朋党"问题，所以才能如此义正词严地加以谴责。

但历史上却一直把他归为牛李党争中李党的党魁。孔平仲《续世说》卷一一《仇隙》曰：

> 牛李之党皆挟邪取权，两相倾轧，纷纭倾陷，垂四十年，文宗绳之不能去，尝谓侍臣曰："去河北贼非难，去此朋党实难。"杨嗣复、李珏、郑覃作相，屡争论于上前。李珏曰："比来朋党亦渐消弭。"覃曰："近有小朋党生。"覃又曰："近日事亦渐好，未免些些不公。"然嗣复、珏，牛党也；覃，李党也。德裕为相，指摘僧孺，欲加之深罪，但以僧孺贞方有素，无以伺其隙。德裕南迁，所著《穷愁志》引里俗"犊子"之识，以斥僧孺。又目为"太牢公"。其相憎如此。

孔平仲是宋代人。他对牛李二党的评价，因为已经隔了一代，不再含有功利的考量，态度趋于公正，但在介绍牛僧孺与李德裕的为人时，看来还是受到晚唐时期很多笔记作者的影响。

李德裕丑诋牛僧孺的话，因其所撰的《穷愁志》一书已经残佚，难得确证，但从李德裕周围一些人的笔记中，还是可以看到不少含有恶意攻击的文字。

刘轲撰《牛羊日历》，内云：

太牢早孤。母周氏，冶荡无检。乡里云云，兄弟羞赧，乃令改醮。既与前夫义绝矣，及贵，请以出母追赠。《礼》云："庶氏之母死，何为哭于孔氏之庙乎？"又曰："不为伋也妻者，是不为白也母。"而李清心妻配牛幼简，是夏侯铭所谓"魂而有知，前夫不纳于幽壤；殁而可作，后夫必诉于玄穹"。使其母为失行无适从之鬼，上罔圣朝，下欺先父，得曰忠孝智识者乎？作《周秦行纪》，呼德宗为"沈婆儿"，谓睿真皇太后为"沈婆"，此乃无君甚矣。

这种文字，辱及对方母亲，可谓不择手段。而他提及的《周秦行纪》一文，更是编造故事，罗织罪状，妄图置之于死地。有关此事，屡见唐宋人的记载，张洎《贾氏谭录》曰：

牛奇章初与李卫公相善，尝因饮会，僧孺戏曰："绮纨子，何预斯坐？"卫公衔之。后卫公再居相位，僧孺卒遭谴逐。世传《周秦行纪》，非僧孺所作，是德裕门人韦瓘所撰。开成中，曾为宪司所核，文宗览之，笑曰："此必假名。僧孺是贞元中进士，岂敢呼德宗为沈婆儿也！"事遂寝。

有关韦瓘其人与李德裕的关系，李德裕本人是否曾作《周秦行纪论》攻击僧孺，学术界颇多争议，殊难论定。[①] 然此事屡见唐末记载，如孙光宪《北梦琐言》卷一亦曰牛氏"先是撰《周秦行纪》，李德裕切言短之"，可知牛李党争中的流言蜚语和是是非非，在中晚唐政坛上仍然风波迭起。

---

① 参看王梦鸥《牛羊日历及其相关的作品与作家辨》，载《唐人小说研究四集》，台湾艺文印书馆1978年版。

《周秦行纪》纯为虚构，非纪实之作，这是不难看出的，所以今人称之为传奇。有些学者认为出于唐末人之手，则尚可再议。小说借牛僧孺之口称代宗皇后为"沈婆"，呼德宗为"沈婆儿"，唐末距此已久，也就没有多少现实意义，而且从贾黄中、孙光宪等人的年代来看，他们看到的东西，应当出于中晚唐才合适。由此推断，《周秦行纪》《周秦行纪论》等文，一定出于李党或是拥李者之手。

李德裕是否有党，近人也有争议。牛党中人也有持平之论。《东观奏记》卷上曰：

> 武宗朝任宰相李德裕，德裕虽丞相子，文学过人，性孤峭，疾朋党如仇雠。

此书作者裴廷裕的外叔祖李珏为牛党要人，书中对牛党中人时多美言，但对李德裕之为人的理解，可称正确，用笔也有分寸。他认为李德裕没有经营过什么朋党。《玉泉子》曰："李相德裕，抑退浮薄，奖拔孤寒。于时朝贵朋党，德裕破之，由是结怨。而绝于附会，门无宾客。"所述与《北梦琐言》卷三相契，亦与裴论符合。

过去研究牛李党争的专家中有一种意见，以为李德裕代表的是贵族高门，牛僧孺代表的是新进进士，即下层文士，二者之间还有那么一点阶级矛盾的意思。实则此说没有什么文献根据。唐人笔记中大量记载着李德裕奖拔孤寒，亦即为新进进士阶层中人打开仕宦大门的事例。《唐摭言》卷七曰：

> 李太尉德裕颇为寒畯开路，及谪官南去，或有诗曰："八百孤寒齐下泪，一时南望李崖州。"

则是李德裕对下层士人甚为关心，颇得进士阶层的拥护，这些在《云溪友议》等书中均有详细记叙。范摅又云：

> 或问赞皇公之秉钧衡也，毁誉如之何？削祸乱之阶，开孤寒之路；好奇而不奢，好学而不倦；勋业素高，瑕疵乃顾。是以结怨豪门，取尤群彦。

这种评价，可谓中肯。李德裕功勋卓著，但锋芒毕露，这就威胁到了宣宗的皇权，再加上宣宗与武宗有宿怨，至是迁怒于前朝宠臣，于是采取不正常的手段，将之远谪海南，牛党中人乃纷纷落井下石，发泄私愤。《南部新书》卷丁曰：

> 大中中，李太尉三贬至朱崖，时在两制者皆为拟制，用者乃令狐绹之词。李虞仲集中此制尤高，未知孰是。往往有俗传之制，云："蛇用两头，狐摇九尾；鼻不正而身岂正，眼既斜而心亦斜。"此仇家谤也。

阅读唐宋两代人物的笔记，有一个明显的不同，唐人笔记中，多是这种造谣污蔑的文字，尤其到了中晚唐时，更是层见迭出。例如牛党要人卢言在《卢氏杂说》中引时人所作的二诗，对李德裕大加贬斥，对他的失败持幸灾乐祸的态度，其中则又显示出作者对李德裕的遭遇所知甚浅，所叙南迁的路线都不符事实。

《贾氏谭录》曰：

> 李赞皇平上党，破回鹘，自矜其功，平泉庄置构思亭、伐叛亭。

李德裕的为人,体现出唐人重事功的特点,而在他这样一位贵族文人身上,表现得尤为突出。然因功高不赏,责罚过当,当时就有人为他鸣冤叫屈,后世也一直有人为他抱不平。只因李德裕的为人太丰富多彩了,功业、文章,全面发展,而又个性鲜明,嗜好多端,思想丰富而复杂,发扬蹈厉,颇有一往无前之势。这样的人物,宋代很难再睹。

《类说》卷一一引《芝田录》曰:"李太尉性简俭,在中书,不饮京城水,悉用惠山泉,时有水递之号。有僧曰:'水递有损盛德。'公曰:'末俗安有不嗜不欲者?某不求货殖,不迩声色,若止以水诛,其聚敛、广蓄声乐如何?'"《独异志》卷下则说:"武宗朝宰相李德裕奢侈极,每食一杯羹,费钱约三万,杂宝贝、珠玉、雄黄、朱砂,煎汁为之。至三煎,即弃其滓于沟中。"二说似乎各趋极端,未必是事实。但如韦绚在《戎幕闲谈序》中所言"赞皇公博物好奇,尤善语古今异事",则征之《酉阳杂俎》等书的记载,可证并非虚构。《北梦琐言》卷四曰:"唐朱崖李太尉与同列款曲,或有征其所好者,掌武曰:'喜见未闻言、新书策。'"凡此均可援引唐宋文献加以证实。

宋代士人,面目迥异,但"朋党"之说,仍然沿续。仁宗之时,范仲淹因不满宰相吕夷简的许多政治措施,对他的为人也有看法;和范仲淹一起进谏的,先后有其多位友人,内有余靖、尹洙等人,吕夷简对这些指责一一辩驳,反而控告范仲淹"荐引朋党,离间君臣",于是范仲淹被撤职,为之抱不平的余靖、尹洙等人一起遭贬。

朝廷中出现这么一件大事,担任谏官的高若讷却不主持公道,反而附和上级,于是欧阳修便上书高若讷,骂他"不复知人间有羞耻事尔",于是欧阳修也一起遭贬。

蔡襄作《四贤一不肖》诗,称赞范仲淹、余靖、尹洙、欧阳修的忠贞不屈;一不肖即高若讷,以为他不能坚持正道。其后苏舜钦又一次上书为范仲淹辩白,梅尧臣、石介等人则作诗对欧阳修表示声援,可见宋代那些身为士大夫的士人，确是表现出了与前不同的面貌，前仆后继，风骨凛然。知识分子参预政治活动，宋代可谓盛况空前，后来也难再睹。

欧阳修还作有《朋党论》一文，提出了一种新的观点，认为"朋党"是一个褒义词，因而一反过去的成说，以为小人没有朋党，只有君子有朋党。他以儒家的义利之辨为根据，认为小人见利忘义，利尽则交疏，故不能形成群体活动；君子"所守者道义，所行者忠信，所惜者名节。以之修身，则同道而相益；以之事国，则同心而共济。终始如一，此君子之朋也"。于是欧阳修要理直气壮地组织朋党，参与政治斗争。这是贵族政治下不可能出现的现象，只有在大批下层文士踏上政治舞台后才能出现。

欧阳修对吕夷简始终持鄙薄的态度，庆历三年（1043）吕氏罢相致仕，欧阳修上《论吕夷简札子》，认为"十四年间，坏了天下"。但阅读《宋史·吕夷简传》以及宋人笔记中大量有关吕氏的记载，可以看到，时人与后人对他还颇多美言，本书搜集的资料亦有反映。王应麟在《困学纪闻》卷一五中说："吕文靖为相，非无一疵可议。"然平心而论，长期担任政要的人要想做到"无一疵可议"，怕也很难。吕氏为人，可能比较圆滑，但还说不上狡猾；比较深沉，但还说不上阴毒。因此，《宋史》等传记中对他均有好评，后世亦然。赵翼《廿二史札记》卷二六《宋史·继世为相》中评曰："吕氏奕世勋猷，辉映史册，可谓极盛矣。"

哲宗之时，士人中又出现了很多"朋党"，如以程颐为首的洛党，以苏轼为首的蜀党，以刘安世为首的朔党。这些宋代著名人物，按照后世的评价，都应称为君子，很难称之为小人，因而不能纯用义利之辨来作区分。即以苏轼而言，若从政治家的标准来看，难称卓越，亦难充当党魁，但从他在文化建设上看，却是可以作为宋代文士中涌现出来的一颗明星。

苏轼在诗文方面的成就，人所共知，毋庸介绍；他在书画方面的成就，也有划时代的意义，沾溉后人至深。考索其思想，观察其为人，复杂多样，与前人迥异。如上所言，唐代的李德裕如可作贵族社会文士中的代表人物来看待的话，苏轼则可作平民社会中士人阶层的杰出代表。苏轼身上，已经看不出旧贵族的那套功架。为人处世，潇洒随意，不汲汲于功利。贾似道《悦生随钞》曰：

> 苏子瞻泛爱天下士，无贤不肖，欢如也。尝言："自上可以陪玉皇大帝，下可以陪卑田院乞儿。"

洛蜀二党中人的冲突，起因可能就在作风差异太大，彼此看不惯。司马光死后，如何安葬，在礼制的处理上就发生了矛盾。刘延世《孙公谈圃》卷上曰：

> 司马温公之薨，当明堂大享，朝臣以致斋不及奠。肆赦毕，苏子瞻率同辈以往，而程颐固争，引《论语》"子于是日哭则不歌"。子瞻曰："明堂乃吉礼，不可谓歌则不哭也。"颐又论司马诸孤不得受吊，子瞻戏曰："颐可谓燠糟鄙俚叔孙通。"闻者笑之。

张端义《贵耳集》卷上曰：

> 元祐初，司马公薨，东坡欲主丧，遂为伊川所先，东坡不满意。伊川以古礼敛，用锦囊囊其尸，东坡见而指之曰："欠一件物事，当写作信物一角，送上阎罗大王。"东坡由此与伊川失欢。

神宗之时这种新出现的党争，并非不可调和的利害冲突，相互之间的攻讦，没有什么造谣诽谤等卑劣手段。政见虽有不同，但时而还能说些公道话，例如乌台诗案中，朔党中人也对苏轼的身陷文字狱表示同情。

宋代还兴起了一种新兴的可以归入笔记类中的文体，即名儒的语录。世称刘安世为元城先生，马永卿《元城语录解》卷下曰：

> 先生尝言："子弟固欲其佳，然不佳者，未必无用处也。元丰二年秋冬之交，东坡下御史狱，天下之士痛之，环视而不敢救。时张安道致仕在南京，乃愤然上书，欲附南京递，府官不敢受，乃令其子恕持至登闻鼓院投进。恕素愚懦，徘徊不敢投。久之，东坡出狱。其后东坡见其副本，因吐舌色动久之。人问其故，东坡不答。其后子由亦见之，云：'宜吾兄之吐舌也，此时正得张恕力。'或问其故，子由曰：'独不见郑崇之救盖宽饶乎？其疏有云："上无许、史之属，下无金、张之托。"此语正是激宣帝之怒尔。且宽饶正以犯许、史辈有此祸，今乃再讦之，是益其怒也。且东坡何罪？独以名太高，与朝廷争胜耳。今安道之疏乃云："其实天下之奇材也。"独不激人主之怒？'时急救之，故为此言矣。"仆曰："然则是时救东坡者，宜为何说？"先生曰："但言本朝未尝杀士大夫，今乃开端，则是杀士大夫自陛下始，而后世子孙因而杀贤士大夫，必援陛下以为例。神宗好名而畏义，疑可以此止之。"

刘安世以为拯救苏轼的人如果提出"本朝未尝杀士大夫"的祖训，就可以保住他的生命，可见宋太祖的这条祖训确为士人的议政提供了良好的保障作用。由此可知，吕夷简和范仲淹的冲突，洛、蜀、朔的党争，虽然闹得沸沸扬扬，却并不造成严重灾难。因为他们议政之时，不再与宦官、藩镇等因素纠结在一起，也不会遭到意想不到的生命威胁，士大

徐波外集

夫可以畅所欲言，从容论道，这就为后世平民政治中的民主作风开启了一条新路，可惜在后来的一些世代中，这种新风没有得到正常的继承和发展。

参与政争的人物在品德上可以说是都没有什么根本的缺点，因此彼此还能保持一定的尊重，例如吕夷简与范仲淹、王安石与苏轼，争执时虽很激烈，然事过境迁之后，双方先后均释放善意，甚至情意绵绵，表示不涉及私憾。这在其他朝代的政治环境中是很难看到的。

综观有宋一代，北宋时有元祐党禁，南宋时有庆元党禁，也曾牵涉到许多著名人物的宦海沉浮。不同人物之间往往针对某一现象发生争议，大家对此看法分歧或趋激烈，但还不至于凭空捏造，其后果也不至于造成灾难，影响到宋王朝的命运。

苏轼的为人和成就丰富多彩，以是笔记中大量出现他的身影，他自己也留下了不少笔记性质的文字。

今传苏轼写作的笔记，有《仇池笔记》与《东坡志林》二种。据后人研究，这些著作并非作者生前手定，原先只是一些随笔，还未正式成书。因此，这些书籍应当出自后人的编纂，只是其中大部分的材料还是可信的。

由于苏轼名望特别大，几乎家喻户晓，后代的书商都想利用他的名声编成各种类型的书籍牟利。例如宛委山堂本《说郛》卷三四中有托名苏轼的《调谑编》一种，内有一些文字杂出宋人笔记，其真实性很成问题。明代赵开美刊《东坡杂著五种》，内如《渔樵闲话录》等，虽然书名早就见之于宋元人的著述，但其内容的可靠程度却大成问题。后人如欲依此研究苏轼其人，还得广求异说，辗转互证方是。

苏轼轶事的内容五花八门，数量庞大，在宋代人物中占很大比重，这里可以将搜集苏轼轶事的著作作一些比较。丁传靖《宋人轶事汇编》中，三苏的轶事共二百五十三则，居全书人物之首。颜中其所编的

《苏东坡轶事汇编》，则共收一千零七十五则。[①] 虽然各家采录时标准不一，上述统计数字难称确切，然仍可见苏氏轶闻之丰富。吾等今日重辑苏轼轶事，比之丁氏，容量要大得多；比之颜氏，则尽可能遴选其中可信而价值高者，容量介于二者之间。读者如能适量阅读苏轼轶事，对于深切了解这位旷世文豪，可以起到很大的参考作用。

这里仍应进一步说明，吾等今日编纂《宋人轶事汇编》，明示乃以人物事迹为主，有些名人生平中的大事，常是见于多种记载，宋人笔记又极为纷繁，势难一一征引。如"杯酒释兵权"事，尚见于丁谓《丁晋公谈录》、王曾《王文正公笔录》、王辟之《渑水燕谈录》（卷一）、邵伯温《邵氏闻见录》（卷一）等书，本书无法遍引。司马光《涑水记闻》中的记录，首尾周详，本书即列此文为首要材料，其他文献则有待于专家自行多方征引。

三、宋人轶事的保存和编纂

（一）宋人轶事有关文献的保存情况

唐人轶事的史料来源，如笔记、杂史、诗话等，时见散乱之病，往往出于后人编纂而非原作。流传至今者，大都出于明代书贾之手，或自宋元之后的总集或类书中摘引，因而离原貌较远。这当然与印刷术的发明与使用的情况有关。

自唐代起，中国即已发明印刷术，但要到唐末才逐渐发展起来，因为刻印技术与经济条件的限制，首先考虑付印哪些书，只能由具备行政权力、经济实力的官府、团体或个别文士来决定。他们当然先去刻

---

① 颜中其编注《苏东坡轶事汇编》，岳麓书社 1984 年版。

印正经、正史或宗教典籍,而像笔记类的书籍,一般就很少能顾及了。

而且唐代笔记类书籍的作者,社会地位一般都较为低下,想来经济实力有限,更是难以付之刊刻。因此,目下能够见到的唐人笔记,不见宋版传世之作,见之清人著述者,只有高彦休的《阙史》一书,清初尚有宋版传流,御定《全唐诗》的编者还曾从中摘引诗篇,只是其后也已失传。又如范摅的《云溪友议》《天禄琳琅续编》曾有著录,云是宋本,然今已不存。因此绝大部分的唐人笔记类著作,都是到了明清以后才有刻本传世。

唐人笔记小说中,有几种著名的著作,如《隋唐嘉话》,顾元庆本书尾注曰:"夷白斋宋版重雕。"则是此书曾在宋代刊刻。《幽闲鼓吹》一书情况类同,详情不明。而如《刘宾客嘉话录》,顾元庆亦据乾道间海陵卞圜刻于昌化县学的南宋本刻出,实则内容杂乱,不可信据。①《酉阳杂俎》的情况类同,因无宋代传世之本,内容难以细究。《剧谈录》等情况均如此。又如《朝野佥载》《刊误》《中朝故事》《开元天宝遗事》等书,据云均有影宋钞本传世,然均告亡佚,无法判断其所据者为何种本子。因为年代久远,传承不明,这些书的传世者均已很难确定是否完整地保存着著作原貌。

宋代笔记类的著作就要幸运得多。一些北宋名人的著作,如宋祁的《宋景文公笔记》、欧阳修的《归田录》、苏轼的《东坡志林》、苏辙的《龙川杂志》,都有宋本传世。南宋文士的著作,如陆游的《老学庵笔记》、岳珂的《桯史》等,也有刻印甚佳的本子流传至今。一些不太知名的文士的笔记,也有机会付之刊刻。我们只要阅读当今学者整理过的几种宋人笔记,就可知道这些本子往往有宋本为基础,因此流传有绪,窜乱较少。

---

① 参看拙著《唐代笔记小说叙录》内该书叙录,凤凰出版社 2008 年版。

其他宋代文献材料内,如杂史、诗话、类书等内容的著作,情况类同,大多有较为可信的版本传世,这就与唐人轶事著作流传的情况大不相同了。只是自南宋起,类书的编纂趋于草率,如果仅凭类书考索宋人轶事,得加倍小心。

(二)《宋人轶事汇编》丁传靖本评述

大家知道,民国时期曾有一部丁传靖编纂的《宋人轶事汇编》传世。该书是"从宋元明清约五百余种著述中辑录宋代六百余人的材料编成的"①,几十年来,曾为有关宋代文史的学界中人提供过不少助益,可以说是一部学术价值颇高的著作。但外界对丁氏其人与此书的编写经过,却知之甚少;有关此书的得失,也未见到过系统的论述。今日吾等新编《宋人轶事汇编》,自应对丁氏之作作些客观的分析,从而说明吾等何以要重起炉灶,编一本新著起而代之。

丁传靖(1870—1930),字秀甫,一字岱思,号湘舲、闇公,别号沧桑词客,又有鹤睫、鬼车子、招隐行脚僧等别号。他是清末民初江苏镇江的文史学家,出身于书香门第,家富藏书。他本想由科举晋身,然屡应乡试,未能中举。四十一岁时入都应礼部贡,亦报罢。而他早负才名,诗文俱佳,后乃屡就北洋军阀时期之幕职,任至大总统冯国璋的总统府秘书兼国史馆纂修,负责应酬诗文。晚年在北京与天津等地度过,结交者多清廷遗老与一时名流。其时他除热衷于参加诗社等活动外,仍笔耕不辍,著述繁多。词曲以《沧桑艳》《霜天碧》二传奇负时誉,长诗有《红楼梦本事诗》一卷为世所称,而在学术著作类中,要以这部《宋人轶事汇编》的影响为大。

---

① 中华书局 1980 年版的《出版说明》中语。

徐波外集

丁氏殁后，陈宝琛作《清副贡丁君闇公墓志铭》，①裔孙丁永选作《丁闇公传略》。今易见者，有江慰庐作《丁传靖年表》，南京师范大学古文献研究所将此《年表》与其他有关资料一起辑入《文教资料》中，可以由此窥知丁氏生平大略。②

《沧桑艳》传奇以吴三桂、陈圆圆二人为中心，叙明末覆亡时叛臣迎清军入关事，中以男女之间哀感顽艳之情节编织，容易引起一些遗老遗少的共鸣，故缪荃孙、樊增祥等人均交口称誉。其后丁氏将此剧作送与时称曲学大师的吴梅，请提意见，吴梅覆书云："就文而论，无可献疑，弟敢渎进一言于左右者，则以足下之才大，若范之以韵律而不逸于先正之规，虽玉茗、百子犹将敛手，而惜乎出之之易也。"③这也就是说，丁氏之作文笔虽佳，然就格律而言，可不能称为合乎规范。这或许也可以说是一些才子兼学者常见的弊病。创作上虽颇有华采，而在文体方面却往往出现不规范的地方。

《宋人轶事汇编》内常见的一种弊病，则是编者随意改动原文。

此书卷一"太祖"内引《随手杂录》曰：

> 太祖皇帝初入宫，见宫嫔抱一小儿，问之，曰："世宗子也。"时范质与赵普、潘美等侍侧，太祖顾问普等，普等曰："去之。"潘美与一帅在后，独不语。太祖问之，美不敢答。太祖曰："即人之位，杀人之子，朕不忍为。"美曰："臣与陛下北面事世宗，劝陛下杀之，即负世宗，劝陛下不杀，则陛下必致疑。"上曰："与尔为侄。世宗子不可为尔子也。"美遂持归。太祖后亦不问，美亦不复言。后终刺

---

① 载钱仲联主编《广清碑传集》卷一九，苏州大学出版社 1999 年版。
② 载《文教资料》1992 年第六期（总第 204 期）。
③ 载钱基博《现代中国文学史》上编《古文学》四《曲·吴梅》，世界书局 1936 年版。

史,名惟吉,潘凤之祖也。

覆核原书,知"不语"上无"独"字,"问之"上有"召"字,"朕不忍为"下有"也"字。"太祖后亦不问"为"其后太祖亦不问"。短短一段文字中,就有这么多字的出入,可见丁氏随手涂抹的严重。

又如卷八"富弼"内引《老学庵笔记》曰:

> 宣和初,景华苑成,移植于芳林殿前,画图进御。

按此文原出该书卷九,文曰:

> 凌霄花未有不依木而能生者,惟西京富郑公园中一株,挺然独立,高四丈,围三尺余,花大如杯,旁无所附。宣和初,景华苑成,移植于芳林殿前,画图进御。

两相比较,可知丁氏删削过甚,几致文义不明,读者难以领会。如此撰作,也就有损其书的学术价值。《宋人轶事汇编》中有好多条文不注出处,如卷二"韦后"内有如下一条,曰:

> 初,太后与乔贵妃同在郑皇后殿,相叙为姊妹,约先遭遇者为援引。既而贵妃先遭遇,遂荐太后,故二人相得。北狩,二人皆从。及金人归太后,贵妃乃举酒以劝曰:"姊姊此归,见儿即为皇太后矣。宜善自保重。妹妹永无还期,当死于此。"太后恸哭,贵妃亦哭。太后接杯欲饮,贵妃一手执杯而后缩,以一手止之曰:"未可,妹妹更有一语。"太后曰:"如何?"贵妃曰:"姊姊到快活处莫忘了此间不快活。"太后曰:"不敢忘今日。"贵妃方授杯,太后执

徐波外集

杯饮醲,大哭不止。天眷之在旁者皆哭。

其下一无出处,实则此文摘自《三朝北盟会编》卷第二百十一。又如卷三"高宗"下引文曰:

> 上每侍光尧,必力陈恢复大计以取旨。光尧曰:"大哥俟老者百岁后,尔却议之。自此不敢言。"

其下亦不注出处,实则此文出于《四朝闻见录》乙集。书中如此情况颇多,丁氏何以如此处理,读者很难理解。

丁传靖在《宋人轶事汇编》中的一些条文之内,时或加空格,说明本知出处,而又不便言明。如卷四"石熙载"名下加注曰:"子□□字表臣。"查丁氏年表,知其嗣父名中立,故此处乃避讳而不书。上文其下又有文曰:"杨大年方与客棋,石参政自外至,坐于一隅。"查此文原出《归田录》卷一,文曰"石中立自外至",此处亦避父讳而擅改。古人云"诗书不讳,临文不讳",作者著述之时确应多为读者考虑,不必恪遵古礼而尤过之。书中有些加上空框的地方,原文一时难以查到的,也就会增加读者的困难,甚至对材料的是否有残佚也难判断。

又丁书卷五"陈抟"名下引《后蜀纪事》曰:"孟昶时,舍人刘光祚献蟠桃核酒杯,云得之华山陈抟。"遍查诸家目录,均不见《后蜀纪事》一书,实则此条见于《类说》卷二十七引《外史梼杌》。

《宋人轶事汇编》中引用的有些书,实为异称,引用之时应该把原名标出,如卷六"张咏"名下曰:

> 傅霖尝与乖崖会于韩城,终夕谈话,邻有病瘧者为之不作。公每有书与傅,傅必先梦,故傅有句云:"剧谈驱夜瘧,幽梦得乡书。"

条文下注出处云《复斋漫录》。案此书即吴曾《能改斋漫录》，部分保存在《诗话总龟》《苕溪渔隐丛话》等诗文评总集中的文字，则用异称《复斋漫录》。上面提到的"张咏"一条，即为《苕溪渔隐丛话》后集卷一九所引。《能改斋漫录》卷一八《神仙鬼怪》中此则原名《谈驱夜瘧梦得乡书》。吴书常见易得，后人自当首先引用，不必由他书转引。丁书卷十二"黄庭坚"名下第一条文字曰："无己呼山谷为金华仙伯。"注出《复斋漫录》，实则此亦自《苕溪渔隐丛话》后集卷三一中引，然今本《能改斋漫录》已佚，或系《苕溪渔隐丛话》误引，丁氏引用之时应当有所说明。

与此相类，卷九"蔡襄"名下引《文献通考》引直斋陈氏语，有"余尝官莆"一条，叙蔡襄之孙佃为蔡京所抑，实则此文出于《直斋书录解题》卷一七《蔡忠惠集》三十六卷之提要。陈振孙书虽曾亡佚，然经四库馆臣从《永乐大典》中辑出后，已不难获得，径可根据原书引入，不必再从《文献通考》中转引。又此条文字之前有"蔡襄病革"一条，下注："续同书，不知引何书。"实则此文出自《泊宅编》卷中。书中时见此类失考之处。

至于有些事件，如太祖"杯酒释兵权"的轶闻，为影响宋代政局的特大事件，丁氏仅采记载有误且嫌后出的王巩《闻见近录》一种，不能不说是一大缺憾。

又此书承清人余习，引文不注卷数，如《文献通考》《三朝北盟会编》等典籍，篇幅巨大，读者无法查对与覆核原文，也是严重的缺点。

以上列举《宋人轶事汇编》中的一些不足之处，目的只在说明这类著作的时代局限。如上所言，丁氏综才人与学者于一身，而此书产生的年代，仍承前代遗风，从现在的眼光来看，在文献的处理上很不规范，每有任意删削或改动的地方。又加此书篇幅过大，丁氏以垂老之年一人为之，难免会有很多疏失之处。书中留下的许多缺憾，均可理解。因此，上述种种指正，目的只在说明时代变迁而呈现的不同要求，而绝非责备前贤。

一部著作，在学术界流行了将近一个世纪，推动了宋代文史研究的发展，这样的成绩，总的来说，还是应该予以足够的估量。

《宋人轶事汇编》卷五"寇准"名下有文曰：

> 寇忠愍为执政尚少，上尝语人曰："寇准好宰相，但太少耳。"忠愍乃服何首乌，而食三白，须发遂变，于是拜相。

下注《闻见近录》。丁氏下加案语曰："靖按：莱公太平兴国间登第，年十九，景德元年始拜相，计其时四十余矣。此条李心传《旧闻证误》已辨之。"可证丁氏学识甚佳，章法亦好。

吴梅晚年在金陵大学讲学时，也曾提及丁氏编纂此书的一些情事，云是丁氏仿古时学人处理材料的方法，置坛子数十个，然后将积储的材料分别投入各人名下。然而其时丁氏已进入晚年，或因老眼昏花，或系精力不济，时有投错坛子之事。书中有些张冠李戴的情况，就是由此产生的。关于书中提到的书名时见错误的情况，我在《唐人轶事汇编》的《前言》中已经提及，此处不再重复。

(三)《宋人轶事汇编》新编的筹划

全国高等院校古籍整理研究工作委员会成立之后，南京大学古典文献研究所在其支持下，随即承担了《唐人轶事汇编》的编纂任务。此书一九九五年正式出版后，得到广大读者的欢迎和好评，并于一九九九年获得了第二届全国古籍整理优秀图书奖一等奖的荣誉。其时继唐代文史研究的高峰之后，宋代文史研究也已进入佳境，程千帆先生随即与我商议，希望我所再接再厉，继续编写《宋人轶事汇编》一书，贡献于宋代文史学界。

程千帆先生是宋代文史学界的权威学者,他在使用丁传靖《宋人轶事汇编》的过程中,深感此书已经不能满足学术界的要求,以为我们可将编纂《唐人轶事汇编》的成功经验,应用到宋代文史研究中去,为学术界提供一种崭新的《宋人轶事汇编》。上海古籍出版社亦颇以《唐人轶事汇编》的成功协作为可行之举,立即与我联系,希望继续合作。只是《唐人轶事汇编》的三位编者,均为我古籍所内教学与科研上的骨干人员,此时任务日重,势难再花数年功夫来承担编纂任务,于是我与各界反复商议,决定重新组织队伍,从事这项新的工作。

最后落实,这一著作的具体编纂工作也由三人承担。其中葛渭君先生的情况较特殊,并不任职于文教单位,但他出身于平湖葛氏,乃一书香世家,因而精熟文史类的典籍,有《词话丛编》补编、续编、外编共一千万字行世。周子来先生为南京师范大学的教授,长期担任宋代文学的教学,于此自然研究有素。王华宝先生原为江苏凤凰出版社的编审,自 2012 年起,调任东南大学教授,对于古代典籍有广博的知识,且有埋头苦干的精神。三人先行积累资料,分别纂集,后由葛渭君集中纂成长编。自 1998 年起,这项工作持续达十五年之久。在这过程中,葛渭君承担的部分分量最大,付出的劳力最多,贡献尤为突出。周子来对初稿反复审读,写出了详细的审读意见,并负责"凡例"与"引用书目"的编纂。为了防止底本上文字的讹误和材料上的缺失,我又请南京大学文学院古典文献专业的博士生马培洁、赵庶洋、王东、温志拔、孙建峰等人与原书一一核对,发现问题后再行改正。王华宝则在全书的目录与引用书目的增补与考订上下功夫。我则负责人员分工,制订体例,规划工作进程,审读样稿,且向古委会申报立项,最后由我定稿。然我因年迈体衰,已不能一一躬亲细务,遂又请南京大学古典文献研究所严杰教授磨勘一过,多方加工,而在人物的年代先后与一些重要人物自身事迹的编排上,用力尤多。由此可知,此书之成,实赖众力。

《唐人轶事汇编》《宋人轶事汇编》二书的编纂,前后达二三十年之久,严杰均在其中出了大力。我自20世纪80年代起筹划这一系列的编纂,今以耄耋之年看到二书之成,有益于传统文化的发扬与传承,不胜欣慰之至。

《文心雕龙解析》前言

刘勰的生平

阅读《文心雕龙》，首先得对作者刘勰的历史有所了解。

刘勰的个人历史很简单，只有《梁书》的《文学传》中有记载，《南史》的《文学传》中也有同样的一篇传记，只是略有出入就是了。

进入 20 世纪之后，古代文学理论的研究空前繁荣，《文心雕龙》是古代唯一的一部体系完整的文论专著，这就吸引了众多学者的关注。20 世纪 60 年代，社会主义阵营发生分裂，中国强调独立自主，从而着力宣扬传统文化，《文心雕龙》开始得到重视。八九十年代，更是名家云集，著述繁富，其间产生了许多年表与年谱，对刘勰生平的每一个环节都进行了反复的推敲。初学者读过正史中的传记之后，进一步阅读各家论述，或许会感到头绪纷繁，难于把握。牟世金撰《刘勰年谱汇考》，集合诸家之说，申述个人考辨所得，值得参考。① 杨明照修订《梁书·刘勰传笺注》，又作了大量的考证，对刘勰的历史作了新的考察。② 张少康继起，拟订了一份简表，吸收了台湾学者的一些成果，加

---

① 牟世金《刘勰年谱汇考》，巴蜀书社 1988 年 1 月版。
② 首载《文学年报》第 7 期，1941 年；后经大幅改写，收入《文心雕龙校注》，中华书局（中华书局上海编辑所编辑）1959 年 1 月版；后经修改，发表于《中华文史论丛》1979 年第 1 辑；其后又作了大幅改写，载于《增订文心雕龙校注》本，中华书局 2000 年 8 月版。今即据《校注》本。

上自己的精密论证,又取得了很多新的成果。① 读者如欲了解刘勰的生平大事,可以参看张少康的这一新表。

上述几家的考证,对于恢复刘勰的历史原貌作出了贡献,但还不能说已可成为定论。因为有关刘勰生平的历史记载材料太少了,各家论证时,势必要有很多假设和推论,这就不可避免地会留下一些不确定因素。

李庆甲作《刘勰卒年考》和《再谈刘勰的卒年问题》,引用了几位宋元时期僧人撰写的佛教历史典籍,中有关于刘勰出家年代的记载;他还依据正史合传以传主卒年为序的惯例作出推断,又把刘勰的出家与萧统之殁联系起来,把刘勰之死定在中大通四年(532),这就把过去许多学者所定的年代延后了很多年。② 李庆甲在刘勰生平研究问题上起到了很大的推动作用,杨筻、张表就是在此基础上续作论证的。但是这种新说也有其根本的缺憾,因为僧徒的历史著作一般都不遵循中国史官的传统规范,常是为了扩大佛家影响而编造史实。中国正史的著述首重政治军事等方面的重要人物的事迹,文学方面的记载常嫌简略,著述态度也每嫌不够严谨,因此纯依《梁书·文学传》中人物的先后顺序考刘勰生平,也非绝对可靠。上述佛教历史典籍的产生年代上距齐梁已有五六百年之久,其中对萧统与刘勰的相关记载更是纷纭不一,遽难令人信从。穆克宏曾引其中的首出之作南宋释祖琇《兴隆佛教编年通论》之说,申论之曰:"这里,把昭明太子萧统的卒年定于大同三年,显然是错的。萧统卒于中大通三年。这段记载是先述萧统去世,然后旁及东宫通事舍人刘勰,并不是刘勰的变服出家是在萧统卒

---

① 张少康《刘勰及其〈文心雕龙〉研究》,见第一章《刘勰的家世、生平和思想》,北京大学出版社 2010 年 9 月版。

② 二文载《文心雕龙识隅集》,上海古籍出版社 1989 年版。

后。由于有的研究者对这段记载的误解，引起了许多讨论，实难以令人信服。再说，这段记载只是在《梁书·刘勰传》的基础上编写成的，编者并没有掌握任何新的资料，怎么能够提供刘勰卒年的新证据呢？没有新证据，又怎么能够得出新的结论呢？因此，关于刘勰的卒年，我仍然采用范文澜同志的说法。"①这种谨慎的态度，在《文心雕龙》研究者中也有其代表性。

新中国成立初期，人们研究历史人物时，首先关注其出身，因此刘勰到底出身于庶族还是士族，是低级士族还是高级士族，有人进行了探讨。② 随着历史学界对此深入研究，问题趋于明朗。③《梁书》本传上说："祖灵真，宋司空秀之弟也。父尚，越骑校尉。"说明刘勰出身于官宦之家。而据《宋书·刘秀之传》上的记载，他是刘宋开国君主刘裕最为倚重的大臣刘穆之的从兄之子，可以认为刘勰出身于一个显贵家族。有的研究者则注意到，《南史》上已把"祖灵真，宋司空秀之弟也"一句删去了。何以如此，情况确是很复杂，值得进一步探讨。或许刘勰一系为了抬高自家声价，与刘秀之一族硬拉上关系。六朝之时常见这种族谱作假之事。只是到了 20 世纪 70 年代，江苏镇江地区句容县发现了一方刘岱墓志，上面记载着刘氏的先世，与灵真情况相同，可证

---

① 穆克宏《刘勰生平述略》，原载《福建师范大学学报》1986 年第 2 期，还附入其所撰《刘勰年谱》；此文后又收入论文集《文心雕龙研究》中，鹭江出版社 2002 年 8 月版。

② 参看周振甫主编《文心雕龙辞典》中"各家争论说介绍"内"刘勰家世"部分，中华书局 1996 年 8 月版；张少康等著《文心雕龙研究史》第四章《当代的〈文心雕龙〉研究（下）》"关于刘勰的身世研究"，北京大学出版社 2001 年 9 月版。

③ 唐长孺对魏晋南北朝的社会结构有很深入的分析，可参看《魏晋南北朝隋唐史三论》中的前面部分。他在《魏晋南北朝史论拾遗》中的《读史札记》中对"素族"、"寒士"的分析，亦可参看。二书分列《唐长孺文集》第四卷、第二卷，中华书局 2011 年 4 月版。

《宋书》上的记载是可信的。刘勰应当出身于刘穆之、秀之等同一家族。五胡之乱，东莞刘氏由徐州东莞郡莒县（今山东莒县）迁至南方侨置的南徐州东莞郡治所京口（今江苏镇江），虽非最高层阶的士族，却也高官多见，属于层次稍低的士族。只是他与家族中人的关系似乎并不亲密，父亲又早殁，因无人援助，也就陷于窘迫了。

《梁书》上说他"家贫不婚娶"，何以如此，大家看法也不一致。有人认为士庶天隔，他家穷了，同一阶层中人不肯把女儿许配给他，又不好到其他阶层中去物色，只能陷于"不婚娶"的困境。有人则认为他已皈心佛教，故而不婚。这种事情很难说清楚。今日人们对这类问题作出的分析，大都是基于个人对当时社会的理解，认为情理上必然如此而作出的判断。但人在社会上存身，情况至为复杂，要想根据历史上的个别材料进行分析得出大家普遍认可的结论，很难。我们只能说，刘勰因父亲早死，家道中落，在婚姻问题上高不成低不就，也就难以解决。况且他在二十多岁时即已入居定林寺，置身宗教场所，周围全是"不婚娶"之人，也就会淡然置之了。

看来刘勰思想上一直存在着入世与出世的矛盾。他对佛教的信仰，可谓始终如一。除《文心雕龙》一书外，他还留下了《灭惑论》与《剡山石城寺造像碑》二文。① 据近人考证，《灭惑论》的写作当在齐代，是为批判道教中人提出的《三破论》而写作的。所谓"三破"，即"入国而破国"，"入家而破家"，"入身而破身"。僧徒剃掉父母生下的毛发，又不营家室，违背中国传统，因此《三破论》中攻击佛教徒的不婚娶有"绝

---

① 《灭惑论》载梁释僧祐编《弘明集》卷八，《四部丛刊》本。《剡山石城寺造像碑》全称《梁建安王造剡山石城寺石像碑》，载宋孔延之编《会稽掇英总集》卷十六，杨明照从清道光六年山阴杜氏刊本抉出，首载于《文心雕龙校注》，中华书局（上海编辑所）1959 年 1 月版。此碑残文见《艺文类聚》卷七六，题作《剡县石城寺弥勒石像碑铭》。

种之罪"。刘勰以为佛教的戒令自有其理由："妻者爱累,发者形饰,爱累伤神,形饰乖道,所以澄神灭爱,修道弃饰。"由此可见,刘勰对佛家教理也是信从的。他入定林寺后,一方面撰写《文心雕龙》,奉儒家思想为正宗,评判古今文章得失;一方面宣扬佛教教理,维护佛家宗旨。他在进入梁代王室系统的文士队伍之后,一直坚持二者并重的立场,只是随着处境与评论对象的不同各有侧重罢了。例如他在写作《文心雕龙》和在朝廷任职时,儒家思想自然上升至主导地位,而在写作《灭惑论》和各种有关佛教的碑志时,也就纯以信徒的身份出现了。

看来刘勰的家世对他深有影响。其上代均重建功立业,父亲早殁,未能升至要位,然位列四品,已经显示前途有望,说不定日后也能像刘穆之、刘秀之那样光耀史册。这种家族中的子弟,常是不甘沉沦而欲有所作为。《文心雕龙·程器》篇中说:"是以君子藏器,待时而动。发挥事业,固宜蓄素以弸中,散采以彪外,梗楠其质,豫章其干。摛文必在纬军国,负重必在任栋梁;穷则独善以垂文,达则奉时以骋绩。若此文人,应梓材之士矣。"这一番话,当是他本人有感而发的自白。他既不甘于"独善以垂文",希望能有"奉时以骋绩"的机遇,从他进入萧氏王室之后的经历来看,也曾作出过努力,然而并不如愿。

《梁书》本传上说:"天监初,起家奉朝请。中军临川王宏引兼记室,迁车骑仓曹参军……除仁威南康王记室,兼东宫通事舍人",后"迁步兵校尉,兼舍人如故"。这些任命中的记室之职,担任的是秘书一类职务,应是看重他善于文学的缘故。王室僚属中的秘书类官员每兼领军中职务,向军幕中的要职发展,刘勰担任的车骑仓曹参军、步兵校尉等职,与其上代担任的军中职务类同,但他未能由此"负重"而"任栋梁",最后还是只能"独善以垂文"而命世。

看来萧氏一门都很看重刘勰的文才。上一代人,临川王萧宏引为记室,建安王萧伟请他为佛寺撰写碑文。下一代人,南康王萧绩又引之为记室，昭明太子萧统则让他到东宫兼职，且历时颇久，"深爱接之"，而从传世文献来看，湘东王萧绎对他也很欣赏，《金楼子·立言》篇曰：

> 管仲有言："无翼而飞者，声也；无根而固者，情也。然则声不假翼，其飞甚易；情不待根，其固非难。"以之垂文，可不慎欤！古来文士，异世争驱，而虑动难固，鲜无瑕病。陈思之文，群才之儁也。《武帝诔》云"尊灵永蛰"，《明帝颂》云"圣体浮轻"，"浮轻"有似于蝴蝶，"永蛰"可拟于昆虫，施之尊极，不其嗤乎？①

　　这一段话，引自《文心雕龙·指瑕》，说明萧统兄弟都很重视刘勰的文学见解，萧纲、萧绎的文字中都有暗合《文心》的地方。

　　不过刘勰思想中的宗教成分还是太浓烈了。他在《文心雕龙》中尽力避免佛家教义的羼入，将之定格为宣扬儒家宗旨的一部学术著作，亦即"入道见志"的一部子书，但他在《论说》篇中纵论当前学界纷争时，也就提出"般若"之说来压倒"有、无"之辨了。这也说明，刘勰即使是在宣扬儒家义理时，还是不能忘情于佛理的宣扬。

　　因此，一旦梁武帝萧衍于天监十六年诏令七庙飨祭改用蔬果之后，刘勰随即上表陈请二郊的祭礼应与宗庙一致，改用蔬果，取代牺牲。此举得到了朝廷的认可，于此也可看到刘勰笃信佛家教义的态度前后一致，而这与萧氏王室中人的儒释相容的作风也一致。

　　正由于这种思路上的一致，刘勰常是来回于王室与寺院之间。天监七八年间，他受王家之命，返回定林寺，担任佛经方面的整理工作。

---

① 参看许逸民《金楼子校笺》卷四《立言篇第九下》，中华书局 2011 年 1 月版。

梁武帝"选才学道俗释僧智、僧晃、临川王记室东莞刘勰等三十人同集上定林寺,抄一切经论,以类相从,凡八十(八)卷"。① 一当僧祐去世,梁武帝萧衍又立即想到让刘勰回到定林寺去完成经藏编目的任务去了。

僧祐在萧氏皇室中享有至为崇高的声誉。梁武帝经常请他到宫中讲经,遇到佛学上的问题,佛事方面的处理,都要听取他的意见。僧祐晚年,患脚疾,行动不便,梁武帝让他乘舆入内殿为六宫嫔妃受戒。临川王萧宏,平南王萧伟、永康定公主均尽师资之礼。刘勰进入萧梁皇室文士队伍,得到上、下两代的接纳,应当与僧祐的引见有关。即以前时封为建安王的萧伟来说,分封的境内剡县发现了灵异之事,上报之后,朝廷随即命僧祐营造大佛,且由刘勰撰写碑文,即可见其因缘。萧统之母丁贵嫔亦崇信佛教,师奉僧祐,刘勰受到昭明太子的爱接,亦当与这层因缘有关。②

刘勰重回定林寺,宗教方面的情绪越发强烈,证功已毕,遂"燔鬓发以自誓","启求出家",可知其时他为宗教热忱所驱使,已陷狂热状态,于是他在人生的起点定林寺中以一名僧人的身份渡过了晚年。

刘勰研究基本史料之分析

我对刘勰的生平作了概括性的介绍,便于读者对此先有一些基本的认识,而不致多歧亡羊,无所适从。只是想要了解得深入,则还得作进一步的分析。

首先得对《梁书》和《南史》的性质作些介绍。

---

① 见唐释道宣《续高僧传》卷五《梁扬都庄严寺沙门释僧旻传》,大正新修《大藏经》本,第五十册,史传部二。

② 参看梁释慧皎《高僧传》卷十一《齐京师建初寺释僧祐》,汤用彤校注、汤一玄整理本,中华书局 1992 年 10 月版。

徐波外集

大家知道，《南史》是抄录宋、齐、梁、陈几朝史书而成的，又进行了大幅度的删节，增加了许多新的史料。从删节而言，或是认为无关紧要，或者只是为了减少篇幅。在刘勰传中删去有关刘秀之的记载，当是以为此事无妨大局，而他没有在刘勰传中增加一丝新的材料，却是耐人寻味。

李延寿在《北史·序传》中自云，他"从此八代正史外，更勘杂史，于正史所无者一千馀卷，皆以编入"，说明他曾在南朝的四种正史记载之外，补入了大量史料。从我们研究文史的人来说，《南史》中增入的"杂史"，很多属于笔记小说中的记载，尤应重视，因为其中常有涵义丰富的一些奇闻轶事。例如《江淹传》中，就记有他梦见张协向他索回一匹锦与郭璞向他索回五色笔之事，这些都是传颂千古的文坛嘉话，而"江郎才尽"这一典故，也一直为后人所惯用。

《梁书·五王列传》中，记叙王室中人的事迹多避忌，不能窥知究竟。《南史·梁宗室列传》上、下中则补入了很多珍贵的材料，可以说明刘勰出仕之后的那些事主为何等人物，从而可以逆探其时的处境。

《南史·昭明太子统传》中还记载，萧统葬母时为了风水方面的原因，埋蜡鹅厌祷而失欢于父，终至惭愤而卒。这事与刘勰晚年的去向也有关系，却不见于《梁书》中的记载。可知《南史》中所增补的史料，确是值得后人高度重视。

这就说明，研治魏晋南北朝文史的人，如将南朝几部正史与《南史》并读，自可从中得到启悟。

赵翼《廿二史札记》卷十有《南史增删梁书处》一条，曰：

> 《南史》增《梁书》事迹最多。李延寿专以博采见长，正史所有文词必删汰之，事迹必檃栝之，以归简净，而于正史所无者，凡琐言碎事，新奇可喜之迹，无不补缀入卷。而《梁书》本据国史旧文，

有关系则书，无关系则不书，即有关系而其中不无忌讳，亦即隐而不书，故行墨最简，遂觉《南史》所增益多也。①

吕思勉在介绍齐代萧子良之败时，以王融之死为例，纵论《南史》等书之史例，文曰：

> 《十七史商榷》曰："融乃处分至无不从命一段，《齐书》所无，《南史》所添也。描摹情事，颇觉如绘。但李延寿既知此，则下文西昌侯固争不得一句，亦《齐书》所无，延寿何意又添此一句乎？"案此可见古人史例，凡众说皆网罗之，虽相矛盾，亦不刊落，只待读者之自参。因当时行文通例如此，故不必更加解释。后人动以矛盾驳杂议古人，实非也。②

由此可见，李延寿编纂《南史》时广采异说，即使内容矛盾的材料也尽行纳入，而他所作的删节，却有不尽妥当之处。除赵翼外，王鸣盛在《十七史商榷》、钱大昕在《廿二史考异》中均曾多次指责其学识方面之不足，这些亦应引起后人注意。《南史》中对刘勰史实的处理，也是在不该删节之处作了删节，大家期待他有所加入时却没有任何增添。不过这事也可说明，其时有关刘勰的记录确实很少，即使喜奇好异如李延寿辈，也无法求得任何一点新的史料。

这里可对记录南朝历史的另一史书作些考察。唐肃宗时史家许嵩撰《建康实录》，对齐、梁之时的历代帝王及其臣僚均有记载，有些地

---

① 参看《廿二史札记》卷十《南史增删梁书处》《南史增梁书有关系处》、卷十一《南史增梁书琐言碎语》等条，王树民校证本，中华书局1984年1月版。
② 吕思勉《魏晋南北朝史》上册第十章《齐梁兴亡》第四节《齐治盛衰》，开明书店1948年10月版。

方还有可补正史之处，然无一字提及刘勰。书中对建康都城之内的寺宇也有记叙，仍无有关刘勰的任何记载。[①]

吾等还可注意的是，时人诗文中，均无有关刘勰的丝毫踪迹，可知他在文坛上虽有一时名望，却是很少有人与他交往。传世的典籍中，不见任何记载，只有僧祐《出三藏记集》卷十二《法集杂记铭目录序第十》中录有刘勰撰的《锺山定林寺碑铭》一卷，《建初寺初创碑铭》一卷，《僧柔法师碑铭》一卷；[②]梁代慧皎《高僧传》卷八《齐上定林寺释僧柔》、卷十一《齐京师建初寺释僧祐》、卷十二《齐上定林寺超辩》三人的传记中有"东莞刘勰制文"的记载，可与《梁书》上说的"为文长于佛理，京师寺塔及名僧碑志，必请勰制文"之说相印证。

种种事实说明，刘勰之于梁代文坛，当属落落寡合者。或许他的为人宗教色彩太浓，因而不易与大家融合吧。他在政务官上的经历，也就是做过"太末令"，但也未能由此步步升迁，展示其政治上的抱负。看来这也是因为他不太能适应官场的一套，因而只能博得一个"政有清迹"的结果。

这里可以附带一提的是，即使其时他在外地为官作宦，还是未营家室，或许仍是"妻者爱累"的思想在起作用吧。

刘勰为文长于佛理，对南朝文士擅长的吟风弄月，看来并不相合，这也使得他只能以"深得文理"见长，从而博得性格淳静而作风相合的昭明太子萧统的欣赏。

正像《文心雕龙》中所再三强调的，自刘宋之后，文学在向轻艳的方向发展。南朝本是一个处在急剧转型中的社会，风气越来越趋于浮

---

① 参看孟昭庚、孙述圻、伍贻业点校《建康实录》，南京大学古典文献研究所专刊本，上海古籍出版社 1987 年 10 月版。

② 梁释僧祐《出三藏记集》，苏晋仁、萧炼子点校本，中华书局 1995 年 11 月版。

靡,举目文坛,可谓滔滔者皆是。即使是老一辈的梁武帝,皈依佛教,然对江南民歌与古代情诗有偏好,留下了不少旖旎多情的诗歌与乐府。好古体的裴子野,和昭明太子关系深切的刘孝绰,也有言情之作采入《玉台新咏》之中。这些都与刘勰的情况大有差异,史料中从无刘勰与其他文士酬唱的踪迹。

总的看来,刘勰始终游离于齐梁这一阶段创作界的主流之外,因而没有留下任何诗文作品。即使在类书中,也不见有任何残文佚句。他的文章当然写得很好,《文心雕龙》就是以漂亮的骈文写成的,但在竞相创作流连哀思之作的文学界却没有留下踪影,看来这与他热衷于理论探讨,坚守儒家基本立场有关。浓厚的宗教背景,让他不能融合到文人队伍中去,但他的思辨能力,不但在佛学界博得了尊重,还得到了文人队伍中人的普遍认可,也博得萧氏王室中人的赞誉。

萧宏的愚妄贪顽,萧绩其时年岁尚小,不可能支持刘勰的发展,双方的思想作风差距太大。其间幸得好文学的昭明太子萧统的赏识,"深爱接之",才能使他的文才在世俗社会中有所呈现。①

《梁书》本传上说:"(《文心雕龙》)既成,未为时流所称。勰自重其文,欲取定于沈约。约时贵盛,无由自达,乃负书候约出,干之于车前,状若货鬻者。约便命取读,大重之。"按照清儒刘毓崧的考证,《文心雕龙》成于齐代。② 沈约之"贵盛",当在辅助梁武帝萧衍篡齐之后。因此刘勰献书沈约,当在梁初。刘勰前得文坛领袖沈约的发现,后得高层知音萧统的赏识,这应当是他在文学道路上最舒心的两件大事了。

---

① 参看曹道衡、傅刚《萧统评传》上篇《萧统的家世和生平》第四章《梁武帝诸弟侄及梁武帝对他们的态度》、第六章《萧统诸弟及萧统与他们的关系》,《中国思想家评传丛书》本,南京大学出版社 2001 年 12 月版。

② 刘毓崧《书文心雕龙后》,载《通义堂文集》卷十四,南林刘氏求恕斋 1920 年刊本。

刘勰的成长，始终与定林寺的主持僧祐有关。僧祐去世不久，梁武帝就想起刘勰，命令他重返这一宗教圣地，继续整理佛教典籍，编纂佛经目录，完成僧祐的心愿。值得注意的是，一代高僧僧祐的碑文也是由刘勰撰写的，可见他落发前后在佛学界的地位之崇高。

刘勰思想的时代特点

刘勰的思想，今人可能难以理解。他在《文心雕龙》中那么热情地宣扬儒家的宗旨，为什么还不能忘情于佛家的义理？这就得从南朝思想家的常见情况讲起。

《梁书·武帝纪下》叙萧衍生平，曰："少而笃学，洞达儒玄。"《南史·隐逸下·陶弘景传》上说："大同末，人士竞谈玄理。"这里是说梁武帝时玄风大盛，朝野风靡。颜之推身遭梁末亡国之痛，在《颜氏家训·勉学》篇中极言玄谈之弊，云是"直取其清谈雅论，剖玄析微，宾主往复，娱心悦耳，非济世成务之要也。洎于梁世，兹风复阐，《庄》《老》《周易》，总谓三玄。武皇、简文，躬自讲论"。《梁书·儒林·太史叔明传》："少善《庄》《老》，兼治《孝经》《礼记》，其三玄尤精解，当世冠绝。"刘勰正生活在这一段玄风日炽之时。他笔下所透露的复杂情况，可以帮助后人看清这一时期的社会动态，说明很多疑难问题。吾等自可从文史方面的多种不同角度进行解读。

汉末魏初，玄风开始形成。其时经过汉末数十年的动乱，前此的社会秩序已经难以维持，于是何晏、王弼等人引入道家之说，以此改造儒家思想。何晏作《论语集解》，征引汉代经师的成说，时而掺入老庄之学阐述孔门义理。王弼注《易》，更将儒道两家进一步融合，玄学的面貌开始清晰。《三国志·钟会传》附《王弼传》上说他"好论儒道"，而又尊孔子为圣人，说明玄学初起之时，仍尊儒家，把孔子放在首尊之位。刘勰在《文心雕龙》中的表现，有类于此。

时至齐梁，玄学仍在不断扩大其影响。尽管从其内在的义理而言，已无多大发展，但是融合儒、佛的程度却更为深广，在多种学术领域内均可发现其踪迹。锺嵘的《诗品》，刘勰的《文心雕龙》，山水诗的写作及其理论方面的总结，均可看到玄学在各种论题上的渗透。

南朝思想界也一直处在急速的转型之中。早期的一些士人崇奉儒学而又兼奉道释，他们的特殊作风，在一般人看来，有些感到怪异。时异势转，人们展示风貌的方式随之改变，一些惊世骇俗的作风，稍后些时，大家也会视为平常了。

史书上留下不少这方面的记叙。

《南齐书·张融传》载其临终遗令曰："三千买棺，无制新衾。左手执《孝经》《老子》，右手执《小品》《法华经》。"

《南齐书·周颙传》曰："……兼善《老》《易》，与张融相遇，辄以玄言相滞，弥日不解。"孔稚圭《北山移文》上称他"既文既博，亦玄亦史。……谈空空于释部，核玄玄于道流"。可见其作风与张融一致。

《南史·儒林·皇侃传》曰："尤明《三礼》《孝经》《论语》。……侃性至孝，常日限诵《孝经》二十遍，以拟《观世音经》。……所撰《论语义》《礼记义》，见重于世，学者传焉。"

《梁书·处士·何胤传》："既长好学，师事沛国刘瓛，受《易》及《礼记》《毛诗》，又入钟山定林寺听内典，其业皆通。而纵情诞节，时人未之知也，唯瓛及汝南周颙深器之。"

《陈书·儒林·张讥传》："讥性恬静，不求荣利，常慕闲逸。所居宅营山池，植花果，讲《周易》《老》《庄》而教授焉。吴郡陆元朗、朱孟博，一乘寺沙门法才，法云寺沙门慧休，至真观道士姚绥，皆传其业。"

《南史·隐逸下·马枢传》："六岁，能诵《孝经》《论语》《老子》。及长，博极经史，尤善佛经及《周易》《老子》义。梁邵陵王纶为南徐州刺史，素闻其名，引为学士。纶时自讲《大品经》，令枢讲《维摩》《老子》

《周易》，同日发题，道俗听者二千人。王欲极观优劣，乃谓众曰：'与马学士论义，必使屈服，不得空立客主。'于是数家学者，各起问端。枢乃依次剖判，开其宗旨，然后枝分派别，转变无穷，论者拱默听受而已，纶甚嘉之。"

刘勰的作风与上述诸人甚为相似，只是不像这些玄风卓著的名士那么怪异就是了。尤可注意的是，那位曾入上定林寺听高僧讲经的何胤，其经历与刘勰更为近似，只是刘勰更为耽于佛法，以致最后终老于佛门。

一些佛门中人的作风也与此相似，融贯内外，精通俗家经典。典籍中也有不少这方面的记载，今亦征引数例如下：

《高僧传》卷七《宋吴虎丘山释昙谛》："谛后游览经籍，遇目斯记。晚入吴虎丘寺，讲《礼》《易》《春秋》各七遍，《法华》《大品》《维摩》各十五遍。"

《高僧传》卷七《宋京师灵根寺释僧瑾》："少善《庄》《老》及《诗》《礼》。后行至广陵，见昙因法师，遂稽首一面，伏膺为道。游学内典，博涉三藏。……先是智斌沙门，初代昙岳为僧正，斌亦德为物宗，善《三论》及《维摩》《思益》《毛诗》《庄》《老》等。"附《昙度》："复有沙门昙度，续为僧主。度本琅玡人，善三藏及《春秋》《庄》《老》《易》，宋世祖、太宗并加钦赏。"

《高僧传》卷八《齐京师庄严寺释道慧附玄趣、僧达》："时庄严寺复有玄趣、僧达，并以学解见称。趣博通众经，并精内外，而尤善席上，风轨可欣。达少而头白，时人号曰白头达。亦博解众典，尤精往复。"

《高僧传》卷八《齐荆州竹林寺释僧慧》："又善《庄》《老》，为西学所师，与高士南阳宗炳、刘虬等，并皆友善。……吴国张畅经游西土，乃告慧而请交焉。"

《续高僧传》卷五《梁扬都庄严寺沙门僧旻传》："七岁出家，住虎丘西山寺，为僧回弟子。从回受五经，一闻能记，精神洞出，标群独秀。"

佛寺中的一些高僧也在宣讲俗家经典，刘勰自可栖身佛寺而写作《文心雕龙》。

齐梁之时，各种学术思想汹涌澎湃，汇为洪流，刘勰正是在这时代思潮中孕育成长的一位杰出人物。

如果说，早期的玄学重在儒道融合，后期的玄学则重在玄佛双修。与刘勰同时而稍后出的颜之推也呈现出了同样的特点。他在所著《颜氏家训·归心》篇中提出：

内外两教，本为一体，渐积为异，深浅不同。

"深浅"云云，当然是说佛教的义理为深，儒家的义理为浅。其理由是："原夫四尘五荫，剖析形有；六舟三驾，运载群生；万行归空，千门入善，辨才智慧，岂徒《七经》、百氏之博哉？明非尧、舜、周、孔所及也。"这也就是说，对于宇宙万物及其复杂现象的观察与分析，儒家不逮释典之精微，这和刘勰在《文心雕龙·论说》篇中讨论有无之辨时举出"般若绝境"来压倒儒道二家的态度是一致的。

但《颜氏家训》中的基本立场和著作宗旨，却是儒家思想，所以早期的书目，如《郡斋读书志》《直斋书录解题》等，都将它归属儒家类。颜之推撰此家训的目的，谆谆告诫子孙的内容，都是儒家主张的纲常和伦理。作为南朝著名的琅玡颜氏，维护他们家族的利益，是至高无上的，而立身持家，除儒家有丰富资源外，其他学派均无此类材料。佛家认为一切皆空，人生虚幻，家庭也应抛弃。而从文学方面来说，其时传入的佛经中只有部分关于对译佛经心得的材料，其他更无资源可挖了。

刘勰的情况类同。作为东莞刘氏家族中的一员，不能忘情于建功立业,只是成长之后,处境不顺,此心所寄,还在文学上面的建树,而文学方面的资源,理论上的论述,佛典中亦无可寻求。其他各家各派均无系统的学说可作根据。儒家学说作为中国思想领域中的主流,历经千年,已经将其他各家各派的可用因素吸收融合,刘勰作为一个没落中的世家子弟,从立身处世到文学理论方面的探讨,也只能以此为准则。最后归宿,自然奉行儒家经典而立论。

处在齐梁时期,不论从客观情势上考察,还是从主观因素来分析,作为世家大族中人的刘勰与颜之推,都会走上相同的道路:玄佛双修,在论文时则宗奉儒家。

正因颜之推的著作以儒家思想为主导,故在论及文体问题时,也有不少地方与刘勰的观点相合,如《文章》篇开端云:

> 夫文章者,原出《五经》。诏命策檄,生于《书》者也;序述论议,生于《易》者也;歌咏赋颂,生于《诗》者也;祭祀哀诔,生于《礼》者也;书奏箴铭,生于《春秋》者也。①

这种后代文体均出儒家《五经》的观点,和刘勰在《文心雕龙·宗经》篇中的看法如出一辙,而在论及当下文学变化时,也以典正为重,批判日趋浮靡的不良风气,可见二者之间存在着很多思想上的一致之处。

颜之推在《文章》篇中还猛烈抨击文人之无行,曰:

> 然而自古文人,多陷轻薄:屈原露才扬己,显暴君过;宋玉体

---

① 参看《颜氏家训》卷三《勉学第八》、卷四《文章第九》、卷五《归心第十六》诸篇,王利器集解本,上海古籍出版社1982年3月第一版第二次印刷。

貌容冶,见遇俳优;东方曼倩,滑稽不雅;司马长卿,窃赀无操;王褒过章《僮约》;扬雄德败《美新》;李陵降辱夷虏;刘歆反覆莽世;傅毅党附权门;班固盗窃父史;赵元叔抗竦过度;冯敬通浮华摈压;马季长佞媚获诮;蔡伯喈同恶受诛;吴质诋忤乡里;曹植悖慢犯法;杜笃乞假无厌;路粹临狭已甚;陈琳实号粗疏;繁钦性无检格;刘桢屈强输作;王粲率躁见嫌;孔融、祢衡,诞傲致殒;杨修、丁廙,扇动取毙;阮籍无礼败俗;嵇康凌物凶终;傅玄忿斗免官;孙楚矜夸凌上;陆机犯顺履险;潘岳乾没取危;颜延年负气摧黜;谢灵运空疏乱纪;王元长凶贼自诒;谢玄晖侮慢见及。凡此诸人,皆其翘秀者,不能悉纪,大较如此。

《文心雕龙·程器》篇中也有很多地方批评文士行为之不端。尽管二者对某些人物的看法有出入,例如刘勰对屈原的品德就有高度评价,但二人立论的基本精神却是一致的。

有一些人认为,像刘勰这样的理论家,可称千年难见的天才。《文心雕龙》是古代唯一一本"体大思精"的巨著,他的作者也应是与众不同的千古奇人。实则天才也生活于尘世,他也是其时时代潮流的一种产物。每一位历史人物,不论他在哪一个方面作出了卓越的贡献,他总是时代潮流中的一员,在他周围,总有一大批人在从事同样性质的工作,只是他在这方面更投入、更专一、更精到,因而作出的贡献更为巨大。这也就是说,我们研究刘勰时,也应把他放在中国学术史的长河中加以考察,探讨他与前代学术与其他方面的关系,看他吸收了前人与他人的哪些成果,还要把他与周围人作比较,看他作出了哪些突出的贡献,这样才能正确把握他在中国学术史上的位置,而不致将他视作遗世独立的一位超人。

《文心雕龙》研究中的儒佛之争

但刘勰之所以独超众类，应该具有一些他人不具备的条件，大家首先想到的，当然是他在学术领域中有一些与他人不同的背景。

一般认为，佛教的学理中思辨的成分要超过中国固有的各种学派。中土地区，儒家一直占有思想界的中心位置，同样无法与其相比。《文心雕龙》中呈现的思辨性之高，以及体系之完整，分析的透辟，都要超过前此的各种学术性著作。因此，很多学者认为，《文心雕龙》之成，当是受到了佛家学说的巨大影响。

一般说来，这种观点不会引起太多争议，因为刘勰本人自始至终一直生活在佛家学说的笼罩之中，只是刘勰在《文心雕龙》中却郑重提出，此书以儒家学说为宗旨，这就提出了一个难以调停的问题，后人应该尊重刘勰的自白呢？还是应该依据一些现代学者的观点，偏重后来传入的佛家学说？

魏晋南北朝时期，印度传来的佛学确是对中国的固有学术发生了巨大冲击，刘勰又始终与佛学结缘，因此后代学人自然应该对此加以关注。

范文澜引释慧远《阿毗昙心序》阐述《文心雕龙》的结构，云是"彦和精湛佛理，《文心》之作，科条分明，往古所无。自《书记篇》以上，即所谓界品也，《神思篇》以下，即所谓问论也。盖采取释书法式而为之，故能觇理明晰若此"。① 饶宗颐不同意这种意见，以为"刘氏文学批评的基本理论，可称为'神理说'"，而神的本体，即从佛学输入之后才成

---

① 范文澜《文心雕龙注》卷十《序志第五十》注（二），人民文学出版社1960年4月第一版第二次印刷。

为极重要的玄学论题的。他还从 A 徵圣的态度、B 文心的命名、C 全书的体例、D 带数法的运用四个方面进行考察,以为均与释氏思想有连带关系。① 王元化以为,像《文心雕龙》"这样有着完整周密体系的理论著作","倘撇开佛家的因明学对刘勰所产生一定影响,那就很难加以解释"。② 张少康强调刘勰所提出的"折衷",也与儒家、道家、玄学的方法论有关,但更为重要的是他所接受的龙树《中论》中的"中道观"的影响。③ 类似的理论很多,无法一一详列。

马宏山将这一问题推演到了极致。《文心雕龙·序志》篇中开宗明义地说:"盖《文心》之作也,本乎道,师乎圣,体乎经,酌乎纬,变乎骚。文之枢纽,亦云极矣。"马氏提出"其中一以贯之的是作为佛家思想的'道'。刘勰的指导思想是以佛统儒,佛儒合一","从表面上看,好像是儒释道三教并衡,但骨子里却只是佛家一家之'道'"。④

此说一出,引起了各界人士的关注,一些研究宗教学的学者也参与进来讨论。任职于中国社会科学院宗教研究所的佛学研究者孔繁对此提出了商榷,认为:

> 《刘勰传》说他长于佛理,其实他亦精通玄学,他所笃信的佛

① 饶宗颐《〈文心雕龙〉与佛教》,原载香港《民主评论》第 5 卷 5 期,今据张少康编《〈文心雕龙〉研究》,《20 世纪学术文存》本,湖北教育出版社 2002 年 8 月版。又饶氏撰《文心与阿毗昙心》,驳范氏之说,以为"其书体例实与释氏无关",文载北京大学《中国文艺思想史论丛》第三辑,今亦据《文心雕龙研究》本。

② 王元化《文心雕龙创作论·后记》,上海古籍出版社 1979 年 10 月版。

③ 张少康《擘肌分理,唯务折衷——刘勰论〈文心雕龙〉的研究方法》,载《学术月刊》1986 年 2 期;后在《文心雕龙新探》之二《〈文心雕龙〉的文学理论体系及其思想渊源》十四"折衷"论——论〈文心雕龙〉的研究方法》中发表了同样的见解,齐鲁书社 1987 年 4 月版。

④ 马宏山《论〈文心雕龙〉的纲》,载《中国社会科学》1980 年第 4 期,后收入其《文心雕龙散论》一书,新疆人民出版社 1982 年 5 月版。

理就是玄学化的佛学。……刘勰生活在玄学盛行的南朝,他本身又为士族中人,难免要受到玄风的熏陶,他在"文道"的关系上,是采用了玄学的体用观点。①

孔氏的这一结论,是在详细分析了《原道》篇的主旨后提出的,而他提出南朝的佛学为玄学化的佛学之说,汤用彤始发其端,很多宗教学者都已接受此说。

《文心雕龙》中首列《原道》《徵圣》《宗经》三篇,三者之间的关系又可用"道沿圣以垂文,圣因文而明道"来概述。这里的"圣",乃是"爰自风姓,暨于孔氏",明言此为儒家之道,而刘氏所说的"经",也有明白的说明,云是"自夫子删述而大宝启耀,于是《易》张《十翼》,《书》标'七观',《诗》列'四始',《礼》正'五经',《春秋》五例",正指孔门阐发后的《五经》。因此,从刘勰的自述中,完全可以确定"原道"之"道"乃儒家之道;况且根据范文澜后来作出的考察,刘勰在《文心雕龙》中严格保持了儒家的立场,拒绝佛教思想混进来。②

《序志》篇中,首言"昔涓子《琴心》,王孙《巧心》,心哉美矣,故用之矣"。说明《文心》一名,远有所承,受到前代著作的启发。全书五十篇,乃仿《易经》中的"大衍之数"而安排的。《序志》篇曰:"位理定名,彰乎大衍之数,其为文用,四十九篇而已。"说明全书的结构也是效法儒家经典而设计的。从头到尾,刘勰都在申说如何依据儒家学术而进行阐发,到了最后一段,叙述自己的治学态度和研究方法,则又提出"擘肌分理,唯务折衷",当然也是依据儒家学说立论的。

---

① 孔繁《刘勰与佛学》,载《中国社会科学》1983年第4期。
② 载《中国通史简编》修订本第二编第五章《长江流域经济文化发展——东晋和南朝》,人民出版社1984年8月第4版。

应该说，刘勰在《序志》篇中表明立场时所提到的儒家，所谓"圣人之文章"，当然是指先秦时期的儒家学术，但在《文心雕龙》全书中，经过刘勰阐发后的儒家学术，已是综合后代学者多方阐发后齐梁时期的当代儒学。正像上面所介绍的佛学一样，已是玄学化了的儒学。作为中国传统文化学术的核心，儒学在发展过程中为了适应后起社会的需要，也在不断变化之中，时而融合进其他不同学派的学说。例如到了汉代时，大儒董仲舒倡天人感应之说，就纳入了不少阴阳家说；到了东汉时期的今文家时，谶纬之说内又融入了不少民间信仰；到了汉末魏初，又与道家之说交相融会，从而形成了玄学。中国学术历经千年而从不中断，以儒家学术为主体，不断吸收其他学派的成果充实自身，到了魏晋南北朝时，又进而与释家之说相融合，吸收其中的新鲜因素而提高自己，从而形成新的风貌。

从刘勰的经历来说，他的学说之中受到佛学的影响，不但是可能的，而且可以说是必然的。上述各家对此进行的探讨，都有其价值，具有启发意义。但影响的问题却又往往难以具体说明。如果越俎代庖，把《文心雕龙》中的一句话、一段文字、一种论点与佛学中的理论一一对号入座，却常是流于词汇与论点方面的比附，难以做到切理厌心，有时还会显得凿枘难合，与刘勰的自述也不合。因此，我们研究《文心雕龙》时，应该首先尊重刘勰的自白。对佛学方面的影响，可在有把握的地方作出合适的提示，而不能仅限于自我申述。

在此还可附带讨论刘勰研究中常见的一种现象。

新中国成立之后，大家都要奉马克思主义毛泽东思想为准则，以此为研究各种问题的指针。马克思在《政治经济学批判导言》中提出的一种观点，曾在各种研究工作中发生过巨大影响。文曰：

　　资产阶级社会是历史上最发达的和最复杂的生产组织。因此,那些表现它的各种关系的范畴以及对于它的结构的理解,同时也能使我们透视一切已经覆灭的社会形式的结构和生产关系。资产阶级社会借这些社会形式的残片和因素建立起来,其中一部分是还未克服的遗物,继续在这里存留着,一部分原来只有征兆的东西,发展到具有充分意义,等等。人体解剖对于猴体解剖是一把钥匙。低等动物身上表露的高等动物的征兆,反而只有在高等动物本身已被认识之后才能理解。因此,资产阶级经济为古代经济等等提供了钥匙。但是,决不是像那些抹杀一切历史差别、把一切社会形式都看成资产阶级社会形式的经济学家所理解的那样。人们认识了地租,就能理解代役租、什一税等等。但是不应当把它们等同起来。①

中国文学理论界也由此得到启示。大家要想彻底了解古代文学理论(包括《文心雕龙》),就得先学好当代马克思主义的文艺理论。这种指导思想很早就已传入中国,信奉马克思主义的人无不熟悉,上一世纪五十年代至九十年代的知识分子受此影响极大。

学术界普遍认为,刘绶松的《〈文心雕龙〉初探》是运用新观点和新方法研究该书的标志性文字,其中的一些主要观点,如确认刘勰根据儒家进步的文艺思想建立了"接近现实主义的文学理论",反对当前"内容上的颓废主义和形式上的唯美主义",通过宗经复古来达到革新的要求,追求思想内容的健康和形式技巧的完美,而且达到二者的辩证统一……都是面目一新的提法。② 考察全文,可知作者对刘勰的学

---

① 马克思《政治经济学批判·序言·导言》,中共中央马克思、恩格斯、列宁、斯大林著作编译局译,人民出版社1971年4月版。
② 刘绶松《文心雕龙初探》,载《文学研究》1957年第2期(6月)。

术渊源没有什么深入的了解,只是运用了很多近代文学理论上的名词术语,按照本人的理解,将刘勰思想与南朝人的作品一一归入"现实主义""颓废主义""唯美主义""思想内容""形式技巧"等范畴中去。这样的研究方式,其后一直成为学术界的主流,即使是在改革开放多年之后的今天,仍然如此。后来的一些研究者,对中国文学的特点付予更多注意,但总的看来,有的人就难以摆脱现成的理论框架,多少总有一些将刘勰的理论分解作现代理论的取证材料的缺憾。

考察中国历史,前后有两个时期受外来文化的影响特别巨大。魏晋南北朝至唐代,受印度文化的影响特别巨大,五四运动前后,则受欧洲社会主义运动的影响特别巨大。1949 年之后,政权更替,标举的是马克思列宁主义;中苏分裂之后,首先强调的是毛泽东思想,毛泽东思想追求中国化,与原先的马列主义理论也就有所不同了。例如原先的理论首先讲的是"文学的形象"问题,后起的理论讲的是文学与政治的关系,强调文学要为政治服务。

清末民初,中国开始感到欧风美雨的强烈冲击,一些学者回顾前尘,也就特别强调印度文化的巨大影响,而如陈寅恪等人,则提出一种所谓中国文化本位的观点。[①] 他们以为中国历经千年而兀然树立,传统文化生生不息,具有不断吸纳外来文化的能力,使之成为培育自身滋长的营养。中国几千年来的历史从不中断,衰而能振,就因具有这种内在的功能,往后中国文化的发展,仍将如此。应该说,这在知识分子群中也是一种有代表性的论点。

---

① 参看陈寅恪《冯友兰〈中国哲学史〉下册审查报告》,原载冯友兰《中国哲学史》下册,1933 年;今据《金明馆丛稿二编》本,《陈寅恪文集》之三,上海古籍出版社 1990 年 10 月版。参看钱穆《东西文化之再探讨》,原载华西大学《华文月刊》第 1 卷第 2 期(1941 年 6 月),收入《文化与教育》一书,今据《钱穆作品系列》本,生活·读书·新知三联书店 2009 年 10 月版。

一些国外学者常把外来影响过度夸大，例如荷兰学者许理和就把他研究中国佛教的一本书命名为《佛教征服中国》。① 这书影响颇大，然而中国学者似乎没有全然接受，绝大多数的佛教史著作中，仍把印度传入的佛教视作一种新鲜成分，其时思想领域中的一些著名人物，融会贯通之后，将之纳入玄学的范畴，从而称之为玄学化的佛学。即使是精通"三论"的名僧僧肇等人，仍然不能彻底摆脱玄学的影响。这段历史，也就是佛学中国化的过程。经过唐代的禅宗，到宋代的理学，这段融合的过程才算是告一结束。有关这样的研究，论者甚多，兹不赘述。

如果借用这种观点，那是否可以说，刘勰在《文心雕龙》中所体现的，正是一位中国文化本位的坚持者的形象。他开宗明义，宣示以儒家思想为准则，书中从头到尾，标举的是儒家的义理。如前所说，他依据的是南朝时期的儒学，涉及带有宗教意味的有无之辨时，也不忘他同时信仰的佛学，但在论文时，则坚持儒家宗旨。因此他的理论，是吸收了各种不同学派的有用元素，进行融合之后的成果，即齐梁时期玄学化了的儒学。这里所呈现的，是中国文化的一脉相承而没有什么不协调的中外凑合。

沿着阅读、思考、研究的正常途径学习与提高

《文心雕龙》毕竟是产生在一千五百多年之前的一部古书，文字艰深，内容深奥，要想读通，也不容易。

刘勰生活的年代，南北分裂，时局混乱，写作《文心雕龙》之时，当

---

① 许理和著，李四龙、裴勇等译《佛教征服中国——佛教在中国中古早期的传播与适应》，江苏人民出版社 2003 年 8 月版。

在齐代。书中待解的重要问题,大部集中在东晋之后,也就是历史上所说的南朝。彼时文风崇尚绮艳,文士创作好用美文,刘勰就是用当时风行的骈体写成的。

骈文在形式上有明显的特点,文字讲求对偶,多用成语典故,还要协调声律,这是与散文显著不同的地方。对于这些时人普遍关注的美感因素,刘勰撰有《丽辞》《声律》《事类》等文详加讨论,并且提出了精辟的处理意见。对于文学方面的一些传统问题,如比兴、章句、鉴赏,又有《比兴》《章句》《知音》等文加以讨论,而于其时文化领域中产生的一些新范畴,如风骨、势、味,则撰《风骨》《定势》《隐秀》等篇予以阐发。这些深奥的理论,即使今人运用当下的语体文来阐述,也难做到通顺畅达,切理厌心;刘勰用骈文加以表达,文字挥洒自如,仍能做到理无不畅。只是吾人在时隔千载之后想要完整地加以把握,却已非易事。

中国知识界,自从用白话文代替文言文之后,随着时间的推移,后来的人阅读古籍越来越感到困难。民国之后的学生,阅读《文心雕龙》时已经难以应对;新中国成立之后的学生,情况更为严重,学术界必须积极应对,解决青年学子的阅读问题。

上世纪六十年代之后,由于上级号召建设中国式的马克思主义文艺理论,用毛泽东思想统率一切,一些老专家也竞相投入到古代文学理论的教学中去。他们针对学生阅读古籍的现状,竞相采取白话翻译的手段,以期降低《文心雕龙》的难度,加快此书的传播。就在这一高潮中,出现了不少《文心雕龙》的今译本。因为社会上有此需要,这一势头至今仍未稍减。

现在看来,这些译本的水准高下不等,但对扩大《文心雕龙》的影响,或多或少起到了积极作用。然以高标准来要求,则还难以说是取得了完美的成绩。通过阅读今译本来学习《文心雕龙》,对于学生来说,也是有利有弊,有得有失。

这里可对翻译这一特殊文类作些考察。

阅读国外学者的著作，或是境内其他民族学者的著作，因为语言系统不同之故，语法、词汇等方面都有很大的差异，翻译起来很不容易。蕴涵在语言文字中的民族特点，不同文化所呈现出的特有情味，难以完美地传述。因此，尽管从事这项工作的人无不黾勉从事，然而面对其中的甘苦，一些难以全然克服的困难，却又时而感到困惑与无奈。

魏晋南北朝时佛学大盛。佛学来自印度，其中一些经典用梵文写成，译为汉语，困难重重，动多障碍，即使是大慧高僧，也会感到力不从心。这一时期在佛经翻译事业上作出很大贡献的鸠摩罗什就曾发表过如下感慨：

> 初，沙门僧叡，才识高朗，常随什传写。什每为叡论西方辞体，商略同异，云："天竺国俗甚重文藻，其宫商体韵，以入弦为善。凡觐国王，必有赞德；见佛之仪，以歌叹为尊。经中偈颂，皆其式也。但改梵为秦，失其藻蔚，虽得大意，殊隔文体。有似嚼饭与人，非徒失味，乃令呕哕也。"①

《文心雕龙》的今译问题当然不会这么严重，绝大多数的译本都能做到文从字顺，起到传情达意的作用，不过要想说是中间一无问题，怕也未必。

古汉语与现代汉语之间，因系同一语系，当然不会像梵文转译成汉文那么困难，只是《文心雕龙》传流至今已逾千年之久，词汇方面的变化，显而易见；语法方面的变化，似乎小些，而自上两个世纪开始，随

---

① 载《出三藏记集》卷十四《鸠摩罗什传第一》。

着西方文化的不断传入，中国人的语言中也融入了不少洋腔洋调，因而在语言的表达方式上也发生了很多变化。这些变化，都是在潜移默化中进行的，只要你拿清末民初的一些文字与当下的文字相比，就可发现其差异。由此可知，魏晋南北朝时的文章，译成现代汉语，说起来只是一个文言改为白话的问题，实则语言结构与内在的诸多要素已有很多不同，要想完美地重新复制，无疑有其难度。

《文心雕龙》是用骈文写成的，这种文章过去叫做美文。魏晋南北朝人追求风雅，语言潇洒清丽，翻译成通俗的白话作品，在情趣的表达上也就有其难度。现代学人已难通过转述来展示前人的神韵。

从翻译来说，还有一个直译和意译的问题。一般认为，直译忠实于原著，读者易起信任感。但骈文中的成语典故，如果一一对译，也会显得生吞活剥，诘屈聱牙，难以达到流畅自如，美文也就不美了。于是大多数的译者采用意译，或以直译为主而参以意译，这样做，又难避免将今人之意掺杂其内，因为经过译者大脑的加工，再加以表达，已经融入译者之意，也就难以和《文心雕龙》中的原有之意全然切合。

每一个人都生活在其特定的年代，都有一套习惯性的表达方式。新中国成立之后的古代文论研究者，无不受到斗争哲学的影响，因此他们翻译《文心雕龙》时，如果认准了其中哪些地方在批判形式主义文学或不良文风，也就会激发起斗志，语调自然会显得高昂起来。六朝人写作的骈文，呈现的是当时的情趣，即使是在抒写自己的理论观点，也多委婉顿挫，周折多姿。今日要想把这种情调表达出来，确是有其难度。

总结上言，可知做好《文心雕龙》的翻译工作也绝非易事。

我这么说，并非认为《文心雕龙》的今译工作无法进行。世上自有高手，于此已经取得不少成绩，也为普及古代文学知识作出了很大贡献。我只是认为，中文系的学生，中国古代文学的爱好者，就不能依赖

《文心雕龙》的今译本来学习与研究,他们应该直接阅读《文心雕龙》原文,品尝此书的原汁原味。学生读通原著之后,还应常加讽诵,体察其中句式、对仗、声律等方面的妙处,这样才能进一步领会刘勰的文笔之佳。

读书应该循序渐进,大家在读懂原文的基础上进行思考,才能独立自主,培养起自己的看法和主张,而不致背离《文心雕龙》原意,将古人现代化。

如何阅读与学习,当然各人自有其主张,这与每一个人的经历有关。根据我自己的体会,学习《文心雕龙》时应该注意如下几点:

一是懂得题目的涵义。刘勰为这五十篇文章取名,花了很多心思,这里牵涉到了历史传承、时代风气和他个人的独特贡献,读者如能细加辨析,掌握其中涵义,也就抓住了文章的要领,认清该文在历史上的地位。

二是分清文章的层次。《文心雕龙》中每一个论点的展开,作者都从不同角度加以考察,有条有理地加以论证,逻辑性很强。然而由于骈文的表达方式自有其特点,读者往往对行文脉络难以掌握,这就要求我们厘清文章的层次,联系文章前面的题目和后面总结性的赞语,也就可以觉察每一篇文章都已做到浑然一体,这样才可以说是读通了原文。

三是掌握骈文的特点。骈文的表达方式,从运用材料到构词造句,和散文有很大不同。读者对这些方面的问题不断加深领会,也就会增加文史方面不少实际知识,领略到魏晋南北朝文学的奇光异彩。记住这些文史上的基本知识,对于日后的学习,会有很大好处。

刘勰对骈文的分析,不论构思、写作、修辞或其他方面,都是在对我国的文学特点作深入的阐发,读者如能从中有所启悟,则对祖国的语言文字之美更能有所感受。

我在讲授《文心雕龙》这一课程和对此书进行研究时,就对上述几个方面特加关注。这本《文心雕龙解析》,可以说是通过不断积累而取得的一份成果。

阅读、思考、研究，这是一条正常的发展道路。我在书中附入了多篇思考与研究论文，正是在教学中有了新的体会而提炼出来的不太成熟或较为成熟的一些心得，故附相关篇章之后，藉以展示我学习的全过程。个中得失，亦可供大家参考。

这些文章中的文字，或与原先发表的文字有所不同。因我写成文章之后，总是反复修改，即使那些发表过的文章，也常作改动。因此，收在这里的一些探讨《文心雕龙》的文字，可以视作最后定稿。

《文心雕龙》的版本与校勘

读古书，要讲求校勘，这是因为文本如有错误，则依此阅读，进行钻研，非但白费功夫，还会得出错误结论，贻笑大方。

《文心雕龙》之成，已经历时千年，传留下来的本子很多，有钞本，有刻本，哪一种本子接近刘勰原著的本来面貌？就得广求众本，相互比较，精心校雠，尽可能地让经过整理的本子接近于《文心雕龙》的原貌。

早在清光绪末年(1907)，匈牙利人斯坦因(Stein M. Aurel)从敦煌石窟中取走了《文心雕龙》的一幅长卷，首起《原道》，尾迄《谐讔》，中间共有十三篇全文，今藏伦敦大英博物馆，编号5478，Giles新编号为7283。根据众多学者的研究，认为这是一种唐初的钞本，上距齐梁之时不远，当然价值很高。① 自清末传入中国后，一直引起各方学者的关注。只是由于早期摄制技术方面的不足，国内学者看到的卷子甚为

---

① 张涌泉《敦煌本〈文心雕龙〉抄写时间辨考》以为"该卷的抄写时间当在睿宗朝或睿宗朝以后"，"尤以睿宗朝抄写的可能性为大"，载《文学遗产》1997年第1期。

模糊,因此各家进行的校勘未能达到完善的境地,一些《文心雕龙》的专家也就不能充分利用这一珍贵的材料。1970年,潘重规亲赴大英博物馆中的东方图书室观看,携回用新技术照下来的本子,图片也就清晰很多。潘氏于同年用新亚研究院名义出版,学界始能较方便地使用这一材料。①

潘重规在唐人写卷的俗字研究上造诣很深。因此,他在识别文字上贡献很多,但他提供的毕竟只是一份残卷,而且未及利用各种版本进行校勘,他的贡献,也就限于唐钞卷子本身的整理。

到了1980年前后,上海图书馆所藏的元至正本《文心雕龙》由上海古籍出版社影印出版,引起学术界的注意。此书原藏朱学勤结一庐,清代学者未加利用,直到中国步入改革开放之后,学术界始回归正常轨道。1984年,复旦大学举办"中日学者《文心雕龙》研讨会",上海古籍出版社遂将这一善本先后用线装、平装两种形式印刷出版,大家才能方便地使用此书。

随着中华书局将宋刊本《太平御览》等类书一一重行推出,学界的视野大为拓展。凭借这些有利条件,《文心雕龙》领域中的校勘水准有了进一步的提高。

清代学者研究《文心雕龙》时,大都依仗黄叔琳的校本,《四库全书》著录的就是这一本子,然馆臣对之评价不高。这是因为其时朴学还处在起始阶段,没有多少名家投入。黄叔琳只是藉其政治地位,让众门客用明代梅庆生本、王维俭本加工而成。清代朴学兴盛之时,学界首重经史之学,虽有郝懿行等人开始投入此书校雠,多数名家还不愿在诗文评上下功夫。这就在很长的一段时间内没有出现高水准的整理本,致使杨明照于新中国成立之初出版《文心雕龙校注》时,还只

---

① 潘重规《唐写文心雕龙残本合校》,香港新亚研究所1970年9月版。

能以黄叔琳的这一养素堂本为底本。

20世纪下半期前后，善本易得，先后也就出现了几种校雠水准很高的本子，只是如何对此进行鉴裁，还可再作一些分析。

老一辈学者整理古籍时，都懂得先行校雠的道理，然因各人情况不同，工作做到什么程度就会有很大出入。像郭晋稀注释《文心雕龙》，起步很早，本人早年受业于曾运乾、杨树达等湖南名宿，小学方面有很高的修养，然因条件的限制，未能访求各种善本做好先行工作。①

现在看来，在《文心雕龙》的校勘工作中应以王利器、杨明照、詹瑛三家的贡献为最大。三家之中，尤以王、杨二氏为善。詹氏下的功夫很深，但偏于综合他人成果，个人创见较少，而詹著卷首的《〈文心雕龙〉版本目录》介绍各种不同版本颇为详细，大都经过目验，于此很费心思，有其参考价值。②

王利器作《文心雕龙校证》，尚在民国时期任教北京大学时。他充分利用了学校图书馆和北京各大图书馆的丰富藏书，潜心学术，广泛参考前人研究成果，自云见到的版本就有二十馀种，这是其他学者难以做到的。此本获得大家的首肯，确有他人难以企及之处。③ 杨明照作《文心雕龙校注》，着手之时尚在燕京大学求学。此书之最后取得完

---

① 郭晋稀《文心雕龙注译》，甘肃人民出版社1982年3月版。

② 詹锳《文心雕龙义证》，上海古籍出版社1989年8月版。

③ 王利器《文心雕龙校证》，上海古籍出版社1980年8月版。按王氏此书于上世纪四十年代完成时名《文心雕龙新书》，北京大学向巴黎大学北京汉学研究所推荐，编为《通检丛刊》第十五卷，与《文心雕龙新书通检》于1951年7月与1952年11月先后刊出。《文心雕龙新书通检》为吴晓铃所编。参看朱文民《〈文心雕龙新书通检〉及其作者之谜》，载中国文心雕龙资料中心、中国文选学资料中心编辑《消息交流》2012年第2期（总第26期）。由于历史的原因，《文心雕龙新书》与《新书通检》都未能在社会上广泛流通，后书更少为人所知。

善,得益于改革开放之后,他在四川大学的支持下,前往京沪地区的各大图书馆访求善本再行加工。这时的处境,当然有其优于王氏之处,但也难说定能超过王氏当年的条件。不过杨氏之作定稿迟于王氏之作将近半个世纪,以杨氏的学养,自有后出转精之处。因此,读者选择校勘后的文本,或可首先考虑王利器的《文心雕龙校证》,再用杨明照的《增订文心雕龙校注》和《文心雕龙校注拾遗补正》覆核一下,也就可以放心得多。① 例如《时序》篇中有句云:"有虞继作,政阜民暇,'薰风'诗于元后,'烂云'歌于列臣:尽其美者,何乃心乐而声泰也。"范文澜《文心雕龙注》从"乃"字处断句,"何"字属上,杨氏在《补正》中列举《史记》、《汉书》、汉代子籍与《世说新语》等处的例句,说明"何乃"连文,乃古时常用句式,这就纠正了前人的常见错误。又如《诠赋》中有"士衡、子安,底绩于流制"之句;《时序》篇中,有"于是王褒之伦,底禄待诏"之句,杨氏均详引先秦经典,说明"底"乃"厎"字之误。这些地方都对恢复刘书原貌有其贡献。而他之所以能够取得这样的成绩,与他长时期地反复进行注释上的加工,极度熟悉前代文献有关。这是杨书超过以校见长的王著的地方。

牟世金对《文心雕龙校证》的校勘成果也评价甚高,但对其运用唐本方面,还是存在着疑问,因为其中有的校勘说明与今天看到的唐写本《文心雕龙》残卷出入颇大。这或许是王利器在印行新版时,还是沿用了几十年前的那本《文心雕龙新书》的成果。② 王氏在二十世纪四十年代从事校勘工作时,所能看到的,只有那一种早期传入的残卷,限

---

① 杨明照《文心雕龙》方面的著作数量多,翻印的次数也多,可参看李平等著《〈文心雕龙〉研究史论》第五章《论杨明照的〈文心雕龙校注〉》,黄山书社 2009 年 10 月版。

② 参看牟世金《文心雕龙研究》第一章《绪论》第二节《〈文心雕龙〉研究的回顾与展望》中的相关论述,人民文学出版社 1995 年 8 月版。

于当时条件,像赵万里等人所作的校勘,都留下很多错误。① 看来《校证》出版时,王氏没有求得潘重规的新本加以订正。我在为《文心雕龙解析》正文定稿时,复核王书,也看到很多地方王氏未用新印出的唐写本加以订正,牟说可信。

基于上述原因,我在整理这本《文心雕龙解析》的正文时,以王利器的《文心雕龙校证》为底本,涉及唐写本时,则用潘重规的《唐写文心雕龙残本合校》重勘一过,以期避免一些不必要的错误,力求完善。

王利器所依据的元至正嘉禾刊本,可能也仅依据北京图书馆所藏的传校元至正中嘉兴郡学刊本,而据詹锳的考察,上海图书馆的藏本与北京图书馆的传校本是不同的,因此我在为《文心雕龙解析》中的原文定稿时,又用上图的那种影印本重校了一遍。结果表明,詹说可信。王利器将旧本重印,沿用不可靠的底本,这是《文心雕龙校证》一书最为不足的地方。

詹书参考典籍甚为丰富,对王、杨二氏之书均有所订正,本书个别地方的校勘依詹书定稿。我在个别地方也加入了一些个人的新见。

黄侃《文心雕龙札记》与刘永济的《文心雕龙校释》都是研究《龙》学的名著。黄侃精通《选》学,其于《龙》学之开发,如两翼之舒张,可谓左右逢源,全书精义甚多,然于校勘一端则初非措意。刘著虽以"校释"为名,实则在"校"上花力不多,而在"释"上贡献很大;在文章层次的辨析上,尤见功力。我在"解析"《文心雕龙》时从中获益良多。② 范文澜的《文心雕龙注》为遵循近代学术规范著述的第一部注本。自问

---

① 赵万里《唐写本文心雕龙残卷校记》,载《清华学报》第 3 卷第 1 期,1926 年 6 月。

② 黄侃《文心雕龙札记》,早在 1927 年即由北京文化学社刊印,常见者为中华书局(上海编辑所)1962 年本。刘永济《文心雕龙校释》,早在 1948 年即由正中书局出版,今据中华书局(上海编辑所)1962 年 7 月本。

世之日起，一直受到学术界的重视，梁启超为 1929 年天津新懋印书馆印行的《文心雕龙讲疏》作序时指出，该书"征证精审，于训诂义理，皆多所发明；荟萃通人之说而折衷之，使义无不明，句无不达"。尽管事属草创，不足之处尚有，此固学术上之常态，其优胜之处仍足珍视。

本书所采取的新视角——学术史研究

我在晚年重操旧业，从事《文心雕龙》方面的研究与整理，精力日衰，困难很多，然因已是超越世务，自可从容应对，对过去的研究与整理的情况进行一些反思。

这里提出学术史研究的新观点，是在总结近代《文心雕龙》研究的经验教训之后所进行的一种新探索。

黄侃撰《文心雕龙札记》，在研究史上有启步之功，其后继之者不绝，直至目下正在从事研究的一些年轻学者，已经历有年代。其中的发展轨迹，似乎出现如下一些特点。

刘师培、黄侃等第一代学者所呈现的，可说都有清末学风的浓厚背景。他们都曾流亡日本，接触到欧美兴起的新文学观点与新治学方法，因此分析问题时，比之清儒更为细致专业。他们年轻时期均对中国各种重要文体进行过磨炼，因此他们考察问题时，还有自己的创作经验为参照。刘师培留下的成果不多，仅存讲义两篇，有些见解分散在其他著作中，均有启迪之功。① 黄侃极颖悟，呈现于著作中，比较贴近原意，显得深入。

---

① 刘申叔遗说、罗常培笔受《文心雕龙颂赞篇口义上、下》，载《国文月刊》第 1 卷第 9 期、第 10 期，1941 年 7 月、9 月；刘申叔遗说、罗常培笔受《文心雕龙诔碑口义》，载《国文月刊》第 36 期，1945 年 6 月。辽宁教育出版社编的《刘师培中古文学论著三种》也已收录，改称《文心雕龙讲录》，1997 年 3 月版。

其后成长起来的一批学者，生于民国时期而在新中国成立前后投入《文心雕龙》研究，经史之学的基础大都没有师辈深厚，只有个别学者接受过严格的朴学训练。进入中华人民共和国后，由于形势的巨大变化，只能尽力紧跟时代步伐，可其时传入的苏联文艺理论与他们原来接受的教育距离过大，上级又要求大家迅速掌握，形势所迫，他们的理论中也就时见生吞活剥之弊。又加上其时政治要求压倒一切，强调历朝历代统治阶级都在毒害人民，于是大家无不操起大批判的武器，对那些统治阶级制订的典章制度与理论体系进行讨伐。他们中的一些人，本擅长考证、校勘等项，这时也急于要用理论武装起来，于是常会出现一些不协调的情况。

下面接上来的一批学者，大都成长在新中国成立之后。他们接受的教育，基本上是苏式文艺理论与毛泽东文艺思想。毛泽东的理论强调文艺的战斗作用，直接为政治服务；周扬等人阐述的一套观点，理论体系的重要部分就是这些内容，其中也有俄罗斯时期别林斯基、车尔尼雪夫斯基、杜勃罗留波夫的一些略带人本主义内容的学说。二十世纪八十年代，中国进入改革开放阶段，学术界的思想禁锢有所解放，理论框架可没有什么根本的变化。

其后成长起来的一批年轻学者，更为关注欧美的文学理论，而在《文心雕龙》研究中还未见到过什么自成体系的论述。

纵观全局，按照历史发展的顺序考察，黄侃的《文心雕龙札记》可以作为第一阶段学术成果的代表，继之而起的学术著作，可以范文澜的《文心雕龙注》与刘永济的《文心雕龙校释》为代表。刘永济年岁与黄侃相近，然成果产生较迟。继之而起的著作，校勘与注释方面取得的成果很多，校勘方面，可以王利器的《文心雕龙校证》与杨明照的《增订文心雕龙校注》为代表；注释方面，詹锳《文心雕龙义证》收集的材料最为丰赡。

身历"文革"前后两个不同阶段的学者，前时学风流风馀韵尚存，而又趋向于理性，因为他们不再困于强制性的思想改造，可以比较自由地选择自己的道路。他们运用前时积累的一些理论解释刘勰的思想，其中有的人则以构建刘勰的文艺思想体系为着力之点。这方面的成果很多，其中可以牟世金的《文心雕龙研究》与张少康的《刘勰及其〈文心雕龙〉研究》为代表。在理论探讨方面作出贡献的著作，可以王元化的《文心雕龙创作论》与罗宗强的《读文心雕龙手记》为代表。①

苏联的文学理论其实也属西学东渐中的一环，其中也有可取之处。如以早期莫斯科大学主讲文艺理论的季摩菲耶夫所著《文学原理》来看，其理论体系，从亚里士多德《诗学》中汲取精萃甚多。② 应该说，西方的文艺理论源远流长，其中自有很多可资参考的地方。因此，中国学者在摆脱教条主义束缚与重重干扰之后，再来思考其中的成果，还是可以从中汲取不少可取之处。

我在从事研究时，参考了上述各个时期各种类型的研究著作，力

---

① 《读文心雕龙手记》，生活·读书·新知三联书店2007年10月版。

② 《文学原理》包含三部分：《文学概论》《怎样分析文学作品》《文学发展过程》，查良铮译，平明出版社1953年12月版。《译者的话》中说："是以马、恩、列、斯的经典著作为基础，结合了世界上伟大文艺作家和文艺作品，一方面着重地从世界最早的一部唯物主义文学批评的经典——亚里士多德的《诗学》——摄取了精华建立文学的理论。"查良铮即诗人穆旦，南开大学外文系教授。早年参加国民政府为了打通滇缅公路而进入缅甸的抗日远征军，任英语翻译，大撤退翻越野人山时备历艰难。抗日战争胜利后至美国留学，回国后于南开大学任教。因在国民党军队中服役过，又有留美经历，故在历次政治运动中又备受折磨。翻译季摩菲耶夫的著作，正是当时知识分子表示努力学习苏联的一种表现。不过由此也可看到，苏联早期的文学理论源出希腊文明，与其他欧美文化同源。然自苏共书记日丹诺夫主管意识形态之后，努力贯彻斯大林的文艺方针，文学只是为政治服务的工具，教条主义色彩日益严重。后来季摩菲耶夫的学生毕达可夫应邀至中国讲学，在北京大学的讲习班上所讲文学理论的内容，已是后期纯粹的苏式理论，与乃师的早期理论距离颇远了。

求将他们的成果尽可能地吸收到《解析》之中。在注释部分，力求精练，对六朝时期文士普遍采用的表达方式明晰地展示，对《文心雕龙》每一篇文章的结构与层次，尽可能地作出符合实际的分析。

如上所言，后起学者重在揭示刘勰的理论体系，他们作出的努力自属可贵，有助于大家的了解与掌握，但读者也应认识到，这样拟就的体系，其理论框架，还是近代学者依据现代文艺理论而构建的，认为刘勰的本意定然如此，则又未必。近人普遍看重的所谓正确评价，也就是用当下政治领导人提出的价值标准去衡量前人的成就和作出的贡献。这样的工作应当有人去做，也有其价值。我则试图从另一种角度去解读刘勰的《文心雕龙》。

我所采取的新视角，即从学术史的角度考察《文心雕龙》的产生与成就。

刘勰是齐梁时期的人，他所继承的文化遗产，也就是先秦至晋宋这一历史阶段的成果。阅读《文心雕龙》，可知他在思想方面的资源主要来自先秦学术，儒、道、名、法无不熟习。时至晋宋，玄学已成主流，因此要想深入了解《文心雕龙》，自应对先秦学术加深理解，也应对汉代学术与晋宋学术有所了解。

先秦学术的传流与汉人密切相关。秦火之后，先秦典籍均有残佚，传世者，大都经过汉人的整理。汉代学术的建立，就与他们对前此学术的整理有关。小学与目录学方面的成果，对刘勰深有影响，这点自不应忽视。阅读刘勰对各种文体的定名与阐释，可以看到其间受到《说文解字》与《释名》等典籍的深刻影响；了解刘勰对诗、赋、乐府等文体的分析，即可感受他所受到刘向、刘歆等人的影响，从而对古时的礼乐文明增加认识。

但刘勰对前人的学说也有所增损。郝懿行在《书记》篇上加眉批曰："按《说文》：'谚，传言也。'（按见"言部"）'唁，吊生也。'（按见"口部")彦和欲混为一,似未为得。经史亦无通用之例。"所以如此,当以刘勰已经发现历经时代变迁而词语已有变化,故不再墨守前人成说。

《文心雕龙解析》之中,这方面的考察成果,主要反映在《前言》与五十篇《解题》之中。例如在《乐府解题》《封禅解题》《风骨解题》《养气解题》等文中,可以看得比较清楚,读者如将这几篇解题与其他著作的同一"题解"相比较,或可认同此说。

如果不从学术史的角度进行考察,那么刘勰为什么要对《封禅》看得那么重,也就难以说明。按照前时一些学者看来,封禅文与现代有关"文学"的定义距离过远,又无文采可言;一些更为激进的人看来,封禅是在宣传迷信,刘勰花这番笔墨,其实大可不必。这样考察问题,有些地方就难于解释,须知司马相如、司马迁等人都是汉代最为杰出的文士,难道他们的看法与我们发生差异,就会显得弱智了么? 如果不从中国文化的历史传承与奇光异彩进行考察,也就难于说明其特点,最后只能得出古人皆蠢今人无不聪慧过人的结论。这样的看法,一般人可也不敢接受。

这就牵涉到了中国文化的特点问题。在世界各大古老民族中,中国文化独树一帜,而且自古至今一脉相承,从未中断,这在各大文化体系中独呈异彩。《文心雕龙》中显示的文论特点,正是这种文化的具体呈现。如想了解刘勰的真实面貌,也就必须了解中国文化的独特之处,这里就有中国文化对世界文化的独特贡献,而这不是光用西洋文明的视角加以裁断就能予以说明的。

按照一些杰出的前辈学人的看法,中国学术的发展,必将植根在本土文化的基础之上,再来吸收其他文化的精萃。由此之故,中国文学理论的发展,应该是在中国文化的基础之上,再融入其他不同文化的成分,才能完成。与此相通,研究《文心雕龙》,应该先对刘勰思想的来龙去脉梳理清楚,才能明白其真相。

刘勰在《序志》篇中宣示，"上篇以上，纲领明矣"，"下篇以下，毛目显矣"，目的就在告知读者阅读"毛目"时不能忘却"纲领"。但在《文心雕龙》研究的前期，大家却是偏重后面二十五篇有关理论的部分。改革开放之后，人们才逐渐认识到这样的研究实际上是偏颇的，随着文体论研究的兴起，"上篇"的文体部分才逐渐得到重视。众多专家投入之后，也已取得不少成绩，只是大家采取的视角，仍是以西方文体研究与逻辑思维方面的成果为利器，对中国古代文论进行剖析与评判，而这又产生了一些新的问题。

西方的文体观，植根在希腊时期亚里士多德的《诗学》中。由于希腊文明中逻辑学早就得到很好的发展，因此这方面的成果显得区分明晰，含混之处较少，中国早期的文明重视礼乐文化，反映在创作中也就首重"得体"，人们在人际交往中遵循的行为规范，反映在文体论中，也就首重体制的约束作用。中国古代名学的发展不充分，人们的行为准则，有的场合双方应持何种态度，大都约定俗成，已成惯例，其中不可避免会有很多相通或近似之处，于是一些研究文体的学者及其著作，从现代学人的视角来看，也就显得模糊与不规范了。当然，如今人们研究古代文史，也不必抱残守缺，处处要为古人辩护，但总得实事求是，对他们的生存环境有所了解，才能说清楚中国文化的传承与发展，以此为前提，才能扬长避短，吸收外来文化中的优秀成分，铸造新的文明。

中国古时学术融而未分，即使是各家各派，也都是综合型的，如今学术分科愈来愈细密，学者限于个人的专业，往往难于掌握全貌。我在从事解题与分析时，颇欲根据刘勰的具体情况作一全面的考察，然牵涉至广，自知力有所不逮，然仍欲黾勉从事，以冀抛砖引玉，希望后人能有更丰硕的收获。

孙旭升《晚明小品名篇译注》序

我与旭升的情分非同一般。1950年我们考入南京大学中文系，分配在同一个寝室（文昌桥学生宿舍4舍113室）。半年后，我肺病复发，他也发现了肺病，遂于翌年秋天移居1舍肺病疗养室，二人同住一个房间。1952年院系调整，我们又迁至原金陵大学位于今鼓楼医院西边的西楼，后又转至南边的东楼。1953年我肺病痊愈，回到班里去住，同学们对我心存戒备，我也颇有顾虑，很不容易融合，所以还是常跑回去与旭升聊天。

我与旭升不仅同病相怜，兴趣爱好也颇有相似之处，即爱好古典文学。旭升除了读胡适的《词选》，还把一部龙榆生的《东坡乐府笺》视为珍宝，这在刚解放不久的气氛下是很不合时宜的。他来自名山秀水的浙东，一直迷恋乡土文化，所以对鲁迅的《朝花夕拾》《野草》爱不释手。我也喜欢鲁迅的《朝花夕拾》，不过也读胡适的《文存》，有时还读徐志摩的《翡冷翠的一夜》，觉得这样的题目就十分醉人。真是"少年不识愁滋味"，也不想想往后的日子该怎么过！

为了进一步读懂鲁迅，旭升还买了不少参考书，其中有《鲁迅的故家》《鲁迅小说里的人物》两种。作者周遐寿，不知何许人也，据他猜测，定是周家台门里的什么人，否则，对鲁迅家的情况怎么会了解得如此清楚？不过他也有不少事想与作者商榷，于是写了一封信去，不知道地址，就请出版公司转交。半个月后接到作者来信，原来"周遐寿"就是周作人！旭升并非不知道周作人任过伪职，只是想，"人归人，文归文"，现在他不仅还住在北京，而且依旧在写文章著书，我一个毛头小伙子问他一些有关学问方面的事，有何不可？也就很坦然地通起信来。从 1954 年到"文革"前夕，一共收到他的来信 52 封，内容不外乎文事、"越事"（绍兴的事）。周作人有问必答，旭升确是从中获益匪浅。

1953 年时，同班同学因国家建设需要提前一年毕业，我与旭升因病之故，到第二年才走上工作岗位。我去了北京中国文字改革委员会，他想要回浙江工作未成，就留在南京一个省级机关的干部学校里教书。

那时的干部，首先看重的是政治思想，因此阶级斗争这根弦绷得很紧。大约在毕业后的第二年，"反胡风"开始了。有一天，领导上忽然把我叫去，要我交出旭升写给我的信，后来我知道，他那边的领导也在同样审查我的去信。不过我们都很坦然，因为除了出身差（地主阶级），思想跟不上形势，其他没有什么对不起人民的地方。他在被狠狠地批判了一通之后，也就戛然而止。什么问题呢？领导上没有说。旭升坚决要求调回浙江去，显然与这件事情有关。

旭升回到杭州后，还不能与家人生活在一起，在分配新的工作之前，领导上要他到富阳"一中"去代一下课，只是到了富阳，文教局长却把他留住了，说："机关学校也需要教师。"这一留就留了十多年，直到"文革"后期，才调入杭州市区，得以与家人团聚。后来他写《巷歌》一文，中间就有这样一节：

十年动乱，即所谓史无前例的无产阶级"文化大革命"，我家不可能没有波及，但在母亲"事宽得圆"信念的影响下，也终于平安的过来了。恕我拟于不伦，母亲就像一只老母鸡（她生肖属鸡）似的带领着我们，呵护着我们，虽然勚劳太甚，却总算体会到了"含饴弄孙"的天伦之乐。在"文革"后期，我从富阳调回杭州，更使母亲安心不少。傍晚时，她总是一个人站在"树古当户"的墙门口，一边眺望街景，一边等着下班的、放学的子女和孙儿们回来。

巷风吹过,树叶飘动,也扬起母亲丝丝斑白的头发……

旭升曾对我说过:他的文章或许不入大雅之目,但在他却是全身心的投入才写成的。他的第一本散文集《我的积木》(杭州出版社 2008年版),实际上就是"我的寂寞"。这些话我相信,譬如上面的这段文章,写的是他母亲,但同时也写他自己,我读了就不能不为之默然!

进入二十世纪八十年代,我们身上的无形枷锁总算慢慢脱落,也有机会可以到外地去走走。每当我去杭州开会,必定与旭升会晤,或把袂同游。第一次是在粉碎"四人帮"后不久,所以特别兴奋,这可以从旭升的那首《往昔四十首》之二的诗中看出:

> 往昔有好友,吾怀同学周。
> 朝夕三五载,情比手足厚。
> 今日重相见,阔别廿年后。
> 问旧半成鬼,我复更何求?
> 五月游龙井,白雾迷山头。
> 陇上桂未黄,洞中烟霞稠。
> 非为口渴故,有茶话便久。
> 明日隔山岳,恋恋又十秋。

最近一次相聚,是在 2007 年初夏,我应浙江大学文学院之邀,前去讲学,住在曲院风荷边上的金溪宾馆,旭升来谈,自然十分高兴。晚上我请他吃饭,要他点菜,他不肯,连说:"还是吃得清淡些好。"我就点了几个素菜,外加一盆白灼鱼唇,可以说是再清淡也没有了。我想,"清淡"二字正是他的人生追求。

我们逐渐体悟到,以前我们之所以"落后",原因之一是在极左思潮愈演愈烈的情况下，还是保留着很多被人视为异端的思想与情趣，因而老是跟不上形势。这样的人，既碍人眼目，也容易成为捕猎者的箭垛子和踏脚板。旭升看上去很胆小，好像事事都在退让，其实他并不软弱，只要他认定目标，就一定会坚持到底，不管付出多少代价。改革开放以后，旭升发表了很多散文，有记人叙事的，也有写景谈吃的，无不精心结构，独具匠心。这些清新隽永的散文小品，得到了业内人士的认可，也获得国外学者的赞美。如日本汉学家稻畑耕一郎教授，不仅把他有些文章译为日文，还在早稻田大学的《中国语》上陆续发表。

我们之所以考入中文系就读，表明二人都很热爱祖国的传统文化。有些想法，却与许多人的观点相左。我们认为，传统文化涵义广泛，无论是大家普遍看重的文史之学，还是有关衣食住行方面有益于人类的各种知识，都值得玩味研究。不像改革开放之前一些执政者所下的定义，非得用阶级斗争这个纲去衡量一切，好像只有那些鼓吹"革命""斗争"的东西才算是精华。旭升爱读晚明小品，完全是出于文学上的爱好。在晚明作家中，他推重张岱的品格，还有大批坚持民族大义的文人的文章。至于喜欢读周作人"和平冲淡"的作品，纯属个人的兴趣问题，用不到大惊小怪。

计算起来，旭升与晚明小品结缘已有半个世纪之久。他的研究工作，经历了欣赏、品味、钻研的全过程，因此，这本《晚明小品名篇译注》可以说是他毕生心力之所萃。他自己也善作小品文，因而所有的译文也都能呈现出洒脱隽永的妙处。他的注释，又有很多新的发明，足供学界参考。有的人认为，晚明小品不是大块文章，简短易读，实则不然。明人的文章，到了中后期，由于时代潮流的激荡，竞相走上抒写性灵的道路。有些小品文作家，追求奇崛之趣，不但喜用怪字怪词，在句法上也不守常规，很难卒读。有一些游记，或是乡土文化小品，其中的方言土语很多,还有属于某一地区的民情风俗,都很难把握。旭升沉潜于斯,又得周作人辈高手的指点,在注释上自有其独到之处。这样的译注,既属文学佳作,又属学术奇珍,自可供人咀嚼玩味。忝为老同学,熟知他的治学经过和了解他为此所付出的辛劳以及经受的风险,所以不惮辞费,推介如上。

2010 年 8 月 31 日

(原载孙旭升《晚明小品名篇译注》,凤凰出版社 2012 年 3 月出版)

《薛正兴文存》序

薛正兴君是南京大学中文系 1966 届的毕业生。其时已处"文化大革命"的前夕,"书越读越蠢"的最高指示早已深入人心,激进的学生无不摩拳擦掌,上面一声令下,也就竞相投入焚书坑儒的伟大运动中去。薛正兴在班上比较特殊,喜欢读书,这在当时来说,显得有些"落后"。"文革"结束,这些喜欢读书的学生立即回到高校与科研单位深造。中国步入改革开放之后,80 年代到 90 年代兴起过一阵学术高潮,就依仗着这些运动中残留下来的读书种子。

薛正兴于 1978 年考回母校从洪诚先生攻读硕士学位,1981 年毕业后,分配到出版部门工作。这对他可能很合适。因为他坐得住,办事又认真,也有工作能力,因此在不同岗位上都作出过成绩,且升迁至江苏古籍出版社社长。但他有些书生气,个性太耿直,认真过头,也不适合在官场周旋。假如他能处在一个更宽松的学术环境,潜心做学问,那么定能取得更大成就。

他的硕士论文,即以研究王力教授主编的《古代汉语》为题,评判其中的得失。《古代汉语》是集中了许多知名学者而编成的,一个硕士生要想从中发现问题,谈何容易,于此亦可见到那时他已积累了很好的学识。今即从其发表在《南京大学学报》1981 年第 1 期上的《〈古代汉语〉注释疑义讨论》中摘举一两个例子来加以说明。

第一个例子为分析《左传》僖公四年"齐桓公伐楚"中的"君惠徼福于敝邑之社稷,辱收寡君,寡君之愿也"数句,原注者解作"承蒙您向我国社稷之神求福,意思是您不毁灭我国"。正兴以为,敝邑之社稷"在这句中是受福者,不是施福者。这里,介词于,不表动作之所从,而表动作之所归趋"。他从古汉语中介词"于"的用法中加以考察,进而指出"《左传》一书,凡是对话中讲到对方求福于说话人自己一方的宗庙或社稷,都是指自己一方受福,对方施福",且举数例以明之。这就为阅读《左传》一书提供了一种"义例",有益于治左氏学者匪浅。他在第二例中则举《左传》僖公五年"宫之奇谏假道"中的"且虞能亲于桓庄乎,其爱之也?"二句加以讨论,指出"课本注认为这句话是一种特殊的倒装句法,跟马建忠看法相同"。然而马建忠在《马氏文通》卷十象六"论句读"中举此为例之后,杨树达在《马氏文通刊误》中即已指出其误,正兴进而指出前后两句实为一种递进式的反问,这样才能更好地把握住宫之奇的语气。由此可见,正兴在学生阶段就已能够依仗古典文学及其语法方面的修养,突破前人成说,纠正权威学者的错误了。

薛正兴在担任江苏古籍出版社社长时,策划了很多大型的丛书,如《江苏地方文献丛书》等,取得了很大成功。他又参与其间的整理工作,如他所整理的《太湖备考》一书,就达到了很高的水平。我在《丛书》笔谈中指出,"薛正兴同志作了细致的加工,附入吴曾的《湖程纪略》和郑言绍的《太湖备考续编》,将记载的内容延至清末,内容更见充实。全书校勘精细,标点与断句等方面均见功夫。又加设计精善,版式疏朗,字体安排合适,展卷即有纲目分明之感。前有内容精彩的《前言》,对读者了解吴越文化很有帮助。里面介绍的许多有关太湖的现代科学知识,则又为整理古籍提供了范例。"

这本《薛正兴文存》中就有不少"前言",寄寓着他在整理工作后的心得。从其著作的覆盖面而言,可见他的知识已经遍及许多领域。出于工作需要,经过认真学习,他的学问已经完全成熟。

如以古籍整理而言,足以代表他水平的著作,自然要推《范仲淹全集》。无论从版本之的当,参校本之精要,逸文之完备,附录之丰富,图片之美赡,都已达到上乘水平。特别是那长达二十四页的《前言》,更将范仲淹的一生及其贡献作了全面而简要的表达，足供宋代文史研究者参考。此书荣获江苏省2006年优秀图书一等奖，可谓实至名归。

薛正兴早年即耽读高邮王氏的著作。他的业师洪诚、徐复先生，师从黄季刚先生，季刚先生则又师从章太炎先生，人称章黄学派。学界则又公认章太炎为清代朴学的最后一人。由此可知，正兴承传的是清代朴学的传统，但因时代有异，所以他的学识又呈现出很多新的特点。

我任《中国思想家评传丛书》副主编时，为了彰显我国学术的优秀传统，提出应该增加段玉裁、王念孙二人的评传，匡亚明校长就让我物色二《传》的作者。这时我才知道，中国学术界虽然队伍庞大，知名的专家很多，但要想请到合适的专家为段玉裁、王念孙写评传，可也真不容易。这让我深感困惑。经反复论证，最后才约薛正兴写《王念孙王引之评传》。那时他已退休，然仍返聘在凤凰出版社内任职，他利用业余时间，花了几年功夫，完成了六十万字的评传。于此亦可见其执着，且可进窥他的学识之佳。

他在分析王念孙、王引之父子的成就时，条分缕析，归纳出了很多条例。在第三章中特标《高邮王氏训诂学训释方法分类述评》，且分八节详加讨论，让读者容易把握，易于遵循。这样的研究工作，体现出了一位现代学者的科学态度，从而表现出了与前人不同的面貌。

尤可注意的是，他在书中还特列《清代训诂学的缺点》一节，表明他的学问出于前人而已有所超越，这也正是后人的应走之路、应有之义。

2008年时，凤凰出版社约我为"文化大革命"中集体编写的《韩非子校注》作修订。其时我患严重贫血，工作非常困难。正兴主动请缨，担任此书责任编辑，他为老师洪诚先生投入了大量心血的这一集体项目作最后加工，也有学术传承的意义。他尽心尽力，又把此书质量提高了一步。这对我来说，既减轻负担，又保证了质量，心中自是高兴。

随后他于2010年7月8日的《古籍新书报》上发表了一篇《精心

修订 求新求精——简评〈韩非子校注〉修订本》的书评,文中列举了几项在旧版上加以改进的内容,这些确是新版的优胜之处,值得读者珍视。但我感到,这些地方好多是他的治学心得,而他又不明白标示,读者不明底细,以为是我修订时加入的。我最不愿意看到的是学界中人不讲道德,侵占他人成果,暗中将别人的研究心得占为己有,因此我就打电话给他,让他再写一篇书评,介绍自己在工作过程中加入了哪些研究成果。他不肯,认为责任编辑就应该隐姓埋名,后来经我力劝,他才答应重写。只是天不假年,一两个月之后竟因心脏病突发而遽尔辞世,结果还是没有完成新稿,只是留下了一篇略事增订的旧稿。

薛正兴提到有关通假字与异体字的处理,看似简单,实则处理的人小学水平不够,也无法措手,又如对"奚遽(jù)"等词的解释,如果在训诂上没有较高的修养,也无法提出。他的这些贡献,自不应埋没。按理说,一部旧书的重印,责任编辑可以自我放松,像他那样一定要将古地名用新的行政区划与新的地名标示,不是极为认真的人,也是不肯下这番苦功的。

只是世事难料,人事多舛。2008年时他来参加我的八十寿辰庆典,当时他才六十多岁,想不到两年之后就听到了他的噩耗。人到老年,听到学生一辈早逝的消息,更为神伤。因思天道无常,人生苦短,均有其大限,只要他在世时努力过,也就可以说是无负此生。正兴留下了好多成果,以及他在为别人加工时注入的心血,也已为这个世界增添了光彩,人们自当用敬重的心情加以纪念。今日应约为他的遗集作序,这种感受再次涌上心头,一方面为他的未尽所怀而痛惜,一方面又为他有机会能将研究成果全然展示而高兴,因为这将永远刻录在中国的学术史上。

(原载《薛正兴文存》,凤凰出版社2011年9月出版)

郝润华、侯富芳《二十世纪以来中国古籍目录提要》序

我有这么一种感受,觉得老一辈人与年轻一代在关注目录学的程度上有很大差异,而且随着时间的推移,这种差异正越来越大。老辈学者,总要讲到"目录之学,读书第一要义",因此劝人向学时常说当从阅读《四库全书总目提要》入手,最好先读上一遍。目下文史方面的年轻导师指导学生时,怕已很少有人这么说了。原因何在?或许与学术界的极度强调专门化有关。一个博士生,花上三年不到的时间,要写好一篇论文,通过答辩,取得学位,谋一工作。之后任务日繁,精力所限,也就很少有人再想扩大研究领域了。在此情况下,那些学术界的新人对目录的要求也就往往囿于与当年有关的专题范围之内。一部著作,一位作家,一种流派,涉及的范围有限,不必再在目录上花什么大的功夫。

只是古人说得好:取法乎上,得乎其中;取法乎中,得乎其下;取法乎下,则无所得。改革开放以后,国人开始冷静地思考问题,学术界常是慨叹不见大师级的人才出现,当与上述过度追求专门化的情况有关。反观老辈学者中的一些大师,则无不在目录上有深厚的造诣,王国维为南浔蒋氏编过《密韵楼藏书志》,陈垣研究佛教东传,编过《中国佛教史籍概论》,无不呈现出深厚的功力。

学界中人忽视目录方面的倾向逐步呈现,编制目录的人显得越来越少,其中既少见高手,又缺少新生力量的加入,这种现象,从中国的学术传承而言,亟待改变。

然而当前的研究工作实际上比起前时要求更高。学人的知识已经不能满足于停留在《总目提要》之类的范围之内，而应放眼世界。因为汉学已成一门世界性的学问，不但中国内地与港台地区的文献资料要掌握，日、韩与欧、美等地保存的文献与研究成果也应该知道。也就是说，现在从事目录的编制，视野与实力应该比过去更高。

从事这项工作当然很难产生什么轰动效应，求得多大经济效益，但得有人甘做基础工作，为建设中国的国学大厦添砖加瓦。一人劳而万人逸，不但有益当代，而且功在后世。

在此情况下，郝润华与侯富芳两位女学者肩负重任，迎难而上，花五年之功，著成了这部《二十世纪以来中国古籍目录提要》，且及时推出，以祈满足学术界的需求。

下面略举此书的一些优胜之处。

此书纲举目张，编排有序。以内容言，首分"综合目录""专科目录""特种目录"；以收藏者而言，可分公、私藏书。公家藏书单位，内有省、市、县等单位的图书馆，大、中、小学的图书馆。包容宏富，巨细无遗。一册在手，可以得到各方面的知识与讯息，不像一般仅列书名的目录，只能提供单一的知识。

清代中期之前的著作，一般说来，比较容易查找。宋元之前的书，因存世者少，容易查找；明代著作剧增，但有关书目，自新中国成立之始，即已大量排印，好多书目之后均附索引，故亦容易查找。然自《四库全书总目》之后面世的著作，以及著录这些著作的书目，可就不易查找了。清代中后期起，社会转型加速，文史类的著作逐渐有被边缘化的趋势，社会上对此的关注慢慢降温，只是随着印刷业的现代化，各类著作的数量却又剧增。社会动荡不已，书籍又难于保存，公、私藏书均难世守。藏书单位与藏书者的名声如不太为人所知，也就会给读者造成迷惘。郝、侯二人的这一目录，均对这些问题有认真的思考，故在全书的体例以及各种书的提要中，都有合适的处理。

例如张元济的《涵芬楼烬余书录》，读者或许难于理解书名内涵。阅读提要，始知近代文化名人张元济藉商务印书馆之力，历尽辛劳，搜得大量善本储于楼内，然而"一·二八"之役，竟然毁于日寇炮火。张氏撰此"烬余书录"，读者由此可以了解到国运危难之时，前辈学者如何含辛茹苦为传承国家文脉而呕心沥血，由此可以培育后人维护祖国传统文化的热忱。

又如《嘉业堂钞校本目录》中的提要，对藏书单位与钞校者都有介绍。嘉业堂的藏书，当代文史学者自当有所了解，而对其中的善本如欲有进一步的认识，则还得了解于此服务多年的周子美其人。周氏晚年因在大学任教之故，已有人写过一些介绍性的文字，读郝、侯此书，则可对近代藏书之重要单位有一简明扼要之完整知识。

当今治学，有关目录方面的知识，应当扩大眼光，不能以本土的文献自限。日、韩、欧、美的图书馆介绍中，收录了屈万里、昌彼得、沈津等学者的有关著作，可以帮助读者了解境外藏书中的一些重要内容。

自从香港回归祖国之后，内地学人前去工作或短期任教者日益增多。在此从事研究工作，自当对香港的藏书有所了解。贾晋华的《香港所藏古籍书目》可以提供这方面的帮助，自可依靠此书方便地找到所需书籍。

国外学者在目录中展示的一些研究成果，对我国学人而言，也有参考价值。即如清末民初的日人岛田翰所著《古文旧书考》，就是一本颇见功力的研究著作。郝、侯于介绍中又提示《旧书考》内第一卷中旧钞本的介绍最为重要，这里也倾注着她俩的研究心得。

《二十世纪以来中国古籍目录提要》中对各种书目的搜罗，可称已经竭尽所能。首都、省会、大城市中的图书馆所编书目，固然尽行纳入，就是一些县级的图书馆，如《台州地区善本书目汇编》《泰县图书馆书目》《太仓县立图书馆目录》《诸暨图书馆目录初编》，也有著录。这些地方，均为历史悠久、文化发达之区，所以图书馆内自有好书在，例如黄岩县图书馆内就有万历十一年门无子刻的《韩子迁评》二十卷，天台县文管会藏清齐召南撰《历代万帝王年表》不分卷一册，诸暨图书馆内就有藏书家楼氏所捐献的四五万卷图书，其中就有贵重的图书多种。

《无锡县立第一高等小学校图书目录甲编》内，也有好书，因为馆内藏有丁福保等人捐赠的两万多册图书。丁氏为著名的藏书家，这一时段捐献的书，现在看来都可称为名贵的了。

一些书目，在体例上还有创新，郝、侯二人也予以重点研究介绍，如《江苏省立国学图书馆图书总目》及《补编》中分列有"私人赠送""交换""配购""收回的图书"等多栏，对于藏品的来源也一一作了介绍。这种方式，应当有助于鼓励捐献者的热心公益。

上述种种，略举数端，聊示此书之善。润华早年受业于黄永年先生，熟知目录之门径，后又在我指导下取得博士学位。此间治学，一直重视文献方面的基础知识，因此她在这方面的修养，已经具有多年的积累。侯富芳女士服务于淮阴师范学院的图书馆，馆多藏书，她又极度勤奋，二人合作，历尽艰辛，始能取得如此成绩。考虑到这项工作属于传统文化的基本建设，有益于学术的繁荣和发展，故不惮辞费，作此推介，尚祈学界多加垂顾。

（原载郝润华、侯富芳《二十世纪以来中国古籍目录提要》，华东师范大学出版社 2012 年 4 月出版）

仆仆风尘携手行进在崎岖的唐诗路上

璇琮兄之殁，距今已有年把了，往事历历，不时闪现心头。

我因薄有著述，与国内各出版社多有联系，与中华书局早就结缘，自上世纪 70 年代始就有往来。局内人员，上一代人，如赵守俨先生，同辈的人，如程毅中先生，年轻一辈，如徐俊、俞国林等先生，都有来往。然因唐代文学相关的多方原因，与璇琮兄交往尤多。自他编《文史》《学林漫录》始，到最后共同谋划《全唐五代诗》的出版，中如唐代文学学会工作的开展，历次会议的筹划，都各尽所能，共襄盛举。计算起来，前后已有二三十年之久，自改革开放之后一直延续到今年。人生苦短，这段历史至堪珍惜。

在他生命的最后几年，到我任职的南京大学次数尤多，主要目的之一，就是通力合作完成《全唐五代诗》的出版事宜。

此事困难重重。由于参与的单位多，加入的人也多，容有不同看法，不同考虑。历经波折，迟迟无法推出，以至被古籍整理规划领导小组两次从立项名单中除名。然自 2010 年古委会提出由南京大学古籍所接手完成全书，除陈尚君正式宣布退出外，其他五位主编一致拥护古委会的建议。我作为第一主编，由是连续召集了多次会议，逐步修订旧稿并布置下一阶段的工作。这样，璇琮兄每次都要来此开会，很多重大的决定，都是在主编会上作出的。

关于此事的一些轮廓，我在复旦大学出版社今年出版的《锺山愚公拾金行踪》的《学术年表》上有所介绍，凤凰出版社出版的拙著《艰辛与欢乐相随》中的《治学经验谈》十九、二十中也有说明。其中应该特别提到的是璇琮兄在 2013 年到南京的一次会议。

2013 年 10 月 12 日,南京大学文学院举办"程千帆先生诞辰百年纪念会",璇琮兄对程先生感情深厚,千里迢迢赶来与会。当日上午,纪念会在仙林校区召开,诸多学者发表了感情真挚的讲话,下午则在鼓楼校区旁的晶丽宾馆内举行了一次小型的《全唐五代诗》主编会议,参加者为我、傅璇琮和郁贤皓三人。大家对即将出版的《全唐五代诗》的总体格局与各种重要环节作了回顾与商讨,重要内容之一就是对《全唐五代诗》的《编纂说明》加工定稿。此书《引言》中说:"全书首列《御定〈全唐五代诗〉的疏误与〈全唐五代诗〉的编纂》一文,从学术史的角度介绍 20 世纪中国学术界在此领域内进行的探讨和积累。""《编纂说明》对成书的缘起和最终完成作了说明,此文由周勋初、傅璇琮、郁贤皓三人讨论后写定。"实则此事酝酿已久,此前已经讨论过多次。2011 年主编会议时,我、傅璇琮、郁贤皓、吴企明、吴河清等人开了半天会议,讨论今后工作的开展,以及当时面临的种种困难。2013 年 6 月的主编会议上,我与璇琮、贤皓二兄决定写作一篇介绍全书编纂过程的说明,考虑如何将这段历史进行概括,确定应该着重提到的内容。随后我就开始拟写草稿,与傅、郁等人反复商讨。2013 年 10 月在晶丽的这次聚会讨论时大局已定,但在细节与用词上还是作了反复推敲。可以说,自始至终,璇琮兄一直关心此事的完成,来来去去跑了不少路,用上了大量时间。

早在上世纪 90 年代初,苏州大学唐诗研究室在常熟召开了一次唐诗会议。主任吴企明先生在一封有关此事的公开信中说道:会议"邀约了后来成为主编、常务编委的一些先生在苏州常熟开过一次筹备会议,会议的宗旨,要搞一部能反映我国唐诗研究新水平的《全唐诗》。约请的作者必须是研究某位诗人的专家,如李白集,就请郁贤皓先生;杜甫集,请山东大学;王维集请陈铁民;李商隐集,请刘学锴先生等。讨论主编、常务编委名单时,我清楚记得,傅璇琮先生恳切表示,我已担任《全宋诗》第一主编，因此《全唐诗》的第一主编请周勋初先生担任，无论从学术地位，与古委会领导的关系熟悉等方面考虑，都较合适，将来申请经费、联系工作比较方便。大家一致同意"。从此之后，我就按照主编会议的决议，承担起了应尽的责任。二十多年来，大家均无异议，璇琮兄也自始至终与此间合作，一直到初盛唐部分完成。

2014年10月，陕西人民出版社将《全唐五代诗》的初盛唐部分印出后，我立即让人寄给了他一部，他收到后很高兴，认为印制精美，实现了大家的初衷。那时他已有病，还是躺在床上翻阅。他的听力已经不好，还是多次来电话交流看法。

书出来后，陕西人民出版社与此间工作委员会即着手筹办新闻发布会的工作，我想应该全始全终，发布会上五位主编再次相聚共庆大功告成，可此时璇琮兄因病长期卧床不起，很难行动。我曾建议，这里可派两位年轻教师护驾，请他前来，他说已经无此可能，然他定要写一篇书面发言，在会上宣读。事后他就用邮局快递寄来了发言稿，还打电话嘱我定要见报。2015年1月28日的《全唐五代诗》初盛唐部分新闻发布会上，主编、编委、代表发言踊跃，无法将多人的发言刊出，但在2015年4月1日，陕西人民出版社和南京大学《全唐五代诗》工作委员会在《中华读书报》第四版的《文史》栏内推出了整版的报道，在杨军的《根之茂者其实遂》中摘引了璇琮兄书面发言中的重要一段，内云："经过二十多年的时间，初盛唐部分的成果终于面世，这期间经受了很多困难，全靠学术界众多朋友的支持和帮助才能顺利完成。特别是南京大学文学院古代文学和文献学两个专业的许多同志，在这一项目重新启动之后，立即投入书稿的重新撰写工作，保证了书的及时出版，这种奉献精神是非常可贵的。"从中可见他对南京大学古典文学队伍中的团队精神和专业水平的评价之高。这对我们来说，也是很大的鼓励。

屈指算来，我自1977年起与他结交，至今已有四十年之久，一直在为唐诗的整理研究和发扬光大而携手行进。今他驾鹤西去,令人不胜伤感。人生不过百年,他已留下不少可贵的业绩,《全唐五代诗》的完成,也耗去了他不少心血。清华大学中国古典文献研究中心为他编纂纪念文集,意义重大。我忝为他的老友,应邀撰写这篇纪念文字,寄托我的哀思,也可让学界朋友能了解这段情缘。

(原载《傅璇琮先生纪念集》,中华书局 2017 年 3 月出版)

与治安兄在古委会共事的一段难忘岁月

治安兄于五月份去世,噩耗传来,我简直有些不敢相信。他身体一直很健壮,而他为人又开朗,性格温和,家庭圆满,师生关系融洽,从大家公认的长寿必备条件来说,他都具备。目下中国人的寿命都在延长,他却不能上达中寿,人生难料,我们也只能接受这无情的现实。

我俩是在 20 世纪 80 年代之初,全国高等院校古籍整理研究委员会成立之后认识的。其后在校际交往和学术活动中多次相聚,只是总以在古委会中见面的次数为多。他任山东大学古籍所所长,我任南京大学古籍所所长,凡是有关这一系统的会议,都会相聚。而且我们又一起在项目评审小组内担任职务。章培恒任组长,他任副组长,每年评审项目至少一次,这时朝夕与共,总要连续三四天才能停当。计算下来,从 20 世纪 80 年代到本世纪初,每年至少同吃同住好几十天。

古委会为扩大古籍整理的影响,提高古委会内各校研究人员的业务水平,由章培恒、马樟根、安平秋出任主编,主持编纂了一种《古代文史名著选译丛书》,由章培恒、治安兄和我负责选目,计有一百四五十种重要典籍列入。这套丛书的选译看似容易,实则涉及面广,工作量大,困难很多。全国二十多所古籍所内人员一起干了十年左右,始告完成。其间多次举行集体审稿,常务编委都要一起奋战,治安兄与我一定参加,每次都要费上十天半个月的时间。治安兄精研群经诸子,这领域中的著作他分担不少,作出了很大贡献。

山东大学古籍所内人才济济,力量很强,其中又以从事先秦两汉文史研究的人为多。因为高亨先生等人先后在此任教,流风余韵,自然形成了一股力量,治安兄即为高先生的嫡系传人。他也确能发挥所长。古委会内几家古籍所承担了好些大型总集的编纂，如北京大学的《全宋诗》，四川大学的《全宋文》，北京师范大学的《全元文》等，治安兄遂申报了一种《两汉全书》。皇皇数十巨册，及时贡献于学界，既对汉代文献作了系统的整理，也为山东大学争取了荣誉。

他与高先生的师生情谊，给我留下深刻印象。他每次到北京开会，必去高先生家探望。高家的一些事务，他帮助处理，高先生的一些著作，由他设法推出。尤其难能可贵的是，高先生晚年的一部大著《古字通假会典》，就是由他整理成书的。据我所知，高先生生前未成书，只留下一张张纸条，原是平时读书时随手摘下的资料；他过去一直用这种方式积累资料，代替一般学人常用的卡片。治安兄花去很长时间，费去很多心力，将其组织联缀，编成一部重要著作，自己却不留下任何踪迹，将此重要成果一切奉还师门。治安兄的无私奉献，表现出来的情操，尤其令人感佩。

新中国成立之后，在一些领导人的眼中，尊师重道成了必须首先铲除的旧道德，于是在连绵不断的政治运动中，尤其是在灭绝人性的"文化大革命"中，更是频频发动学生批判老师。改革开放之后，涌入了一股强调个人利益高于一切的思潮，于是常可见到一些人不满于个人的投入没有得到预期的回报，于是斤斤计较，闹矛盾纠纷，把各种社会关系搞得七颠八倒。所幸者，中国的传统文化毕竟源远流长、深入人心，大家还是把体现传统道德规范的人列为上品。治安兄行为世范，必将在学术界产生深远影响。

他在山东大学任古籍所所长时，留下了可观的业绩，而他礼聘王绍曾先生出山之事，也值得介绍。王先生到山大工作时，已是耄耋之年，之前因为历史上的原因，一直未能进入学人行列，而他早年曾在张元济的领导下协助出版《四部丛刊》与百衲本二十四史。具有这番经历的人，已是屈指可数，眼界自然高人一筹。治安兄礼请他重出工作，充分发挥他在版本目录与学术史方面的专长，使他在清代文献整理方面作出了巨大成绩，还培育出了几位优秀的年轻文献学家。治安兄在发掘人才、培育人才方面的成绩，也是应该大笔书写的。

山东大学拥有一批全国知名的老学者。治安兄任职前后，这一批人已先后去世，夫人一辈及其子女则还大都住在校园宿舍里，治安兄与王仲荦先生的夫人、童书业先生的子女，一直保持亲密的联系，亦可谓古道可风。

1996年时，古委会与台湾汉学研究中心联合举办了第一届两岸古籍整理研讨会。这在两岸交流史上，可谓盛况空前，增进了彼此的了解，获得了很多共识。治安兄偕山东大学的一些同仁一起赴会，亦可见其对于帮助山大推动对外交流的热忱和努力。

在我们的学术生涯中，古委会内一起活动的几十年，无疑是最值得珍惜的一段美好时光。治安兄丰富的学识，笃实的学风，大公无私、任劳任怨的工作态度，无不给我留下深刻的印象。如今同辈先后逝去的已不少，回顾前尘，历历在目，不由得滋生起无尽的哀思。好在这些朋辈均事业有成，他们的著作，仍在学界广泛传播，他们的学生，仍与我保持着密切的联系，因此他们的身影，仍时时在我脑中闪现；他们的音声，仍时时在耳边回荡；他们的业绩，也将永远留驻在中国学术史上。

2012年10月

（原载《儒风道骨君子气象——董治安先生纪念文集》，齐鲁书社2013年9月出版）

纯净而颠踬的一生

维森于去年盛夏时去世，忽忽已有半年多了。我因年迈体衰，生前既未能去医院探视，事后又不能去向遗体告别，想不到几十年的同学，生离死别之时竟未能见上最后一面，人生多憾事，越来越感到心有余而力有不足。

我们是在新中国成立之初进入南京大学的。维森来自毗邻的镇江，进入老树新花的南京大学，一切显得新鲜。当时学生可以转系，很多同学报考的第一志愿不是文科，或因考分不够才分到中文系来，有的读了半年就转出去了。维森则是坚定分子，从小就喜欢文学，他的散文写得好，屡次得到于在春老师的称赞，在班上作介绍。班上集会时，他多次满怀激情地朗诵新诗或是散文。

他的外表与内心一致。洁白的皮肤，红润的脸庞，一头偏黄的软发，终日带着稚嫩的微笑，像是一个天真的孩子。有人称他"郭儿"，这也成了他的别名，一直到他晚年，我总叫他"郭儿"。

维森为人单纯、热情，朝气蓬勃。留校之后，从事过几种不同的工作，从不三心二意，无不全力投入。有一段时间，系里开设写作课，老师要承担改文章的任务，费时费力，大家都视若畏途，维森出任写作教研组教师兼秘书，则热情依旧，结合自己的喜好，发挥所长，努力做好工作，取得了很好的成绩。

只是政治风云多变，像他这样一种单纯的文学头脑，显然无法适应变幻莫测的政治风波。他长期担任《光明日报·文学遗产》副刊的通讯员，时而写些评论性质的短文寄去。1960年4月，《文学遗产》上有一次小小的争论，有人说古代文学的教育意义越来越小了，这对热爱传统文化的人来说,无法接受,于是他写了一篇短文《古代作品的社会意义缩小了吗?》予以反驳,认为古代文学的教育作用将越来越大。这种不同意见的争执,现在看来各有所见,真是最平常不过的了,而在当时,却不知触动了什么人的神经,北京传来消息,说是要把他的这篇文章作为靶子,展开争论。这在当时来说,也就是要把他抛出来,作为反面教员而展开大批判。这场风波,最后没有闹大,但对他确实伤害很大。本想维护传统文化的崇高地位,不料有人却会作出另一种解读,像他这样爱惜名声,又不想在政治风浪中大显身手的人,显然感到压抑。从此以后,他一贯心仪的鲁迅笔法,不太形诸笔端了。

维森洁身自好,尽管外面风云变幻,却从不想做弄潮儿。小小的中文系,与外界同步,也是各种关系错综复杂,很难让人置身事外。他坚持原则,从不拉帮结派,也耻于干这种事情,因而从不卷入人事纠纷之中。正像他的研究对象屈原所说的:"忽驰骛以追逐兮,非余心之所急。"他一直维护个人的独立人格。

他的处世之道,恪守传统道德规范,不论是对母亲兄嫂,还是对待师长和学生,都不逾越分寸,真情对待。对待妻子女儿,也是尽心尽力,恪尽天职。古代文学中描述的那些处世好榜样,潜移默化,已成了他行动的指南。就是这样,系里的人对他均有共识,一致认为他是老实人,个人操守好,政治上可靠,因此领导对他也是很器重的。我常跟他开玩笑,说将来共产主义运动史上都要记上他一笔。因为他读到三年级后,就去外系当政治辅导员;到了上世纪六十年代,又奉派赴朝鲜帮助他们校阅金日成著述的中文译稿等。那时出国,要经过严格的政审,维森膺此大任,足见其政治上的可靠。

他从朝鲜回来,给我带了几张唱片,内有《卖花姑娘》等名曲,幽悠动听,成了当时已成文化沙漠的中国大地上一朵别样的奇葩,好多同事都过来欣赏。

但真所谓天有不测风云，到了史无前例的"文化大革命"中，无产阶级专政的铁拳忽然给他以猛击。所谓清查"五一六"的伟大运动开始，维森就被列为重点。很难想象，像他这样一个历史清白、性情单纯的人，居然会被一些阶级斗争嗅觉特别灵敏的人盯上。或许他们认为维森为人软弱，只要施以高压，也就会屈服，这样就可以扩大战果，像捉螃蟹似的拽上一大串了。反正处在这种年代，将自己的战绩建筑在别人的眼泪与鲜血之上，已是"文化大革命"的常规，就是把你郭维森逼死了，那也不过是小菜一碟，算得了什么？只是他们对维森的为人还是没有琢磨透。尽管那些"战士"用尽心机，维森却是不肯违背良心，乱咬他人。古人说"疾风知劲草"，维森经历这番"考验"，既保持了自身人格的完美，也保护了一大批处在危险状态下的朋友。通过这次考验，更能看出他的为人。

当然，维森处在生死关头，内心也极为煎熬。最让他难受的情况之一是，有一些原先一直名声欠佳的人，居然以完美的革命者身份，可以肆意将他践踏。这对一个洁身自好的人来说，内心的激愤，可想而知。屈原在《天问》中对楚国的现状有这样的责难："黄钟毁弃，瓦釜雷鸣。"想不到进入20世纪的新中国，让他这样一位楚辞名家有了另一种别样的体验。

我这么说，也不是说当年整他的人都是凶神恶煞，我相信其中一些人对他还是了解的，心中一定不会认定他是什么阶级敌人，但出于对领袖的绝对服从，也不得不这么做。按照当时的政治原则，上级叫你去整某个人，那你就得绝对服从，否则你得自己准备去加入阶级敌人的队伍，等着挨整。这是一种革命纪律，也是一种不容怀疑的阶级信仰，这种情况，后人恐怕难于理解。

改革开放之后，我们回忆往事时，总有不少唏嘘，原来革命的过程中，遇到的一些新鲜事，还可有各种深层次的不同解读，可以帮助你提高认识,解决内心的种种困惑。大家深感庆幸的是,我等在历经磨难之后,最后还是过上了一二十年的太平日子,不必再在种种革命理论中为各种难解的现象寻找解释了。维森出了楚辞与《史记》等方面的研究成果,奠定了他在学术界的地位,还长期担任系主任与教研室主任等职,为振兴母系、培育学生作出了贡献。他的积累,他的抱负,总算能以部分展示,作为老同学,也为他晚年的圆满生活感到庆幸。

2012 年 2 月 28 日

(原载《郭维森先生纪念文集》,凤凰出版社 2014 年 11 月出版)

忆罗宗强兄

近年来,常为罗宗强兄的健康担忧。自上世纪末,他的健康情况渐告恶化,这倒并不是因患什么恶疾,而是自然衰老,不知是否因为早年的肌无力等罕见的病症在慢慢摧毁他的健康,但在日常通话中,可以明显地感受到健康情况的日益退步。

2015年时,承黄霖兄的好意,复旦大学中国古代文学研究中心组织了一套《当代中国古代文学研究文库》,首列十人,均为国内年长一辈的学者,我与宗强兄都名列其中。拙作《锺山愚公拾金行踪》和宗强兄的《因缘居存稿》有幸并列其中,自然会对彼此的选文与写法交换意见,此时宗强兄即很悲观,一再提到"怕是看不到此书正式出版了",我就安慰他,既无危及生命的恶疾,有事可做或许还可以延年益寿。果然,丛书顺利出版,我俩也就习以为常地交换各自的选集,留作纪念。

多年老友虽然常在念中,但均已年过八十,行动不便,很难谋面。一在南京,一在天津,平时只能通个电话交流近况。开始之时,我总是每隔个把月去一次电话,随着时间的推移,我逐渐感到,通话可能也会让他成为负担,于是我常处在又想通话,又怕通话的忐忑心情之中。我不知道他家如何布置,电话可能放在客厅里面。电话接通后,总是夫人前来接听,然后喊宗强兄来交谈。宗强兄身体还好的时候,听到夫人叫他,便迅速起来接听了。随着年龄的老去,他走路的时间越来越慢。后来才知道,他在家走路也要以拐杖支撑,这倒使我担心起来,心想这会不会发生危险?于是我俩的通话也就越来越少了。偶尔顺利地谈上一段时间,总是会高兴多时。

到了最近几年,一年也打不了几次电话,只能默默地将思念之情埋在心中。

去年八月底,宗强兄突来电话,说是要我帮忙,我赶紧接着谈,但他的声音极为微弱,已把电话转给他的女儿罗健。我的口音重,罗健听不懂,便由妻子祁杰接着交谈。原来他们想叫我找一个行家,在他的全部画作中挑选出一些可以展出的作品,准备办一个罗宗强画展。罗健说他前时大病一场,已在为他准备后事,后经医生抢救,才脱离了危险,他目前已回家,但仍需卧床静养。最近中华书局已将《罗宗强文集》出版,罗健打算亲自把《文集》和画一起送来。这两件事,自不必让她千里奔波,我就立即与文史馆业务处负责人丁骏兄商量,他也认为容易解决,不必让罗健来南京。于是二人通过网络视频,请这里的书画家与鉴定家萧平先生帮忙,从中挑选了30多幅,且云:此乃粤东画派风格,这个工作,前后只花了半个多小时;罗健还要来面谢,我力辞,让她用快递将《文集》寄来,她后来也说,把一箱子精装本文集提到南京,一个弱女子也会困难重重。

宗强兄的艺术修养之佳,在我们一辈人中很少见。他童年时代就随从揭阳一位画家学画,此人成名后移居新加坡,我俩于1991年去新加坡国立大学参加《汉学研究的回顾与前瞻》会议时,宗强兄还专程去探望了那位老师。宗强兄夫人王曾丽,毕业于天津艺术学院,宗强兄八十寿辰时还出了一册夫妇画作合集,宗强兄用大写意的笔法,夫人则精于工笔画,于此可见其家庭中艺术氛围之浓郁。

宗强兄还爱好书法,他送我的书中,好多是用毛笔题写的,他还喜欢作诗,新体诗、旧体诗都喜爱,对于新诗作者海子等人,曾有专题论文发表。由此看来,他的艺术修养很全面,鉴赏与创作兼善。从我们偏于从事研究工作的人来说,这样的修养,这样的水平,很少见,因此无不给予高度评价,他的研究工作如此出色,即与其涵养的丰富深厚有关。

我们二人都喜读唐诗与《文心雕龙》，平时交谈很多，晚年尤甚。我在晚年完成《文心雕龙解析》一书，就曾得到他的帮助。《解析》之成，对我来说实属意想不到之事，其时我已年过八十，精力不敷，思绪常嫌迟钝，本拟放弃这项著述，然在若干朋友相劝下，终于提振了完成全书的信心。当时感到这类著作社会上流行的已很多，不少是前辈名作和友辈的力作，而自己的原有讲义，是否有其特点，值得不值得加工推出，始终下不了决心，于是将已成的十五篇《解析》样稿分寄有关各位学者，宗强兄亦在咨询者之列。事后蒙兄明告，此稿完全有我个人的特点，值得加工，这才激发了我完成全书的热情。其实我在请他审阅时，心中是很忐忑的，我已知道他当时患有青光眼，阅读不便，但他还是勉力读我寄去的文字，且一一作答。我在书前有一篇很长的前言，列举我对"龙学"中各种问题的看法，颇多与人不同。蒙兄认可，信心倍增，而我用语时见疏忽，蒙兄改正，文义始安。如我在历数《文心》研究者中前后阶段作出贡献的一些专家，论及改革开放之后的一些代表人物，不再囿于前时的苏式理论，而是结合自身思辨所得，在理论建设上可以牟世金的《文心雕龙研究》与张少康的《刘勰及其〈文心雕龙〉研究》为代表，宗强兄建议，此处可改为"其中有的人则以构建刘勰的文艺思想体系为着力之点。这方面的成果很多，其中可以牟世金的《文心雕龙研究》与张少康的《刘勰及其〈文心雕龙〉研究》为代表"。这样改动，论证始见周密。随后我又接着介绍"在理论探讨方面作出重要贡献的著作，可以王元化的《文心雕龙创作论》与罗宗强的《读文心雕龙手记》为代表"。如此评价，绝非囿于人情的酬答。罗书篇幅不大，讨论问题时条分缕析，论断精严，时能给人以启发。读者不难复核。

我在《前言》一文中，还曾尝试对新中国成立后《龙》学界指导思想的变化作出解释。新中国成立初期，文艺理论界还未统一于某种理论,源于亚里士多德《诗学》理论的季摩菲耶夫的《文艺原理》颇为风行,其时就有查良铮的译本面世,不但在学术界传播,高校中也被列为教材。当我介绍到此书时,宗强兄随即来示,说明查良铮即诗人穆旦,南开大学外文系教授。罗兄对其诗作评价极高。我因平时不大读新诗,故了解不多。自兄提示后,始觉应该介绍得详细一些,除了向他讨教外,还向我校文学院内研究穆旦的年轻教授李章斌讨教,充实了内容,借此说明改革开放之前文艺理论界的变化。由此可知,宗强兄在健康不佳的情况下还能帮我完成最后一部著作,友情可感,我对此一直铭记在心。

宗强兄的治唐诗,与我的情况有其类似之处,均为郭沫若的《李白与杜甫》中的一些偏见所激发,由是他写成了《李杜论略》,我写成了《高适年谱》,其后均在李白研究上留下很多笔墨。

世纪之交,我一连串写了好几种有关李白的著作,而对其中《诗仙李白之谜》一书,罗宗强兄还特地在《文学遗产》1998 年第 4 期中写了一篇书评《李白研究的一个更为广阔的领域》,副标题即《读周勋初〈诗仙李白之谜〉》。我在书中提出了许多新的论点,如剔骨葬友的奇特习俗,"笔题月支书"的不同于常人的学识,宗强兄认为,我从文化方面研究李白,确是开辟了一条考察这位伟大诗人的新路。从当下的情况看,我所提出的"李白为多元文化的结晶"之说,已为学界众多人士所接受,但像宗强兄这样从理论上加以进一步论证并推荐的还并不多见。

不但如此,我的李白研究成果,还曾得到他的大力推广,当他协助袁行霈兄编写《中国文学史》唐代部分中的李白时,就提出了许多新的见解。有的则说明出自我的某种著作。如果说我的李白研究有着独辟蹊径之处,蒙兄褒奖,也就帮助拙论扩大了影响。

2006 年 8 月下旬,首都师范大学在北京宽沟举办唐代文学学会

13届会议暨唐代文学国际学术研讨会,是我俩晚年共同参加的一次大型国际会议。会后还去金鸡岭长城游玩,其时宗强兄还能顺利攀登高高的城墙,且与年轻人一样,走了许多险峻的地方,事后却又生了一场病。他对自然界的美景,总是尽情享受,即使体能有所透支也在所不惜。

在这次会议上,他留下一张他至为珍视的相片(我、傅璇琮兄、罗宗强兄的合影),先是用在他八十寿辰的纪念集中,后又用在中华书局出版的文集里,无不放在突出的位置。

罗宗强先生与周勋初先生(中)、傅璇琮先生(右)合影

唐代文学研究是我们共同研究的中心问题之一,我与他的结交,自唐代文学始,直到去年收到他的文集,一直联系不断,而今人琴俱亡,实在令人不胜痛惜。

自我出任《全唐五代诗》第一主编起,宗强兄一直密切关注此一巨著的进展。此书初盛唐部分即将出版时,陕西人民出版社领导希望得到国家出版基金的资助,希望我找两位知名专家写推荐信去争取。为此我就请罗宗强兄和陶敏兄二人帮助。那时陶敏兄已患癌症,开刀后,正在休养,但他力疾撰文,可惜没能见到此书的面世。宗强兄亦病患缠身,也在预期内完成申报事宜。陶敏兄的逝世,我一直深感痛心,但从未写过什么纪念文字,这已成了我的精神负担。今借纪念宗强兄之机,将二人的申报文字附上,藉以一起纪念二人对这一大书的贡献。

（原载《中华读书报》2020 年 6 月 3 日,该报改题为《此情永忆》）

〔推荐信〕

唐及五代时期的诗歌吸收了此前诗歌艺术的丰富经验,并加以发扬创造,达到难以企及的高峰。唐代伟大诗人如李白、杜甫,几乎成了我国诗歌的代名词。由于唐诗是中国古典文学的瑰宝,因此历代学者均努力收集编纂,力求展示其全貌,而以清康熙时代所编的《全唐诗》为第一座里程碑,其中收诗歌 49403 首,诗句 1555 条,作者 2873 人。由于文献与文物的不断发现,加之唐诗研究的不断深入,学界对唐诗文献持续地加以补遗、考订、阐释,已知唐代诗人、诗作已超过清编《全唐诗》的两倍左右。新时期以来,学界纷纷成立唐诗文献的研究机构,力求在总结前人研究成果的基础上,再加发掘,以更高的学术要求,编纂一部能够取代《全唐诗》的《全唐五代诗》。因此,这项工作是对中国文化中宝贵遗产进行全面深入发掘整理的文化工程,不仅可为深化中国古代文学史的研究提供更为丰富的文献基础,而且会产生积极的社会与文化影响,为实现我国文化大繁荣贡献力量。

文学文献的整理本身就是一种高水准的学术研究,也是传承中国传统文化的重要手段。这一基础性工作一直受到学界重视,自 20 世纪 80 年代以来,包括《全唐五代词》《全唐五代小说》《全宋诗》《全宋

词》《全宋文》《全元戏曲》《全元文》等大型文学总集陆续编纂出版,而
《全唐五代诗》无疑是诸多总集中最具文献价值的一部。该工作的编
纂队伍阵容强大,主编周勋初、傅璇琮、郁贤皓、吴企明、佟培基等先生
均是唐诗研究界的前辈与巨擘,所在工作单位均是中国古代文学和文
献学的研究重镇。1993 年该项目就被全国高校古委会立项,予以资
助。教育部和相关高校均十分关注这项工作,第一主编周勋初先生的
工作单位南京大学将此工作列入国家"985 工程"资助项目,目前已完
成初盛唐部分,进入出版阶段;中、晚唐部分也初具规模。该项目投入
了大量的时间、人员与经费,如能获得国家和社会更多的支持,将更有
利于这项工作的进行。我作为一名唐代文学的研究者,深知其事艰巨
和意义重大,急切地盼望这项工程早出成果,利益学界,为此,我衷心
地祝愿《全唐五代诗》顺利出版,愿意推荐申请国家出版基金。

南开大学中文系教授、中国唐代文学学会顾问:罗宗强
2012 年 6 月 15 日

〔推荐信〕

唐五代时期是中国古典诗歌的极盛时期,唐诗是中国文化的瑰
宝,唐人就已开始选录结集本朝诗歌。宋、元、明、清以降,唐诗选本层
出不穷。清康熙皇帝酷爱唐诗,遂命江宁织造曹寅(曹雪芹祖父)主持
编纂了《全唐诗》一巨帙,号称"唐三百年诗人之菁华,咸采撷荟萃于一
编之内,亦可云大备矣"!

由于编纂时间仓促,《全唐诗》中遗漏甚多,此后海内外学者开展
了补遗与考订工作。其中比较重要的成果有王重民先生查阅敦煌出
土文献时辑录出的唐人"佚诗",孙望先生从《永乐大典》及大量的野

史、小说、诗话、笔记以及域外汉籍中辑录出的《全唐诗》未见作品，童养年、陈尚君两先生又做了很多的辑补工作，而唐代文物、域外汉籍中还存在不少佚诗。由于唐诗学界不断地进行唐诗辑佚与唐代诗人别集的考订、补遗与研究工作，新成果层出不穷，于是学界倡议在近三百年唐诗整理研究的基础上新编一部唐诗总集，定名为《全唐五代诗》。1993 年，该项目被列为全国高校古籍整理与研究工作委员会重点项目，由南京大学周勋初先生、中华书局傅璇琮先生、南京师范大学郁贤皓先生、苏州大学吴企明先生、河南大学佟培基先生等担任主编，至2006 年，已完成初唐、盛唐时期 237 卷，以及部分中唐和晚唐的整理稿，其内容将是清编《全唐诗》的两倍，增加作者约 1000 人，增加诗歌约 5000 首，足以取代清编《全唐诗》。在新时期以来整理的诸多中国古代文学总集当中，《全唐五代诗》无疑是最具文献价值和历史价值的大型中国古代文学总集之一，对深入发掘中国文化的宝贵资源，推进中国历史文化的研究与普及，增强民族文化的自信心和凝聚力，实现我国文化大繁荣的目标均将产生积极的影响。

　　这是一项历时长久、凝聚了许多学人心血的文化工程，我本人也长期从事这项工作，收集、考订、编校了韦应物、刘禹锡等一批唐代诗人的诗歌，深知这项工作在文献收集、学术要求和组织工作等方面的艰难，更希望这项工作得到政府和社会多方面的支持，为此，我竭诚推荐《全唐五代诗》申报国家出版基金项目。

湖南科技大学文学院教授、中国唐代文学学会常务理事：陶敏

2012 年 6 月 15 日

缅怀小石师父子

目下见到过胡小石先生的人已经不多,见到过胡令德先生的人更少了。作为小石师的晚年弟子,我也已九十高龄,但小石师于1962年去世前后,令德先生万里奔丧的情景仍历历在目。顷因杨世雄先生将令德先生珍藏的一册珍贵文献捐献给母校,且将公开出版,为此又勾起我的不少回忆,由于这批文献内容丰富,意义重大,觉得应该将我所知的情况作些介绍,帮助大家了解此事的始末。

令德先生抗战时期赴中国驻英国使馆就职时,自然负有协调中英共同抗日的重任。各界社会名流纷纷赠以书画,显示的是年长一辈对年轻一辈的期望,上下同心,形成一种社会凝聚力。在我看来,其中有的前辈和小石师并非什么深交。例如蔡廷锴,当年淞沪战争痛击敌寇,实为举国皆知的爱国将领,他们中的一些人的临别赠言,显示的是一种民族情绪。

小石师是重庆中央大学最负盛名的文科教授,大约在此前后不远,教育部评了一批部聘教授,小石师为唯一的一位文科教授,道德文章享誉学林,地位至高。父子如此与众不同,各界名流自然特别关注,故有共同赠送书画之事。

有关令德先生前往英国之事,小石师曾见告,令德先生的岳丈为一老外交家,故在国家危殆之时,能有机会帮助爱婿到英国使馆任职。联合国成立之后,令德先生随即进入联合国工作,因与国内情况距离太远,他在联合国内的具体情况一直不太清楚。但从回家奔丧之事看来,他一定会恪守一个中国人的立场,依照传统的做人原则办事。

这里我将小石师逝世时的情况和感受说明一下:按照我国传统,

父母去世，定要等到长子在灵前举行传统的丧礼，才算完成家族中的一件大事。胡令德先生正在联合国任职，那时交通不便，从美国赶回定要花上两三天时间，当时还施行土葬，令德先生来到家时，一切先期工作都已抓紧完成。小石师的灵柩四角没有钉死，还要让子女一起见上最后一面。这时白天、晚上都要有人守灵，白天就由子女守灵，我们几个年轻教师，包括出于他门下的研究生，就分别在夜里守灵。令德先生到达南京后，立即与省里联系，大约在第二天上午九点，启灵仪式就开始了。

20世纪60年代初，知识分子还是受到尊重的，而胡先生的学术成就和道德文章更是非同一般，因此这次丧事规格很高，由江苏省惠浴宇省长主祭。省长致悼词后，灵柩启动，送往墓地，令德先生率弟妹们扶灵而行，亲友、学生执绋随行，送至望江矶公墓。这里的地势很好，墓穴早已用砖砌成。工人随即将棺木缓缓放入墓中。墓碑也已制成，由曾炤燏女士请北京故宫博物院鉴定书画的首席专家张珩先生题字。墓志铭则由曾炤燏女士自己写成，且已提前刻制好了。那几天一直阴雨，下葬时，胡令德先生不顾地面泥泞，首先就跪到地上，紧跟着家属们也一一下跪，向胡先生告别。家属都穿着白色的孝服，子女身上还有白色的长带，这时在场的人，无不悲恸。最后将墓碑安放妥当，由令德先生带头绕墓三圈，才慢慢离去。

其后中国陷入动乱，两地阻隔，"文化大革命"中很难听到两地的消息。只是在中国加入联合国时，乔冠华以外交部长的身份首次参加会议。其间令德先生找过乔冠华，请他帮助处理一下南京家里的事，因为小石师在天竺路上的住所已被红卫兵占领，胡师母被赶了出去。不知住在什么地方？听说乔冠华参加联合国会议后，经过上海时面告张春桥（或是徐景贤），胡师母这才可以回家安度晚年。其时令德先生一直关注着家人的命运，抓住机会为老母解了忧。

改革开放之后,我作为中文系古代文学学术带头人,举办过几次纪念胡小石师的会议,也编过几种纪念小石师的集子,1990年,中文系开了一个纪念小石师、中凡师、辟疆师百年诞辰会议,胡令闻先生夫妇千里迢迢从美国赶回,参加了会议。令德先生则因工作关系无法回国参加会议。

　　1997年我应美国几所大学之邀,前去讲学,但总因人地生疏,无法与先师子女见面。当我应康达维教授之邀,前往华盛顿大学讲演时,令德先生本想与我见面,总因年老,无法驾车进入市内,事后康达维教授邀请我住到他家里,据云距离令德先生的寓所不远,但我不好意思请康达维教授送到胡家,也不便于让80多岁的令德先生到康家来看我。因此虽有一次难得见面的机会,也无法实现,只好引以为憾了。

卅载交往见真淳

——怀念杨承祖先生

我与杨承祖先生相识于 1990 年 11 月的南京会议, 2002 年任教于东海大学分手后再未谋面, 然仍通过电话保持联系, 直到 2017 年他不幸去世, 前后历时将近卅年, 联系从未中断。

1990 年 11 月, 江苏五所高校的古典文学教研组联合起来承办唐代文学学会的第五届年会暨国际学术讨论会, 由我主持会务。其时改革开放历时不久, 国外与台湾地区来此参加活动的人还很少。我从福建的朋友处得知, 台湾的罗联添教授在他的一本《中国文学史论文精选》里采录了我的一篇《梁代文论三派述要》, 于是通过这一线索, 给罗先生写了一封信, 并请他邀约一批同好前来参加。其时蒋经国对大陆开放不久, 他们也很希望到这边看看, 于是打了正式报告, 组织了一个经行政院批准的学术代表团, 集中了台湾大学与政治大学及其他学校与研究机构的唐诗专家, 由杨承祖教授任团长, 内有罗联添、汪中、吴宏一等多人; 王梦鸥先生年高德劭, 出任顾问, 弟子罗宗涛、李丰懋、王国良教授随行。这是台湾地区唐诗学界的一批名人, 具有代表意义。

这次我们还请了许多日本学者与会: 京都大学兴膳宏、早稻田大学松浦友久、立命馆大学笕文生、神户大学笕久美子、爱媛大学西村富美子、奈良女子大学横山弘、大东文化大学内山知也、大阪市立大学斋藤茂等。一次会议, 集合如此多的高级学者, 前所未见。

会议结束后, 浙江台州郑虔纪念馆派车迎接日本与中国台湾的学者前去浙东游赏, 借此拓展与外界的联系。事后还到天台山等地参观,前后将近一周。朝夕相处,大家也就熟悉起来。

这时才得知,台湾学者中很多人是从大陆过去的,他们在二十岁前后均生长在家乡,杨太太与汪太太会议结束后就回到家乡去见亲人。承祖兄热情豪爽又健谈,彼此交流,谈了师辈的不少事情,又看到了不少名胜古迹。最后到达上海,我早请人安排在上海的百年老店"功德林"吃素菜,还邀请了几位上海的朋友前来见面。我们分乘两部车子,我与日本朋友的车子先到,杨先生等几位台湾朋友的车子后到,原来承祖先生是要绕道杭州西湖边上观赏一番,可见他对故土的美好风光何等眷恋,何等执着。

后来我因业务上的关系,经常到台湾参加不少大学举办的学术会议,1998 年和 2002 年,还先后到清华大学与东海大学去讲学各半年,每次前去必与承祖兄来往。杨太太与我妻子也经常来往。他们夫妇也多次来我校与其他地方参加会议,因此已是很熟很熟的朋友了。

1998 年时曾有一次浙东之游,两家一起去蒋介石老家溪口参观,先是在妙高台上远眺奉化全景,后到蒋氏故居参观。彼时溪口小镇还没有出租车,只有三轮车代步。杨兄夫妇都很胖,三轮车夫一路上抱怨说他们两个人的体重比四个人还多,从未遇到过这样的客人。杨太太心地特别善良,随后就给了车夫一笔丰厚的车费,那个车夫喜出望外,道谢不迭。

也就是在 1998 年秋季,我应邀至新竹清华大学任教,学期结束时,与妻子祁杰应邀赴台北与杨、罗、汪三位同道见面。杨太太与汪太太预先还为我与祁杰买了两枚纯金的戒指,汪先生还请一位善于烹调的女学生前来帮忙,举行家宴。平时杨先生夫妇单独宴请的次数更多,或是去馆子,或是约几位朋友一起去吃自助餐,可以说是尝遍了台湾的山珍海味。席间无话不谈,友情可感。

承祖兄热爱中国传统文化,本人也多才多艺。他爱好京剧,与龙宇纯、王寿南等先生在台北组织了一个票友会,他唱老生,还能登台表演。记得有一次我们两家一起赴台南看一次非公开的演出,龙宇纯先生的女儿演青衣,中间杨兄还要到后台去赞誉与鼓励。就在那次台南之行,他还抽空去一家养老院看望老师苏雪林教授。苏雪林为本师胡小石先生于民国早期北京女子师范学院的学生,与冯沅君、黄庐隐、程俊英等同班。小石师一直把早年培养出这批女学者引为快事,其时苏雪林教授已近百岁,我也深以其时能见到这位老师姐为幸事。

承祖兄也知道我到台湾的机会难得,因此总是尽可能带我们到一些大陆来客很少去的地方。有一次,他们夫妇就陪我们夫妇一起去玩淡水红毛城的葡萄牙总督府。还有一次,两家一起吃过中饭后,又驱车至阳明山参观林语堂纪念馆等景点,在阳台上还留下了一张珍贵的合影。

摄于林语堂纪念馆阳台上

20 世纪 90 年代，大陆学者喜欢在台湾出书，这也是我辈专治古典文学者的独特优势。承祖兄交游广，与出版界联系多，他把郁贤皓兄《天上谪仙人的秘密》和我的《诗仙李白之谜》都推荐商务印书馆出版，还为拙著撰序揄扬。这书印了 1500 册，罗联添兄认为已是畅销书了。

承祖兄晚年致力于总结一生成就，编纂《杨承祖文录》。尽管已是八十多岁的高龄，仍秉持一贯作风，一丝不苟，总要网罗所有有关材料，始能落笔定稿。他先后写下了《元结年谱》《张九龄年谱》等著作，这时要对有关孟浩然的著作加以订正完善。查目录，发现大陆学者王××有一本孟浩然的专著，台湾无法看到，他告诉我后，我因年老，无法外出购书，乃请我校图书馆负责书籍流通的朱亚栋学友帮助。查我校图书馆藏书也无此本，他乃商请上海华东师范大学的同行将此书逐页扫描后，传递到他学生的手机上。承祖兄读过后，认为新意不多，也无新材料可采摘，这时他方认为这篇《新订孟浩然事迹系年》可以放心定稿。

今抚摸遗著，追思往事，仍历历在目。我与承祖兄同岁，今年已九十有三，遗忘者多，落笔迟钝。然在鸿森先生的帮助下，能在老友的纪念册上留下一些文字，聊尽心愿。希望我俩的友谊也能为承祖兄的众多门生所知晓。

2021 年 4 月 26 日

在八十寿辰庆祝会上的讲话

各位朋友：

非常惶恐，自己本身是一个微不足道的教师，今天能够得到这样的荣誉，好多朋友和同学不远万里来到南京给我祝寿，自己感想很多，有好多话要讲。刚才莫砺锋教授的讲话对我的人生经历做了回顾，在今天这个场合，我也想起很多过去的事情。

我这一辈子基本上都是在南京大学度过的。在南京大学的好多事情是不能忘怀的。不过今天我想从年轻时做些回顾。我这个人，现在大家都讲我身体不错，其实我几次生病，病得要死掉了。我初中的时候就得了一种病，叫做骨痨。冬季生的，也不知道，后来发现的时候，瘤已长得很大了。那个时候住在乡下，医疗条件很差，也没办法医。后来发现了，就贴膏药，贴了半年，才慢慢消掉。幸亏没有长得太大，否则在那个时候的条件下就一定死掉了。逃过一关。到了高中的时候，又大口吐血，吐了两次。后来发现是生了严重的肺病。那个时候生肺病是没办法医的，是绝症。生病生得吐血，太厉害了，体温高到四十度。一点办法也没有。后来幸亏美国的链霉素到了上海。打了八十瓶链霉素，才把它压下来。否则的话肯定也死掉了。那个时候链霉素贵得不得了。我生了这个病，家里面负债累累。家里是地主，没有其他收入，只好卖地。这样子活下来，真不容易。由于这个原因，我跟家庭的关系特别密切，对家庭的感情特别深。我们家是一个非常传统的家庭。这个传统不是说什么诗礼传家。我们家是地主家庭，但也不是说很富裕的地主。我祖父时是非常富裕，到了我父亲的时候，弟兄四个，一分分了四份以后，已经是中小地主了。到我父亲时，才开始读书。但是这个家里面非常传统。中国过去讲父慈子孝。我们家里几代出孝子。我祖父，我父亲，我哥哥，大家都知道是孝子，孝顺得不得了。所以呢，农村中像我这种生肺病的情况，一般情况下是不大医的，治不好的，无非是大量地浪费钱。所以一般生了肺病以后，家就慢慢地败落。姊妹兄弟看到你生了肺病以后，也恨得不得了。因为你把家里的财产都耗费掉了。尤其家里人看到你生了肺病要传染，一般都把你隔离了。我从1947年生肺病，到1950年，生了三年。那个时候生病，没其他办法的。通常讲自然疗法。我整整在床上躺了三年，跟世界完全隔绝。来看我的就是家里人。祖母、父亲、母亲特别爱我，非但不嫌弃我，而且对我相当爱护。我哥哥呢，对我也特别好。我哥哥那个时候在上海工作。他每个礼拜回家。每到礼拜六的时候，我就盼我哥哥回来。他从上海乘车子回来，深更半夜，哥哥那个时候刚结婚，一到家里以后，不到嫂嫂房间去，都陪着我。我们一家人都围在床沿，安慰我。那个时候简单得不得了，苦得不得了。就靠这样维持生命。所以我觉得我对家庭的感情深得不得了。我跟爸爸、妈妈、哥哥的感情深得不得了。到了1950年，家里解放了，我们家也土改了。我打了八十瓶链霉素以后，身体基本上有了好转，靠同等学历考上了南京大学。

考上南京大学，是新中国成立初期的时候，运动不断。镇压反革命，"三反五反"，土改，一个运动一个运动地来。那个时候我们大学生多出身不好。运动来的时候，都会触及到这些出身不好的家庭。大家听来听去，外面讲得轰轰烈烈，运动形势大好，革命开展什么什么。但是我们出身不好，大家听到的都是些封闭的消息。"三反五反"，比如说南京一个资本家跳楼自杀了，那个资本家什么样子，都是听到这种消息，对我们很有触动。那个时候的思想转不过来，也就是说像我这样的一个人，跟家里联系得那么紧，你要想叫我跟家里划清界限，改变立场,我觉得根本不可能的。这种家庭的培养,不是说你爸爸妈妈一天到晚教你怎么样要孝敬爸爸妈妈,这是从行动表现出来的。比如说,解放初期,我们这种地主家庭的经济也并不是很好的。在农村里,冬天冷得不得了。打一脸盆热水,我祖母洗洗,我爸爸洗,我妈妈洗,我哥哥洗,哥哥洗好后我洗,我妹妹洗。吃饭的时候,我们小孩子坐在边上,祖母先动筷子,爸爸再夹菜,我们才可以吃饭。这种影响是潜移默化的。所以我们从小就养成了一种长幼有序的习惯,从小就知道父慈子孝。对爸爸妈妈孝顺,对哥哥尊重。哥哥有哥哥的样子,哥哥对弟弟爱护得不得了,我爸爸妈妈对我爱护不得了。在这种情况之下,要我跟家庭划清界限是不可能的,根本做不到,在思想上没有办法接受。比如说,农村土改的时候,老是出现这种情况,一些农民逼着地主家庭的子女打她爸爸妈妈。我有一个同学,姓希的,不到二十岁的一个小姑娘,一些农民逼她:"你要打你爸爸妈妈,你不打的话,你就是站在你爸爸妈妈的立场。你打了,你就站到我们的立场。"一个不到二十岁的小姑娘,在这种环境之下,不得不动手打她爸爸妈妈。打的时候小姑娘浑身发抖。好了,打过以后,这个小姑娘的道德界限崩溃掉了。这种情况,对我来讲,没法接受。

在运动当中,经常有这样的情况,朋友之间大家互相议论议论政治,结果一个人马上就检举揭发了。在那样的情况之下,我总觉得这是背信弃义,这样子就把传统道德破坏掉了。所以我在当时这种情况之下,是非常难处的。自己这样的出身,不能适应这个社会,实际上是很危险的。好了,终于出事情了。我们宿舍里有一个人叫王继能,比我们大几岁。据说他出身安徽的一个地主家庭。他爸妈抢公粮,后来被镇压。王继能逃出来了,逃到我们房间里头。那个时候我们不知道。我们班还有一个同学,叫王曼丽,她爸爸原来是国民党河南省民政厅厅长,镇压反革命的时候把他抓起来了。抓起来以后,家里面的家长什么的都紧张得不得了。她就跟王继能商量,怎么样救她的爸爸。她妈妈给她讲她爸爸为人非常好的,没什么事情,而且他跟共产党已经有联系。二野的一个政治部主任担保他,没有什么事情的。后来他做生意了,上海一个副市长叫沈培华,是民主建国会的,也出来担保他,没有什么事情的。现在把他关起来了,要想法子把他救出来。那个时候我们不清楚。后来老太太要跑到上海去救她丈夫。王继能跑过来,说她妈妈要走了,留下一个箱子。要把那个箱子抬到房间里来,叫大家一起去搬,我们听了以后,我那个时候在生病,肺病复发了,躺在床上。听到大家要去抬箱子,我没有去,当他们把箱子放到我们床底下时我搭了一把手。好了,后来有人揭发了。说这个箱子里面装了东西,她爸爸是国民党的高官,贪污盗窃,那里面有好多金条。这个问题严重了。在他们看来,那就是帮反革命分子转移财物啊。我们也就犯了政治错误了。那个时候实际上我也觉得国民党的那个民政厅长不是什么好东西。怎么为资本家搬那个东西呢。那个时候有一种心理,总觉得同学有困难,去搬个箱子不行吗?马上就去抬了,后来事情出来以后,到了一年级下学期,这个事情摊开来了,要批判。那个时候叫落后小圈子。我们同房间几个人,一个个批判。过了一段时期,王继能被抓起来去劳改了。我出身不好,身体又坏,现在又犯了政治错误,情绪非常低。

第二个学期,我住到了休养宿舍养病。班里有好多课不能选。当时组织上对我们的照顾是非常周到的。解放初期,在不是很好的条件下,对我们还注意营养,每天叫我们吃牛奶啊,茶啊,养病养得还好。这样子养到三年级,肺病基本上好了。那个时候面临一个具体的问题,大家都要提前毕业。因为那个时候国家刚解放,要大批的干部,要去补充,所以大学生书也不读了,提前一年毕业分配。这个时候我心里就经常紧张得不得了。什么原因呢?我肺病生了七年,几次差点死掉了,现在马上就要走上工作岗位。到了工作岗位,如果是工作负担重一点,肺病复发了怎么办?所以我心里紧张得不得了。

我记得比其他同学少读了好多课。想来想去,没办法,我就去找系主任方光焘方先生。我跟方先生讲了,我这个肺病刚好,身体又坏,希望再休养一年。等我身体稳定一下再工作比较好。我又少读了好多课程,想去补读些课程。方先生一听这个意见后,想了一下说好,那你就再延长一年,不要跟大家一起毕业分配了。身体养好了再讲。他说,下学期胡小石胡先生要开文学史课,这个机会非常难得。胡先生马上七十岁了,可能这是他最后一次开文学史了。那你留下来这一年专门跟胡先生学文学史,学古典文学。其他课都不要上了。就跟胡先生学。我非常高兴。就去跟胡先生讲。胡先生教过我"工具书使用法"。胡先生听了也很高兴。方先生安排得很好。胡先生拿出一本上课札记,跟我说,你好好地记录一下。

但到第一天去上课的时候啊,我一到门口,一个人事秘书,叫徐缦华,把我拦在外面,说你不能进去。那我说我怎么不能上课呢?他说你不行,我后来跟他解释,是方先生跟我安排的,胡先生也同意了。他说你已经上过这个课了,你不能进去。那个时候,一个学生跟一个人事秘书,那有什么办法啊,我只好不进去。我站在外面,看到胡先生来了,想与胡先生解释一下。胡先生说,你怎么不进去?我说是徐缦华不让我进去。胡先生一听了以后就皱眉头。他不讲话,就走了。因为胡先生年龄很高了,快七十岁的样子,而徐缦华刚大学毕业,不想与他纠缠。后来我就去找徐缦华想解释一下。他可能也是大学刚毕业,也不会做工作。看到我以后,说走走走,没有什么讲的,你不能听课。那我没办法了。只好去找方先生。方先生听了以后发脾气了。说你去把他叫来,我跟他讲。我想我怎么敢去叫一个人事秘书呢。我不敢。隔了一段时间,徐缦华来了,跟我讲你可以去听课了。我知道是方先生已与他讲了。

那一年的学习，对我的一辈子有非常大的影响。我觉得我在大学里面读了四年，实际上学得不好。因为身体不好，没办法。那一年因为集中精力跟胡先生学，学得比较好。胡先生教《楚辞》，后来我写《九歌新考》，主要就是得力于那一年的学习。方先生也对我非常关心。到国庆节的时候，我也到方先生家里去看他。方先生跟我讲，你应该学学写文章。他就叫我去写一篇文章。讲世界观跟创作方法的。解放以后，学苏联的文艺理论。认为世界观是落后的，创作方法是进步的。讲庄子这种人思想性不行，但艺术性是高的。那时候山东大学的一个副校长陆侃如写了一篇文章，就讲这个。然世界观与创作方法应该是统一的。世界观与艺术是相通的，不能隔离来讲。要写文章批评他，要驳他。方先生讲了以后，叫我写。后来我写了。写来写去没写出来，因为这个题目太大了。以我当时的水平驾驭不了，后来方先生给我改了，但是这篇文章始终没写好。到了四年级下学期，有一次跑到方先生家里去，方先生就跟我讲，你看，现在系里面老先生年龄那么大了，年轻教师也很少，你应该留下来做助教。但这个问题由我提出来不太合适，你去找胡先生讲一下，叫胡先生提出来，留你下来做助教。回去后我也没敢跟胡先生讲。胡先生这个人很严肃的。我跟他就讨论学问，其它什么私人的事情从来不谈。后来毕业了，毕业隔天的晚上，我去罗根泽先生家里拜访他。罗先生说，我已经向组织上提出来了，要把你留下来做助教，但是组织上讲你留下来是不合适的，所以你还是到北京去工作。反正以后努力一点。我晓得老师对我是非常之好。后来我到北京去了。北京去了之后，与南大人还是有联系的。过了一段时间，侯镜昶写信给我，他说胡先生向组织上提出来了，要把你留下来做助教，但组织上不答应。胡先生为了这个事情生气得不得了。胡先生说，我从来没有向组织上提出过要求。我的女儿生物系毕业,分配到东北去。我也没提出要求,分配到东北就到东北去。我觉得这个学生比较好学,可以造就,所以我希望他留下来。这种要求都不能满足我。所以胡先生气得不得了。胡先生后来跟南京博物院院长曾昭燏讲,曾昭燏听了也气得不得了,说因为出身不好,这个学生难道就不能留了? 我听了以后,当时心里也是不愉快,觉得把我看成这个样子。但是在北京的时候,情况也慢慢变化了。我这个人有个特点啊,做事情比较认真。上面交给我的任务,我基本上都能完成得比较好。所以后来到了 1956 年,我在北京当上了国务院青年社会主义建设积极分子。那个时候我跟我爱人认识了,以后关系慢慢明确了,我在北京可以待下去,也就不再考虑其他东西。

1956 年,情况又有了变化。党的知识分子政策改变了。周恩来总理的报告说,要实行新的知识分子政策,要给老教授更多的权力,给他配备助手。那个时候,《光明日报》登出广告,南京大学三个一级教授,方光焘方先生、胡小石胡先生、陈中凡陈先生三个人招收副博士研究生。看到这个广告后,我心里矛盾了,我在想我要不要回去? 因为我在南京大学时,老师对我这么好。但我一想到我在南京大学是那么一个处境,当时一定要把你赶走,你回去干什么呢? 当时我思想上有矛盾。到底怎么办呢? 那个时候有一个同学来信,说你一定要回去。胡先生招生了,你一定要回去。我那个时候,紧张得不得了,夜里准备功课,后来又想算了,不要强求吧。我就写信给我们的一个同学,叫顾关荣,做秘书。我说没时间准备。你帮我去查一下平时的考试成绩,因为我是南大毕业的,算一下,如果行就把我留下来,不行就算了。同学回信说,到教务处问过了,你的平时成绩差得不得了,就六十分七十分,靠平时成绩是不行的。一定要考回来。他说已经跟胡先生讲过了你要回来。胡先生说,你叫他一定要来参加考试,希望他回来学习。顾关荣把这个信息告诉我以后,我没有话说。老师叫我回来,我就得考回来。1956年年底，我就考回南京大学了。来后一个个拜访，拜访方先生、罗先生，老师看到我回来了也很高兴。到胡先生家拜访胡先生，胡先生高兴得不得了。胡先生说，你回来了，好好好，不要急不要急，回来后慢慢地学。我心里觉得很高兴，又能回到老师身边了，回母校了。

但我始终想不通，老师对我这么好，我这个人没什么才华，条件又差。当时组织上不要我留下来，我觉得完全可以理解。随着年龄大些，经历过一些事情了。我觉得根据当时的标准，我确实不应该留下来。政治上也不行，家里出身又不好，身体又坏，读书的成绩又平平，一无可取，干什么要留你下来呢？所以我觉得不留下来，也是有道理的。但是我想不通，老师为什么对我那么好？我觉得不能理解。但我后来想，老师的观点是中国传统的有教无类，他们没什么清规戒律，就觉得这个学生可以造就，就把他留下来，好好培养他。所以在这个里面，我觉得特别要感谢方光焘方先生，没有方先生那次安排，我就没有可能走上这条道路。我总感觉到解放以后，教现代文学不好教，教文艺理论也不好教了，方先生后来慢慢转到语言学去了。我又不跟他学语言学，他却安排我跟胡先生学古典文学，尤其是难能可贵的是，方先生坚决地支持我去跟胡先生学习。

解放初期，有一个特殊情况，一般教师是不愿意跟干部发生冲突的。徐缦华虽然是一个年轻助教，但他是个行政干部，是人事秘书。解放初期，经过思想改造，晓得知识分子在改造的行列。一些过激行为已经出现了。发动学生批判老师，像张世禄先生，原来在国民党里做过一些事情，把他绑到台子上罚跪，这些都已经出现了。所以当时的知识分子对整个干部怕，不太敢跟他们引起冲突的。但方先生不管，支持我一定要去跟胡先生学习。我记得反"右派"的时候，有一次，徐缦华也讲过，他说他做事情非常难做，他想要遵循党的政策，方先生在那里，不能动。后来徐缦华向组织上汇报，组织上说，你触触他，要冲击一下方先生。方先生是非常出名的进步教授。所以当时徐缦华也没有这个胆量敢挑战方先生。我能在方先生的庇护下完成这个学业。那个时候我是落后小圈子，在关键的时候，方先生给我非常大的支持。

现在我对过去的一些事情，有时也糊里糊涂，讲不清楚。但对徐缦华做的事情，我后来也想清楚了，这个事情也不怪徐缦华。当年胡先生上课的时候啊，大家都要来听课，包括南师的孙望等，教务处的，大家都来听课。听课的时候，教室里坐不下，徐缦华看到这种情况，就不能让你进去。少一个是一个。你周勋初，最好打发，容易解决。这个也可以理解。因为他大学刚毕业，又没什么经验。但是我想啊，这里头有个什么问题呢？观念是不一样的。老先生像方先生、胡先生、罗先生，他们是有教无类的思想。到解放以后，这个"类"不一样了。中国向来讲类。老祖宗就讲人分九等，到后来就分士农工商，都有分类的。士农工商中的商，地位很低，因为它这个"类"太差。解放以后，这个"类"更复杂了。分了这么多类，比如说，阶级分析嘛，农村当中，地主阶级，地主阶级有大地主、中小地主、小地主。还有富农、贫农、中农、下中农、雇农。到城市里面，有资产阶级，大资产阶级、中资产阶级、小资产阶级。还有什么小工商业者。在政治运动当中，有落后分子、进步分子、积极分子，还有争取对象、依靠对象、团结对象、打击对象，这个"类"分得细得不得了。所以当年的人啊，大家都怕落到这个"类"里去，都想进到好的"类"里去。组织上分析，周勋初你这个"类"是很差，不值得培养。这个我想是对的，假如我是个共产党员，假如我是出身贫下中农，我是工人阶级，那就不是那个态度，你就有可能进去听课。所以我觉得当时的情况也不一定哪个人怎么样，一个人有一个人的情况。我觉得最难能可贵的，自己最感谢的，是我的几个老师。

老师对我是太好了。如果没有他们的支持，那我就没有今天。当然，有几个领导对我也是很好的。比如说余铭璜，对我也很好。后来我读了两年研究生后，就把我留下来做助教了。反"右派"以后，助教基本上不是党员就是团员，出身要好。像我这样子"类"很差的，居然还能做助教。应该说是余铭璜对我的帮助非常大。而且他一直支持我搞文学批评史。后来康贻宽做总支书记的时候，对我也很好，另眼相看。总之，我觉得在当时这个情况下，我这个人一生历经灾难，身体又坏，政治条件上困难，一步步这样走过来，主要就是得到老师的帮助。

我想我平时没有机会表达对老师的感谢。我本身是搞古代文学的，对胡先生的学问体会的比较多，给胡先生做了一些事情。如表扬胡先生的学术成就，给胡先生也写过一些文章。我给他编的《胡小石讲楚辞》，后来也编出来了。上海书店出版社出版的《中国文学批评史》，叫我写个序。我想我怎么能给老师的书写序呢？但这个我又一定要写，我也写出来了。然对方先生，我始终觉得是一个心病，我没能够给方先生写什么东西，因为专业的关系。方先生的学问，我想在中国的学术界是很少能赶上的。他对文艺理论，对现代文学，都有研究。对语言学的研究，那都是全国最好的。方先生这个人耿直，平时对人也特别好，陈瘦竹先生的夫人沈蔚德，现在九十多岁了。我平时也去看看她，她说经常想起方先生，说方先生这个人耿直，学问又好，又公正。我今天也八十岁了，我始终觉得好多人写方先生的传记，都不能令人满意，但是自己又没有办法写出来，因为方先生那个专业我是一窍不通。我听过方先生讲鲁迅。我觉得方先生讲鲁迅太深刻了。后来我到北京去听过一些讲鲁迅的人的课，我听了以后啊，觉得浅薄得不得了，都是解放以后的那些模式。说鲁迅从民主主义发展到共产主义，骨头是最硬的。方先生讲鲁迅是放到文艺思潮当中讲他所做出的新贡献，深刻得不得了。但是这种东西啊，我当时也没有完整地记录，没有办法整理出来。我自己也无能为力。但我想在今天这个场合，我一定要表达我对方先生的感谢。

我还应该讲讲我的小家庭。我这个人一辈子与家庭是不可分的。我到了南京以后，自己组织了小家庭，我的妻子祁杰到南京以后跟我受苦受难。她原来在北京的时候，条件是很好的，工作岗位也很好。她家里人都在北京。到了南京以后，生活条件大不如北京，工作条件也不如北京，尤其是到了"文化大革命"当中，受冲击，受批判，受斗争，家里抄家。后来我下放到农村，家里没办法，家里马上要崩溃掉了。儿子有病，全靠她一个人在南京支撑。所以我们经历过这样的经历，能够到了这个地步，是我们夫妻两个六十年来相濡以沫，携手走过来的，我觉得这个也是我人生能够走到今天的一个原因。

最后我要讲一下，我后来长期做学科的带头人的经历。老师对我的教导，我自己想了，我应该怎样做这个学科带头人？我想第一个要有教无类。现在的类比过去简单的多了。凡是哪一个人愿意学的，我只要有能力，就一定教他，好好教他。不管他怎么样，也不讲什么学历，不讲什么职称，惟才是举。凡是能够担任职务的，我想就应该这样子做。第二个，现在单位上的每个人的起点都不一样。有些人的起点比较高，有些人的起点比较低；有些人条件比较优越，有些人条件比较差。我想，作为一个学科带头人，现在我们系的好多同学也做学科带头人，现在社会上常看到的事情，是锦上添花，我觉得锦上添花固然重要，但雪中送炭更重要。如果哪个同学起点比较低，有困难，我们应该多关心他，使他感觉到团体的温暖。使得大家一起前进，这样子，这个团队，大家可以各得其所。这个团队，大家都觉得有奔头，有希望。所以我想呢，既要锦上添花，又要雪中送炭。我自己有这样一个经历，觉得我们应该善待每一个学生。现在学生又多，有的时候我们不当心，给他一个挫折，那是一辈子的影响。我想啊，我们应该细心地对待每一个学生。不要让他们受到不应该受到的挫折。当初，我受到挫折，如果没有老师及时的帮助，拉我一把，那我就一辈子也不可能到今天这个地步。

由于水平有限，自己做出来的成绩也很差，今天大家却给了我这么高的荣誉，我觉得惶恐。自己教了好多年的书，好多同学从外地赶过来，给我祝寿，自己非常感动。今天好多老朋友、老同学，都到场了，大家一起从小长大的。今天看到大家，很高兴。我想，老师当初也是这么培养我的，我应把老师培养我的一些心得，给大家讲一下。希望能够表达我对老师的一片感情。

今天我就讲到这里，谢谢大家！

2008 年 4 月

谈尊师重道

中国师道传统源远流长，要求教师具备高尚的情操、宽广的胸怀和弘道的精神。弘扬师道，不仅要把老师的教育理念和方法传承下去，也要注重学风传承，不断拓展师辈的学术。

中国传统文化强调尊师重道，《礼记·学记》篇说："建国君民，教学为先。"民族文化的传承有赖于师生之间的授受，优秀的知识、思想、德行需要通过教师一代代发扬光大；传道、授业、解惑，任何一个方面都不能懈怠。做好一名教师，责任重大，十分光荣。古人推重"天地君亲师"，从排序就可见人们的礼敬。在光荣与责任之间，师道传统闪耀着光芒。

孔子提倡"有教无类"，主张因材施教；孟子强调性善，讲求培养"浩然之气"，拥有大丈夫气概；韩愈反复申说"道之所存，师之所存也"。中国师道传统源远流长，要求教师具备高尚的情操、宽广的胸怀和弘道的精神。具体而言，教书既是传承文化，同时也是传承一种情感。

教师的首要职责是教书，教好书才算尽到责任，尽管各人风格有异，但对学生都应循循善诱，尽心尽力。我于1950年考入南京大学中文系，师从胡小石、汪辟疆等先生学习古代文学，发现他们那一代学者具备一些共同特点：善诗能书，笔头功夫好，懂得的东西多。他们谈吐风雅，似乎在追求一种魏晋风度的神韵，课堂讲学效果特别好，受到学生普遍欢迎。等到我做老师时，领悟他们这些特点，在教学上大有裨益。一位教师能否获得学生的认可和尊重，与他能否站稳讲台、胜任教学息息相关。

一名优秀的教师不仅需要知识渊博,还应与学生沟通有法,教学有方。胡小石先生喜欢与学生闲谈,让学生随便提问,他则随方解答。胡先生看似仪容庄重,难以接近,但在闲谈时,即可发现他风趣横生,亲切自然。孔子学生子夏说夫子"望之俨然,即之也温",意思是说远看老师十分庄重,接触以后却发现很温和。师生之间这种问学场面洋溢着温暖。

由此我体会到,学生从师受学,课堂所学的是专业必备知识,将来可借以谋生,服务社会,而课余闲谈所得常是具备更为深层的内涵,如人格的感染、处世的态度等等。学生耳濡目染,往往受益一生。古代书院教学,尤重师生之间的答问。这种学习有从游之乐、有观摩濡染之效,还有感情上的交流,不只是知识的传授,其中还包括对学生人格的熏陶。这也可以说是中国优秀传统文化在师生关系中的体现。

我从小石师学习时,还体悟到他虽欢迎学生提问,但又是有原则的。有一次,我正在读《诗经》,《国风·王风·扬之水》中有句云"扬之水,不流束薪……"感到难以理解,便就此提问,小石师置之不理。我当即想到,这种问题不该提。后来我当教师,学生就读音、难字、出处等提问,我也拒绝回答。孔子说:"不愤不启,不悱不发。"学生不能拿老师当辞书用,否则反而会助长提问者的懒劲。

我的教学与学术生涯,受老师影响很大。因为老师对我好,我才得以走上治学之道。我临毕业时,胡小石先生、罗根泽先生都希望我留校。时任系主任的方光焘先生,为了让我跟随胡先生学习,还与人事秘书发生正面冲突。我并无特殊才能,成绩也一般,有的科目也就六七十分,何以让老师们如此器重?胡先生、罗先生、方先生在大学教书几十年,见过的学生不知有多少,竟然认为我可以造就。因我不能留在南京大学,胡先生很生气,说从未向组织提过包括自己女儿毕业分配等要求,现在让周勋初留校,纯粹是因这学生好学,可以培养,因此请组织上慎重考虑。这些琐事，足见几位老先生的"有教无类"思想。我在最艰难的时候能一步步走过来，也主要得益于老师们的帮助。我很珍惜在人生最黯淡时得到的温暖。后来我当教师、做古代文学学科带头人，对待学生和年轻教师，很受几位老先生影响。这是中国传统教育思想的精华，值得好好继承。

我始终认为，老师的主要任务是培养学生。教师应当关心学生、爱护学生。工作期间，我的主要精力都放在备课和教学上。我指导学生作论文，选题多是在一次一次交谈中磨出来的。师生在学术上的授受相承，都得手把手地教。因此，我用在批改学生论文上的精力和时间很多。学生毕业后，他们寄来的论文我照常修改。我早已不再指导博士生了，但有博士生将开题报告送来，我也尽力提出建议。我以为，修改文章对学生而言意义重大。善学者可从中琢磨老师为何修改，从而提升自己。薪火相传，这个比喻何等贴切。

弘扬师道，不仅要把老师的教育理念和方法传承下去，也要注重学风传承，不断拓展师辈学术。我写《九歌新考》一书，其中《东皇太一考》一文就是申述师说而成。学术传授就像接力赛跑中的传棒一样，老师探讨某一问题有些想法没有深入下去，学生听后觉得还可开拓，应当在此基础上继续，从而形成一种新的学说。胡先生认为，阅读古书要看古注。他为我指定的《楚辞》读本是王逸、朱熹、戴震三家注本。王逸注《九歌》近于隔靴搔痒，但胡先生认为还得认真读，因为这是第一部古注，必然保存许多古义。我读书时一直遵循他的教导，注重原始文献，引用材料时，选择首出的第一手材料。这些地方也是清儒所提倡的。胡先生、方先生讲课时旁征博引，时见触类旁通之妙。这种学风具有很强的吸引力。我年轻时喜欢泛读，不愿囿于文科教学过于拘守专业的时风，也是与师承有关。

我在高校工作数十年，各种任务丛集，但我很清楚，自己本是教师,教书育人才是本分,也是第一任务。因此,不管处在什么情况,我总要尽力完成教学任务。教师做出的努力,总能在学生那里得到回报。留在身边的一些学生,朝夕相处,容易增进感情,就是在外地任职的学生,也一直保持着深厚的情谊。见面时无所不谈,宛如家人。师生的情谊,属于人类感情中最纯真的部分,自应百般珍惜。

（原载"人民日报文艺"公众号 2018 年 10 月 26 日,徐雁平、尧育飞采访整理）

在周勋初先生八秩华诞庆祝会上的讲话

莫砺锋

尊敬的周先生、周师母：

各位来宾、各位同仁，老师们、同学们：

昨天的风雨，安排了一场雨师洒道，风伯清尘的庄严仪式。今天云散雨收，增添了江南三月、草长莺飞的祥庆气氛。在这个吉日良辰里，我们欢聚一堂，隆重地庆祝周勋初先生的八十华诞，我谨代表南京大学中国古代文学学科讲几句话。其实与刚才发言的胡传志教授一样，我也是周先生的弟子，可以毫不夸张地说，如今在南京大学中国古代文学学科，包括古代文学教研室和古典文献研究所这两个单位工作的全体同仁，都是直接或间接地受到周先生教导的弟子。但由于我本人曾长期在博士生教学和学科点建设两个方面协助周先生的工作，所以我也算是周先生的助手。这种双重的身份使我对周先生在上述工作中作出的贡献有较多的了解，也对周先生所付出的心血有较深的体会。

周先生首先是一位驰誉海内外的杰出学者，他的学术研究以范围广泛、见解深刻为主要特征。在中国古代文学史、中国文学批评史、中国古典文献学和中国古代思想史诸领域内，周先生都获得了重要的研究成果。他的研究不以某个历史时段为限，而是上起先秦，下迄近代。也就是说，周勋初先生的学术研究无论在共时性还是历时性的维度上都达到了"通人"的境界。正因如此，周先生对中华传统文化就有了相当完整的把握，他对中华传统文化的精髓就有了相当透彻的理解。对光辉灿烂的中华传统文化进行深入的研究以及具有现代意识的阐释，再进而实现与现代文化精神的接轨，从而让它在中华民族的伟大复兴中发挥更大的作用，这就是周先生全部工作的精神动力和终极目的。大家阅读周先生著作的时候，一定会注意到其中有好几种是成书于"文革"以前，甚至是"文革"之中的。例如《九歌新考》成书于1960年，《中国文学批评小史》成书于1966年，《高适年谱》成书于1973年，《韩非子札记》成书于1974年。众所周知，在那些年代里，学术研究不但得不到任何鼓励，反而会得到"走白专道路"等可怕的罪名，加上周勋初先生出身于地主家庭，在那种特定的社会环境中，这种身份的人一般都对学术研究避之惟恐不及。但是周先生一直都在孜孜不倦地进行学术研究，这就不可能怀有任何实际功利的目的，而只能是出于对学术与传统文化自身的热爱。我认为，只有在这种心态下从事的著作，才会与曲学阿世的伪学及浮躁浅薄的俗学彻底绝缘，才可能具备最高的学术品格。司马迁著《史记》，曹雪芹著《红楼梦》，就是历史上的范例。周先生曾撰写专文高度评价陈寅恪先生倡导的文化精神，其实在周先生自己的著述中，也同样闪耀着这种文化精神的光芒。

周先生也是一位桃李满天下的良师。大家手头的这册《周勋初先生八十寿辰纪念文集》中所收的38篇论文的作者，都是周先生在改革开放以后在南京大学指导过的学生。其实在"文革"以前的南大以及在其他高校里受到周先生的直接指导或学术沾溉的弟子还有很多，不过我们尊重周先生本人的意见，没有邀请他们撰稿而已。比如台湾清华大学的朱晓海教授，就以周先生的私淑弟子自称，并主动寄来了论文，要求编入这部纪念文集。由于周先生本人的谦逊，表示不敢当，我们才没有把朱教授的论文编进纪念文集，改而收进了《古典文献研究》

的纪念专号。周先生对教学工作付出的心血丝毫不逊于他本人的学术研究,他因材施教,循循善诱,他培养的弟子不但在南京大学形成了本学科的主体力量,而且在海内外的多所大学和科研、出版单位里作出了优异的成绩,成为那些单位的优秀人才。马来西亚留学生余历雄博士把他向周先生问学的对话记录成稿,出版了《师门问学录》一书,在海内外的中文学界产生了巨大的影响,就是一个明证。周先生曾两度被省教育厅授予"优秀研究生导师"的光荣称号,可谓实至名归。

综上所述,周先生既呕心沥血地辛勤笔耕从而著作等身,也循循善诱地培养学生从而桃李满天下,他在学术研究与教书育人两方面都作出了卓越的贡献,从而以通儒和名师而驰誉海内外。然而我认为周先生更大的贡献是在南京大学中国古代文学的学科建设方面。众所周知,南京大学的中国古代文学学科在教育界和学术界久享盛名,在上世纪的三四十年代曾以"东南学术"之名倾动一时,八十年代以后又接连三次被教育部评定为国家重点学科,成为国内外公认的学术重镇。就其整个历史进程来说,南大的中国古代文学学科的创建和发展当然离不开许多前辈学者的卓越贡献,也离不开曾在本学科工作和学习的全体师生的集体努力,但若论工作时间之长、所作贡献之巨,则周勋初先生堪称本学科的杰出代表。周勋初先生于 1950 年考入南大中文系,1956 年考上胡小石先生的副博士研究生,1959 年改为助教留校任教直至如今,他在南大中文系的学习、工作一共经历了半个多世纪的历程。如果把 1952 年的院系调整看成南京大学中文系的真正开端的话,周勋初先生的生平正好与一部系史同步推进。自从 1980 年以来,周先生先后担任南京大学研究生院副院长、南大古典文献研究所所长等职务,校外兼职则有江苏省文史研究馆馆长、全国高等学校古籍整理研究工作委员会副主任、全国古籍整理出版规划领导小组成员、中国唐代文学学会副会长及顾问、中国古代文学理论学会副会长及顾问、中国《文选》学会顾问、中国李白学会顾问、《全唐五代诗》第一主编、《中国思想家评传丛书》副主编等。尽管他的社会工作十分繁忙，尽管他本人的学术研究和教学工作要耗费最大心血，周勋初先生仍把最主要的精力投入学科建设中去，对南京大学的中国古代文学学科的建设立下了汗马功劳，他先是作为原学科带头人程千帆先生的得力助手，为这个国家重点学科的创建作出了筚路蓝缕的贡献；然后又以学科带头人的身份长期领导本学科继续发展。从学科的队伍建设、课程设计到研究方向的规划和集体项目的开展，周先生倾注了大量的心血。直到如今，周先生依然密切地关心着本学科的发展，依然耐心细致地指导着学科成员的成长。周先生在 1995 年被省教育厅评为"江苏省普通高等学校优秀学科带头人"，1999 年又被南京大学校长授予"优秀学科带头人"称号，这是上级领导对他在学科建设上所作出的成绩的高度肯定。而且我认为，对周先生的此项功绩，还有更高的表彰，那就是本学科欣欣向荣的良好发展态势和求真务实的良好学术声誉。

各位来宾，各位同仁，我们尊敬的周先生年近八秩了，但是老骥伏枥，志在千里，周先生依然精神矍铄，至今笔耕不辍。在《文学遗产》等重要学术刊物上仍不断出现他的学术论文，由他主持的重编《全唐五代诗》《宋人轶事汇编》等工作也正在有条不紊地进行。就在几天前，周先生的两部新著刚刚问世。当大家手捧还在散发着油墨香的两部新著时，一定会为年近八十的周先生身体如此健康、精力如此充沛感到高兴。当我们惊讶于周先生获得的如此巨大的成就时，大家一定会联想起"天行健，君子以自强不息"这句古训，一定会认为周先生的人生历程就是这句古训最生动的一个例证。我还认为苏东坡在《易传》中对这句话的阐释最有助我们理解这句格言的精神。苏东坡说："夫天岂以刚故能健哉？以不息故健也。"的确，天行健的关键在于"不息",周先生年轻时曾一度因病休学,中年以前又因时代因素而受到种种耽误,但他始终对人生充满信心,始终在辛勤地工作,始终在不懈地努力。仁者必寿,周先生所热爱的中华传统文化本来就包蕴着生生不息的精神,这种精神必将使周先生长命百岁,并长葆学术的青春。我谨代表南京大学中国古代文学学科的全体同仁,衷心祝愿敬爱的周先生健康长寿,也祝愿敬爱的周师母健康长寿!

周师母　祁先生

王一涓

　　祁杰先生是周勋初先生的夫人，我们应该称周师母。但是早年间还是称呼祁先生的多，称呼师母，已经到了祁先生退休回归家庭很久以后。

　　早前所以多称祁先生，主要是那时感觉祁先生更像一位先生，在她身上那种独立女性职业女性的个性很鲜明，光彩动人。尽管她回到北京西路二号新村那套南京大学公寓里，担当的也就是相夫教子的角色；尽管周先生太过盛名，南京大学又是周先生的"一亩三分地"；可就是难掩祁先生本身的光芒。

　　首先一点，祁先生和周先生可不是"藤缠树"的关系。

　　时光倒退到上世纪50年代，祁先生事业上风生水起的时候，周先生处境还很"惨"。即便是两人谈恋爱时，周先生的"条件"也不尽如人意。这么说吧，当时姑娘找对象比较看重的几个条件，周先生差不多都不及格。论政治条件，周先生非党非团；论家庭出身，是一被嫌弃的破落地主；没有政治条件，设若身强体健，能干家务活，也算是女人一个依靠，偏偏周先生曾经得过当时很要命的"肺痨"，为此还休学过。若不是家里借高利贷想方设法买到了当时极其稀缺的"特效药"（就是现在很普通的链霉素。但当时此药刚刚问世，一针难求啊），已经被医院宣布不治的周先生，怕只能在家等待"二十年后又一条好汉"的结局了！肺痨这种病又是富贵病，不能出力干活还得营养好，而且说不准什么时候又复发了。这样的身体条件显然不能得高分。更别说，尽管在南京大学这样的著名学府毕业,尽管学业出类拔萃,因为家庭问题,周先生分配到北京也就是个普通职员,拿着刚毕业大学生的五十多元薪金。祁先生那时可是已经很风光了。北师毕业后即留在北师附小工作,而这个学校当时是学习苏联模式的试点学校,属于重点中的重点。工作三年后,祁先生被调到北京市教育局,负责编写小学教材,指导全市小学的教研工作。与周先生认识之前,祁先生已经晋升到讲师级别,工资 89.5 元,在当时年轻人中,是实实在在的高工资。还有一条,这要在现在,也绝对是谈恋爱的年轻人不可忽视的,就是祁先生是地地道道四合院长大的北京姑娘,而周先生住的地方却是乡下得不能再乡下了。我这样说可能有些夸张,周先生其实是上海浦东南汇人。但是上个世纪五十年代,南汇也很偏僻呀。祁先生六十多年以后回忆第一次去婆家的经历,还心有余悸。她说,平生第一次坐绿皮火车,一坐就是二十多个小时。人多拥挤,车还不停地靠站。每一次停站上客下客,都会掀起一个拥挤的小高潮。尽管很困乏,却无法入睡。到了南京下关,要过江,彼时长江还没有大桥隧道之类的交通,火车要"坐"轮渡。一列火车,分成三组,分别上轮渡。上岸以后再组合,组合一次,需要三个小时。及至到了浦口站,却没有发往上海的列车,须得等到次日。从南京到上海,虽说是短途,可短途有短途的窘迫,人更多,又是临近年关,回家过年的游子,大包小行李的,人人都不空手,本来就拥挤的车厢更是密不透风,空气混浊极了。短途还意味着所有小站都得停靠,所以这一段行程又是 8 小时。到达上海,按说离家近在咫尺,马上可以结束旅途了,可是麻烦远没有结束,走完陆路,该走水路了。但是天色已晚,于是又停留一宿。天明以后,先到黄浦江边南码头,乘轮渡到对岸;在浦东"周家渡"换乘火车,4 小时后到周浦,下车步行至"东八灶"小码头等候机动船,至"黑桥"。下了船之后,眼前还是宽宽窄窄的河道。祁先生说她就茫然了,不知家在水的哪一方。好在婆母大人已经请人摇船来接了！听听听听，这样路迢迢水长长的，周先生还不是"乡下人"吗？至于著名教授云云，那是多年以后的事了。若论当年，祁先生嫁周先生，并且来到南京，可是需要极大勇气的。离开多少人趋之若鹜的首都北京，离开亲人，离开住习惯的四合院，"文革"中还经受了那么多的磨难，如此"千辛万苦，所为何来？"祁先生自己回答说，"答案说不清楚，但肯定不是为了房子、车子、票子，是缘分，就算是千里情缘吧！"

然后，祁先生也不是靠周先生"扬名立万"的。

曾经有一次请周先生和祁先生吃饭，一同去的还有张伯伟、曹虹、徐兴无等人。文人吃饭，话比酒多，尤其还有伯伟、兴无在场。饭吃到尾声时，喝酒的人已熏熏然有醉意，说话便有些云天雾地，伯伟说，娶妻最不能找两种人，一是医生，一是小学老师。话一出口，伯伟便知造次了，但覆水难收，早被祁先生接着了。祁先生笑盈盈地："说来听听。"席间人便王顾左右而言他了。伯伟说这话其实不是针对谁，但也是有感而发。爱酒的人喝酒喜欢尽兴，最怕有人扫兴。偏偏中国女人没有几个愿意自己丈夫一喝酒便面目全非，更且又是伤身体的事，往往充当的角色就是扫兴，其中"最不识趣"的当属医生，因为医生的天职就是让人身体健康，更不要说对自己家人。伯伟老师是追求自由的，喝酒时不光自己要尽兴，也不愿意整体氛围被打扰，因而有此一说。至于说到小学老师，这里有个缘故。作为"熊孩子"家长，大约每个人都有被小学老师训话的经历，正所谓人人"都有一本血泪账"。听陶友红说过一桩趣事。莫杞上小学时开家长会，陶友红去参加，坐在女儿位置上。同座的是位男家长。老师批评莫杞上课时随便说话，便让莫杞家长站起来。又接着批评莫杞同桌，让同桌家长也站起来。然后轮流指着两位家长来回数落。陶友红说，我们两个大人站在那儿，本来素不相识，倒好像同谋做一件坏事。我想想那场面，也忍不住偷着乐,这种因为"熊孩子"被老师拉扯成的"友谊"很尬啊!所以,作为家长,对小学老师大家心里是有梗的。其实,也不光对小学老师,对中学老师也如此。有一次周先生请大家吃饭,席间张宏生的夫人汪笑梅起来祝酒,她开口一句"各位家长",把大家听得愣住了,唯有周师母,立马叫好。当此时也,几乎家家正好都有一个"熊孩子"在读中学,而且都在金陵中学受教。汪笑梅此时恰是金中党委副书记。她这一声"家长"算是一网打尽了。但是祁先生反应也太快了!当然,要说中小学老师云云,这话其实不该伯伟说,曾经有一次被儿子的班主任约谈,伯伟老师分分钟就把角色转换了,直接由"老鼠"上位成"猫",儿子的小班主任倒只有接受教育的分了,还得心悦诚服。这也是伯伟老师的能耐,属于个例,一般人做不到。孩子作为"人质"在别人手里的时候,家长其实是强硬不起来的,尤其是当"熊孩子"不太争气时。所以,如若是平时,伯伟这个话题肯定会引起一番吐槽,但这次不行,碰上了祁先生。南京市最牛的小学是琅琊路小学,南京的适龄小孩家长及其亲友,人人对该校心向往之,进得了琅小的"喜大普奔",进不了的"羡慕嫉妒恨"。琅小的这份声誉当然与教师们的努力分割不开,而祁先生,退休之前就是这个牛校的执牛耳者!

1956年,在祁先生的支持下,周先生重新考回南大,跟胡小石先生攻读副博士学位,两年后提前毕业留校任教。此时祁先生在北京市教师进修学院负责小学语文教学,已经是研究员了。为了解决两地分居,在调动问题上北京教师进修学院和南京大学打起了"拉锯战",都不放人,最后是北京市委出面,祁先生调到南京市,至此,祁先生重新回归小学教育。祁先生在琅琊路小学任教导主任时,通过调查研究,提出了"三个小主人(做学习、集体、生活的小主人)"科研课题,并带领全校师生不断探索实践,2014年教师节前夕,该课题"小主人教育——一体化课程与教学改革探索三十年",获得了国家级基础教育教学成果一等奖。这是新中国成立 56 年首次将基础教育纳入国家级教育教学成果评奖范围,而琅小是江苏省唯一获此殊荣的小学。谈到此事,祁先生欣慰地说,38 年教学生涯,画上了圆满句号!

春风化雨,幼苗成材,这是教育工作者的独得之乐。前年年初,祁先生参加了一次非常难得的聚会,几十年前的老学生专门回来看望她这个小学班主任。现在时兴同学聚会,但一般多是中学、大学同学,小学的比较少。一则彼时年幼,同学之间、师生之间的感情体会不那么深刻;二则年深月久,同学早已风流云散,聚起来不那么容易。现在为了看望一个多年前的老师,大家聚到一起了,作为凝聚点的这个老师,幸福感真的可以爆棚了!祁先生告知我们这个消息时,抑制不住的兴奋,溢于言表。确实,还有什么比让孩子们记住更令人感动的呢?

1988 年,祁先生退休,回归家庭。对此,祁先生已盼望很久了。作为职业女性,尤其是将时间绝大部分奉献给工作的那个时代的职业女性,对孩子,对家庭,都觉亏欠太多,当然还有,对自己。

祁先生和周先生的第一个孩子周晨出生在 1966 年 8 月,孩子生下来就患有特别严重的先心病。祁先生在妊娠期间,因为输卵管炎症,医院采取理疗手段医治,十次微波射线的照射,给孩子的发育带来了致命的影响,除了眼、耳、鼻、唇,更严重的是造成心脏的畸形发育。严重的心脏病,使得孩子不能像正常小朋友那样游戏玩耍,不能和正常孩子一样上学读书。虽然后来千辛万苦总算给孩子做了手术,虽然孩子后来自学成才,有了谋生的本领,但是,他本来应该有的正常的童年幸福、正常的校园生活、更为远大的前程,终归被耽误了。尤其是在孩子漫长的求医路上,在"文革"那畸形的时间段,不许请假,不许缺席,作为母亲,祁先生无法照顾孩子,无法陪伴孩子,那种焦虑,那种绝望,加上前后几十年的担忧,一辈子的愧疚,是祁先生这一生刻骨铭心的痛。

听祁先生说过她几次死里逃生的经历,其中两次是在"文革"当中。尤其是生产周晨时,难产,手术没处理完,医生护士就跑出去议论白天毛主席在首都接见红卫兵的事情去了,结果导致大出血。生产时,出现危险时,祁先生身边没有任何亲人,亲戚家人都在外地,而此时的周先生被通知深夜两点到大操场集合,参加次日上午在鼓楼广场上接受省革命军事委员会主任杜平中将检阅,接受动员报告,整装待命,不能离开。血湿透了整个床单,祁先生连呼叫的力气都没有了,幸而临床一位产妇发现,叫了医生,祁先生才从死里逃生。

退休以后,祁先生推掉外聘,全心全意在家照顾周先生。每次我们去先生家,开门的总是祁先生,然后祁先生喊,"勋初——",然后是周先生趿着拖鞋,从书房中缓缓走出,一副安逸的模样。周先生晚年学术成果累累,实在离不开祁先生的帮助。

从前人说到学者教授的夫人太太是贤内助的,都会说她们如何帮助先生记录文稿,誊抄稿件。但那是以前,现在想做这样的贤内助已经不可能了。陶友红提前从领导岗位退下来的时候,我见到莫砺锋老师,说,现在你要轻松啦,陶友红可以帮你做好多事啊。莫老师问,帮我做什么呢?我说,抄稿子啊。莫老师说我自己用电脑打,干嘛要抄啊?说的是啊,我把这茬给忘了。那是刚用电脑不久的事。以前文章都是用手写,一遍遍修改后,稿纸上便乱七八糟的,要想看清楚,就得重新抄写,甚至一遍遍抄写,所以有誊写、誊清之说。有了电脑之后不用这样了。90年代初我们刚学电脑时,有一次赵宪章老师兴奋地跟我们分享体会,他说,电脑最大的好处是修改文章,不想要的可以删除,调整顺序的,可以用"块移动"插入,关键是,你无论怎么改动,稿子总是干干净净的。这种兴奋,不用笔写文章的人是体会不到的。但是电脑普及时,勋初先生已是接近古稀的年龄了,用了一辈子的笔,改用电脑,实在是太难了。可周先生不能不写作啊,这困难的事,就让祁先生做了。其实祁先生当时也算年事已高，可是，她学会了使用电脑，学会了打字，尤其是为了配合周先生需要的古文输入，她学的是最复杂最难记的五笔输入法。周先生这样评价祁先生，他说："妻子手勤，能接受新鲜事物。网络时代到来后，她又学电脑，又玩 QQ 和微信，居然能与时代同步。耄耋之年，用五笔字型文字输入、编辑、扫描、刻录、查询等等，她都能应付。我晚年所写的书稿，都是她在电脑上打印出来的。"祁先生可以说是周先生晚年事业上最得力的助手。陶芸先生对千帆先生也具有这样的意义。陶先生的特点是她认真记录程先生每一天的活动，事无巨细，都清清爽爽有案可稽。信件啊、照片呀都井然有序地整理保存很好。她那种鲜明的档案意识和耐心细致的作风，不仅对程先生的工作帮助很大，对后来人研究程先生也提供了诸多便利。陶先生又写得一手好字，程先生在南大上课的讲义，竟是陶先生用蜡纸钢板刻写出来的。两位师母帮助丈夫的方式不同，但都具有奉献精神，她们都无愧于贤内助的称号。

周先生九十华诞庆祝活动，前前后后拍了很多照片。会后不久，祁先生即整理出来，配上说明文字和音乐，以电子相册形式在微信群里发了出来。重喜转发时说，"祁先生不仅会滴滴打车，还会图文美篇。"说的没错，祁先生就是一个不断学习与时俱进的人，电子时代的林林总总，后生晚辈都不及她熟悉。一次说起某个邻居熟人，手机不会用，怎么教还教不会，祁先生都想不通，怎么就学不会的呢？可是就有这样的人啊，而且还不少呢，周先生也是啊。

祁先生的文章也写得挺好。我尤其佩服她惊人的记忆力，半个多世纪以前的事情，连细节都记得清清楚楚，写来井井有条，九十岁的人了，脑子清晰得很。晚年回忆文章，祁先生写了不少。我想起有一套丛书，大概叫《双叶集》，都是夫妇合著的随笔，像黄宗英和冯亦代，黄苗子和郁风等等，都参加了。所以建议祁先生也做一本这样的书。但是祁先生不愿意打乱周先生的写作计划,终究没有做。

祁先生以前身体很差,她经历的新旧社会给了她很多磨难,那些经历听起来都惊心动魄。退休以后,除了照顾周先生生活,帮助周先生工作,祁先生自己的退休生活也安排得丰富多彩。尤其是坚持不懈的体育锻炼,像太极剑、太极拳、大雁功,每天练习不辍。除此之外,祁先生还参加了南京高校退休教师组成的"大乐天健身队",和南大一些志同道合的朋友组成了"小乐天健身队",学习舞蹈,组织参观、聚会,不光愉悦了身心,还强健了身体。晚年,祁先生陪着周先生出去讲学,参加各种学术活动,旅游参观,走了很多地方,在传播中华文化的同时,也饱览了世界各地美丽风光。祁先生把这些记录在随笔《风雨过后见彩虹》里。祁先生把这篇文章发给我看,我看后给师母写了邮件,由衷地说:先生和师母晚年生活,真如这篇文章题目——风雨过后见彩虹!很为先生师母高兴。先生师母这一代人,经历风雨太多,很多人没能熬到见彩虹的时候,更多人风雨过后,没有彩虹可见。因为快乐和幸福很多时候是艰辛和努力换来的。先生和师母的"彩虹"尽管得之不易,却是受之无愧。这是我对两位先生的生活经历生活态度的真实感受。真心希望两位先生健康长寿,希望他们的彩虹更加绚烂多彩。

2020 年　小暑

我拿什么奉献给你

——周勋初先生侧记

王一涓

　　周师母跟我聊到周勋初先生一生很不容易时，颇多感慨，一连用了好多个"如果"。她说，如果周先生生肺病时没有父亲和哥哥的坚持治疗与呵护，命早就没了；如果没有考上南京大学，早就老于乡野泯乎众人了；如果不是选择推迟毕业，而是与其他同学一样下基层，以他当时的身体，不知能否支持到今天；如果没有重新考回母校，而是继续留在中央机关，以他的家庭出身，必被发配远方到中学教书，而他的口音……几乎每一步都是生死攸关的问题，周先生就是这样命运乖蹇。

　　1947 年，周先生在上海读中学，暑假回南汇家中，一路辛苦辗转加上天气酷热，到家里突然大口吐血，把家人吓个半死，好在没有继续，这事就这样过去了。暑假后仍旧回上海读书，两个月后，又吐了。这次恰巧在镇江工作的父亲回家，路过上海，顺道看儿子，便赶紧带儿子去医院，拍出的片子显示，周先生的肺病已经很严重了。肺病是传染病，当时还是没法医治的病，学是不能上了，只能回家静养。这一"养"，养了近两年，只在床上躺着，吃一些鱼肝油、乳酸钙片之类，让病灶自己钙化。病灶并没有自己钙化，周先生的身体却越来越弱了，曾经在家里换一个房间养病，先生自己都走不过去，扶着墙还要有人搀着。其间病情缓一阵紧一阵，总不见好，也时不时的还吐血，母亲急得流泪，却也没有好的办法。又是一年暑假，父亲回来了，把儿子带到上海中山医院检查，因为旅途劳累，周先生发起高烧来，医生让赶紧住院。可是住院谈何容易？没有关系住不进去，即便能住进去，不是还得大把的银子吗？为了儿子，父亲二话没说，回家筹钱。借高利贷，然后卖地。为了周先生治病，家里卖了二十多亩土地。当时美国人初来中国，带来一种治疗肺病的特效药——链霉素，一瓶价值一石米，周先生先后用了80多瓶。到土地改革时，家里还剩80余亩土地。在中国这样一个农业社会，土地是农民的命根子，是赖以生存的根本，为一个被认为没有指望的孩子，出卖全家人的生活基础，而且达到了四分之一之多，作为一家之主的父亲，是要认真衡量的。更难得的是哥哥，在家产和兄弟之间，毫不犹豫选择了亲情。周先生每每忆起这段往事，总忍不住泪目。前后三年缠绵病榻，心中无疑是悲凉凄苦的，能在无望中挣扎，全赖亲情的支撑。在上海工作的哥哥，每周六回来，总是带上鱼肝油和钙片，一进家先来看弟弟，陪弟弟，甚至顾不上新婚的妻子。妹妹不上学全天候贴心照护。妈妈和祖母格外的疼爱。最让周先生感动的是，在上海住院几个月，哥哥天天烧些牛肉，尽量给弟弟改善伙食。住院后期，链霉素需要到药房购买，哥哥每天早上三四点钟到四马路几家药房排队买药，买完药回去复兴岛单位上班，下班后将药送到中山医院，然后回家。由于一次排队只能买两瓶药，哥哥便需每天如此。青少年时代的这段遭遇，让周先生一生都十分看重亲情，但是解放后每次运动，都需要跟地主家庭划清界线，至亲骨肉，血浓于水，怎么划清？所以周先生"文革"中的罪名是"地主阶级孝子贤孙"。

忠孝传家，本是中华文化的核心，周先生又是那样传统深厚的家庭。先生说，家庭的培养，不是说爸爸妈妈教你如何孝顺，是从行动中自然表现出来的。解放初期，家里经济不很好，冬天，农村很冷，打一盆热水洗脸，"我祖母先洗，我爸爸洗，我妈妈洗，我哥哥洗，哥哥洗好后我洗，我妹妹洗。""吃饭的时候，我们小孩子坐在边上，祖母先动筷子，我们才可以吃饭。"周先生说，"这种影响是潜移默化的。所以我们从小就养成了一种长幼有序的习惯,从小就知道父慈子孝。"长辈的行动就是最好的教科书,优良的家风就这样得以传承。

世道轮回,到周先生做父亲时,当年自己父亲经受的考验,几乎原版落到了他身上。儿子周晨,生下来就是严重的先天性心脏病,到12岁手术,这其间漫漫求医的艰辛,丝毫不亚于当年父兄对自己的付出,周先生曾经非常感慨,"父母对儿子的爱,真是刻骨铭心。当年父母为我治病,吃尽了苦头。如今我为儿子治病,才知道心中承受的苦。"但是就如同当年父母对待自己一样,在坚持不住时仍旧坚持,在绝望之中寻求希望,周先生终于把儿子的病奇迹般地治愈了。人类所以生生不息,靠的确乎是这种超越功利的亲情。

三年肺病,生生把周先生的高中学习耽误了,病愈以后,周先生以同等学力身份考入南京大学中文系。周先生的父亲是学文科的,一生淹蹇,他不希望儿子步自己后尘,所以周先生原先准备学理,但是三年的病把数理化全收走了,凭借基础,只好上了文科。我由此想到,近代以来,尤其是"文革"以后,那么多原是理工科的拥趸,后来成了文科翘楚,很多人是不得已而为之,所以可以成功"转向",无不是因为基础扎实。只正式上了一年高中的周先生,1950年,走进高校殿堂。

但是周先生这个大学上的也是波澜起伏。建国初期,各种运动不断,班里同学,都是从旧社会过来的,大都出身不好,背着沉重的家庭包袱,一有运动便惶惶不安。进校不久,周先生肺病又复发了,身心都有压力。此时,又发生了一个小插曲。同班的一位女同学,父亲是原国民党河南省民政厅厅长,镇反时被抓了起来。其母四处张罗救父亲,把一个箱子留在女儿那儿。该同学请大家帮忙把箱子抬到周先生他们宿舍放起来,出于同学友谊,周先生尽管还生着病,也去帮了忙。后来有人揭发,箱子里有金条等等,这就算是帮反革命分子转移浮财了。于是参加的人有一个算一个,叫做"落后小圈子",都受到了批判。带头搬箱子的还被抓去劳改了。本来出身就不好,现在又成了落后分子,加上身体状况不佳,此时的周先生很难安下心来读书,各科成绩也都不尽如人意。几年以后,周先生在北京想重回母校读研究生,希望走免试的途径,请当时的人事秘书到教务处查一下成绩,查询的结果,很令人汗颜,周先生说"门门都是六七十分,太低"。

不过这个时期也有很让人愉快的事情。从第二学期开始,周先生住进了休养宿舍养病,得到了很好的照顾,多年的肺病在这一时段得到了根治。三年级时同学们都去了皖北参加土改,周先生因为生病,也没有参加。对于新中国对年轻人的关怀,对于学校对大学生的照顾,周先生一直是感恩于心的。多年之后,周先生还念念不忘,一再说,当时组织上照顾是非常周到的。"解放初期,在不是很好的条件下,对我们还注意营养,每天叫我们吃牛奶,吃荤菜,养病养得很好。"

二年级和三年级,因为养病,很多课程没修,周先生实际上没有完成大学应该完成的学业。但是,三年级一结束,1950级的大学生要提前毕业了。"因为那个时候国家刚解放,需要大批干部,所以大学生书也不读了,提前一年毕业分配。"周先生这样解释。新旧政权更替,百废待兴,很多岗位上的旧人员,要被取代,到处都需要人。所以,学校也不能按部就班,而是要适应新时代快节奏的步伐。但是,提前毕业,周先生心里就踌躇了,一是身体原因,周先生想,"我肺病生了七年,几次差点死掉了。刚才好,到了工作岗位,如果负担重一点,肺病复发了怎么办?"周先生的担心不是没有道理的,试想,一个二十来岁的年轻人,几乎生命的三分之一都是在生病中度过的,又多次与死神擦肩而过,要说心里没有阴影,怎么可能? 还有一点,也是很重要的一点,周先生是喜欢读书的,因为这样那样的原因,没有好好读书,这让周先生很遗憾,同时又特别的不甘心。那一段时间,周先生寝食难安,特别矛盾。在深思熟虑之后，终于，他做出了异乎常人的选择，推迟毕业，再好好读一年书。现代作家柳青说过一句特别对的话，他说，人生的路，要紧处就几步。周先生的这一步堪称他人生中的关键，确是周先生所以成为周先生的关键一步。

下定决心以后，周先生找到了当时中文系主任方光焘先生，实事求是讲了自己的想法。方先生考虑了一下，同意了。他说，那你就再延长一年，不要跟大家一起毕业分配了，身体养好再说。我听到这件事的时候很惊讶，学生可以以这样的理由不服从组织分配？老师和学校也认可这样的理由给予方便？但确实周先生就这样留下来了，我由此非常感动于当时处理事情的人性化。

方先生不光把周先生留下来了，还立刻为周先生做了留下来以后的打算，他让周先生跟胡小石先生专攻中国古代文学。他说，下学期胡先生开文学史，你跟他听课吧，别的课就不要听了。方先生认定周先生是可造之材，有心培养，但方先生又是那样的磊落，丝毫没有偏狭的门户之见，没有利己的想法。他本人学问非常好，文艺理论、现当代文学，都很好，周先生说听方先生讲鲁迅，深刻得不得了，后来在北京，也听过一些人讲鲁迅，没法跟方先生比。方先生更好的是语言学，在全国都是最好的。但是方先生没有把周先生留在自己身边，而是推荐他跟胡先生学习。胡先生当时年近古稀，方先生希望周先生能把胡先生学问传下来，亲自周到细致地安排了跟胡先生学习的事。周先生后来一直致力于传承弘扬东南学术，对好多前辈老师都下力气研究过，论述他们的学术成就、学术思想和方法，即如为罗根泽先生写过《罗根泽先生传》；给黄季刚先生写过《论黄侃〈文心雕龙札记〉的学术渊源》；为胡先生写了《胡小石师的教学艺术》《胡小石先生与中国文学史研究》，等等。但是让周先生一直耿耿于怀的是，没有写过专门文章向世人介绍方先生。周先生说方先生是他"最敬佩的老师之一"，他"爱护学生如子弟";"人品高尚,鲠直率真,从不曲学阿世";他"每读一本书,一篇文章,总能自出手眼,提出独到看法"。但因为专业不同,没法写出深刻的方先生,尤其是看到市面上一些方先生的传记,都不能尽如人意,心里很不是滋味。其实,周先生一生事业,尤其是对东南学术的贡献,方先生若泉下有知,会很满意的。

周先生留下来继续读书,小石先生非常开心,亲自给周先生准备了札记本,鼓励他认真记录,好好学。周先生后来回忆往事,对那一年的学习特别感激,他说,"那一年的学习,对我的一辈子有非常大的影响。我觉得我在大学里面读了四年,实际学得不好。因为身体不好,没办法。那一年因为集中精力跟胡先生学,学得比较好。胡先生教《楚辞》,后来我写了《九歌新考》,主要就是得力于那一年的学习。"周师母也说过,周先生因为"学生时代学过《楚辞》,所以对宗教与民俗一直极有兴趣"。确实,综观周先生的研究,每每从民风民俗角度切入,新意频出,从而获得了与众不同的研究成果,彰显出鲜明的个人特色。诸如对文学史人物曹操、李白的研究都是。

周先生在延长的一年学习中,除了得胡先生亲炙,也从其他老辈学者那儿获益匪浅。周先生说,新中国成立初期,"旧时流风遗韵尚存,老师喜欢学生前去提问,我就常是前往胡小石师、汪辟疆师家中请教……"看周先生关于这一段生活的回忆,其实还远不止这两位老师,像方光焘先生、罗根泽先生、周先生都常去请益。我曾经听我们系一位留校老师说自己读书时的事,说当时很不懂事,很多大师还在,从不知道前去请教,谁谁谁当时就老去找陈白尘问问题。往事不可追,也是后来觉悟,为时已晚了。除了讨教学问,周先生在老先生家里,常听到一些杏坛掌故,对抗战前的一段生活,老先生们很怀念,经常讲一些与王伯沆、吴瞿安、黄季刚、汪旭初等人交往的事情,汪辟疆先生还拿出过有九教授结社题诗的折扇给周先生看。折扇记载的是中央大学鼎盛时的辉煌,真的是群星闪耀啊!那一代熠熠生辉的巨星都远去了,如今我们只能从泛黄的书页中咂摸那一时期的诗酒风流,徒生艳羡,周先生当年真是幸运极了。

第四年大学生活结束时,很多先生都希望周先生留校做助教。有趣的是,每个人都以自己的方式替周先生努力。方先生因为尊敬胡先生,不好替胡先生做主,但提醒周先生自己跟老师说。周先生忌惮于老师的威严,不敢提,始终也没提。罗根泽先生觉得周先生是个好苗子,可堪造就,谁也没商量,仗义执言,他跟组织提出来了。大家都不知道的是,胡先生自己也提出了留周先生做助教。但是,组织都没同意。胡先生为此很生气,他说,我从来没向组织提过要求,我女儿生物系毕业分到东北,我也没提要求。我就是觉得这个学生好学,可以造就,所以想把他留下来。胡先生把这件没办成的事告诉了已经在南京博物院工作的得意门生曾昭燏先生,曾先生也很遗憾,说,家庭出身不好,这个学生就不可以留了?但关于这件事,周先生自己替"组织"想了好多理由:家庭出身不好(破落地主),本人表现落后(落后小圈子成员),身体不健康(几年肺病),平时学习成绩一般。周先生就这样善解人意却心有不甘地离开南大,前往北京教育部文字改革委员会"就业"了。

在北京文改会工作这两年,我觉得周先生最大的收获是认识了祁先生。这么说对周先生兢兢业业工作两年的评价显然不公平,因为周先生彼时还获得了国务院机关青年社会主义建设积极分子的荣誉称号,工作显然是卓有成效的。但我仍然坚持认为认识祁先生更有意义,因为这对周先生一生太重要了。周先生、祁先生南北姻缘,显然是由红娘牵线,否则,像周先生这样的书生意气,很难呢。按说,大学时,校园里莺莺燕燕的,年轻人的世界,谈个恋爱很正常,可是周先生就能把自己搞得跟不存在似的。他自己承认，"金陵大学的同学我都不熟。因为肺病，上课时坐最后一排，下课就走。好多同学都不认识我。"八十年代周先生到中央民大拜访一位老同学，老同学又约了一位同班同学，被约的这位见到周先生居然说，从来没见过！该同学是女同学哎！周先生搞得自己在女生那儿一点存在感都没有！周先生自己说，我有一种封建士大夫脾气，很难主动追求女孩！周师母回忆刚交往时周先生的趣事，好笑得不得了。作为未来女婿去准岳母家，周先生当时很认真地买了一捆蔬菜，丈母娘本来挺高兴，觉得这个女婿会过日子。可是接过菜以后很纳闷，买这么多芫荽做什么？在北方，芫荽的功能是做菜做汤时的点缀，没有充当主角的，一般不会用到很多。问了，才知道，周先生本来是想买菠菜的。这一下准岳母就犹豫了，这样的女婿，只怕日后家务是指望不上了，很为女儿担心。但是周先生水平不高态度好。成家以后，果然如同岳母预料，女婿就是一天到晚捧本书。祁先生工作也忙，两人就各自吃食堂。直到有一次祁先生流产，周先生觉得应该给妻子补充营养，于是在买回一条鱼的同时买了本菜谱，照葫芦画瓢。至于鱼做成了什么样，忽略了吧，但是心意到了。由于两人都忙于工作，孩子出生以后，一直找阿姨帮忙。但"文革"中买什么都得排队，排队又很耗费时间，阿姨也没有分身术，此时这一光荣且艰巨的任务往往由周先生担当（插一句话，大学老师自由支配时间多，若配偶需按钟按点上班，家务往往由他们承担。以前南大筒子楼一大特点，烧饭时间，灶前站的都是讲师教授）。周先生也不误事的，带一本书，边看边排队。但究其一生，周先生是感激祁先生的。周先生八十寿辰时讲话，着重提到了这个。他说：我这个人一辈子与家庭是不可分的。我到了南京以后，自己组织了小家庭，我的妻子祁杰跟着我受苦受难，她原来在北京的时候，条件是很好的，到了南京，生活条件大大不如北京，工作条件也不如北京。尤其是到了"文化大革命"当中,受冲击,受批判,受斗争,家里抄家。后来我下放到农村,家里没办法,马上要崩溃掉了,儿子又有病,全靠她一个人支撑。能够到今天这个地步,是我们夫妻两个几十年相濡以沫,携手走过来的,我觉得这也是我人生当中能够走到今天的一个原因。是的,"文革"中那么难,就像周先生没有同自己家庭"划清界线"一样,祁先生也没有与周先生"划清界线"。亲情的支持,往往是人在绝境中还能够往前走的最大动力。

　　离开母校的周先生没有一刻忘记母校,母校也没有忘记周先生。1956年,方光焘、胡小石、陈中凡三位先生招收副博士研究生,《光明日报》发了广告,周先生看见了,心里立刻起了波澜,回到老师身边继续做学问的念头,骤然萌发,而且是那么强烈。周先生跟昔日留校的老同学联系,同学又把周先生的想法告诉了胡先生,胡先生高兴地说,一定要让他参加考试,希望他回来学习。老师的话对周先生是一种鼓舞,是鞭策,于是周先生白天工作,晚上复习,不辞辛苦备考。"臣心一片磁石针,不指南方不肯休",终于,这年年底,北飞的燕子南归了,周先生又回到了母校,回到了老师身边,继续读书学习,钻研学问。两年以后,因为需要,周先生提前毕业,留校任教。周先生说,在当时这个情况下,一步步这样走过来,主要就是得到了老师们的帮助。其实周先生只说了一方面,能这样一步步走过来,不可能只是别人的帮助,他自己的执着于学问,孜孜以求,乃是更主要的因素。

　　有一年春节,我和本栋去周先生家拜年,顺口聊起刚刚过去的"春晚"。先生不经意地说,我从来不看电视。那个时候,除了电视,没太有别的娱乐方式,手机、电脑这些可以上网——那个时候也没有网——的东西都没有娱乐功能,就是有,周先生也不沾。我自己那时是"春晚"的坚强拥趸,对电视也热爱,对周先生大年夜放弃"春晚",很想不通，而从来不看电视，更觉不可思议。本栋回来就说，惭愧！想起鲁迅说过，他是把别人喝咖啡的时间用来写作的。程千帆先生晚年自觉记性不好，什么事情想起来就立刻打电话，不分时间。布置的事情经常催。他说，我要不是性子急，能做那么多事吗？周先生也是这样利用时间的。

留校以后，周先生住在鼓楼二条巷十五舍，筒子楼顶层。楼道里挤得热热闹闹不说，房间里更是冬天更像冬天，夏天更像夏天。南京这个南不南北不北的城市，冬天没有取暖设备，实在是冷的难熬，早上起来，洗脸毛巾都结冰。周先生手脚耳朵都生了冻疮。而炎夏就是传说中的火炉，门窗也不能开，外面是火热的太阳，楼道里是炉子的热火。师母说，先生午睡起床，席子上是清晰的人形汗迹。那一阶段运动仍多，"四清"什么的，经常下乡。但只要回来，只要有空，周先生就坐在桌前，不是看书就是写作，不到午夜时分不会离开。那个时候周先生这种做法叫做"走白专道路"，和"又红又专（实际上只红不专）"背道而驰，并不被提倡。但周先生就像着了魔似的，一头扎在古书中，不管不顾，当真是"躲进小楼成一统"了。就在这间斗室里，周先生写下了《梁代文论三派述要》等高质量的论文。《梁代文论三派述要》在《中华文史论丛》上发表，还带来了意外的惊喜，师母说，稿费来了，简直喜出望外，没想到那么多，360元！是的，1960年代，人们月工资也就三五十元，360元够普通人家一年的生活费了。附带八卦一下，先生和师母是背着书包去银行取款的（当时人民币面值大都是几分几角，最大是10元，都很少见）。

但是，写文章换稿费，这样的快乐其实不常有，绝大部分时间，古代文学研究这一块，就是个禁区，因为几乎所有古人，都跟"封资修"中的"封"有关联，是被批判打倒的。周先生的研究，就像蝉的幼虫在黑暗中做工一样，前途在哪，压根就不知道。没有任何功利，只是热爱，如同圣教徒那样。

"文革"中带工农兵大学生到浦镇车辆厂开门办学，集体住在废弃的卧铺车厢内，为了悄悄地读书，周先生以个高卧铺睡不下为由，请求睡到列车员休息的小房间里，获准。然后周先生天天就在那个铁皮箱子里，将门反锁起来，静心读书。利用每周一次的回城，到系资料室借书，一捆一捆带回来，包括《全唐诗》那样的大部头，也是。一周换书一次。谈到彼时彼地，知识分子要那样的读书，周先生自我解嘲，他说，是很可笑，但是效率很高。在逐一翻阅《全唐诗》、摘引有关资料的过程中，发现问题，就找相关的书读，不断扩大阅读面，举凡唐代的典章制度、疆域、宗教、民情民俗，以及有关唐诗的版本目录，周先生在这个时候都涉猎到了。同时，在广泛的阅读中，周先生对唐边塞诗人高适，越来越"熟悉"了，他找来一些废稿纸，在背面做记录，然后，竟一鼓作气写成了《高适年谱》。周先生说，"这纯粹是无意中的产物，当时也想不到中国今后会有什么学术著作出版。"为了节省，年谱是用文言写的，反复增补以后，原稿已经面目全非，再重新誊录，前后抄写了两遍。如此孜孜不倦乐此不疲！周先生在别人或参加运动、或无所事事之时，收获了科学研究的丰硕成果。

1978年，病了12年的儿子终于有了手术希望，周先生携子赴京等待手术机会，没有关系，住不上医院，只能住在亲戚家中，托人找关系，等候七个月之久，才住上医院。在等待的过程中，周先生心情极为复杂。儿子的手术，非常凶险，走上手术台，都不知能不能下得来。作为父亲，理应多陪陪孩子，陪伴孩子短暂生命里极有可能是最后的时光。但是难得去北京，难得有时间利用北京的读书条件，错过这个机会，周先生也不甘心。心情在矛盾中撕裂。周先生强压抑做父亲的不忍，把孩子放在亲戚家中，自己每日去各大图书馆看书。这次北上，本身也带有任务来，公务方面，要对集体注释的《韩非子校注》进一步校勘、推敲,全面审定;私底下,周先生也想附带进行高适研究。这期间,周先生利用关系,看了北图善本室的《四库提要》,将其中《高常侍集》与郑振铎校过的《高适诗集》进行复核,检验自己已用的文献资料是否准确;经常出入北新桥的柏林图书馆,查阅港台资料,了解掌握唐诗研究的前沿信息。旧历年前,儿子有了可以入院的消息,周师母终于被准假来京,周先生抓紧这可以脱身的十几天时间,赶到故宫博物院图书馆,去看季振宜的《唐诗》和胡震亨的《唐音统签》。这些都是海内孤本,图书馆不对外开放,再三请求,才获允许。1970年代的餐饮业,远不像现在这样遍地开花,周先生去图书馆看书,经常就是啃凉馒头当作午餐。

回顾改革开放以前自己的学术之路,周先生说,那时"光专不红"帽子就抓在革命群众手中,专心读书是有风险的。事后有人问我,那时为什么这么投入,我也说不清楚,或许是兴趣的问题,也可能是书生积习难除,不愿虚度一生吧。因为多方面的涉猎,先生的知识体系更加完整了,周先生日后所以能在很多领域都左右逢源、获得卓越成就,这十年的积累,非常重要。

恢复高考以后,踏入早就应该进的大学门,我记得我们那一代人,说得最多的,就是把十年耽误的时间抢回来。其实,岂止我们这些该读书没学上的少年,想做事的人,哪一个不是被按了十年暂停键?蹉跎岁月,醒悟过来的人们痛心疾首。然而,在同一时间段过来的周先生,却在默默中,不经意间,收获了许多,尽管是被动的选择。"文革"期间,周先生成了系里的"勤杂工"(我想之所以这样,不只是因为家庭出身,也是他能够胜任吧),什么课没人上了,他就顶上,新开课或者被挑剩下的课,由他来上。甚至不是他的专业,有了突击任务,也拉他顶上:他非语言专业,被拉去编《辞海》。不是文艺学专业,却要编写《马列文论》。不是哲学老师,《韩非子校注》的任务交给了他。周先生的特点是，交给他的任务，就老老实实认认真真去完成。知识储备不够，一边学习一边做，努力把自己变成内行，变成专家。正所谓"败也萧何，成也萧何"，事物都有两面性，当时被嫌弃被认为是吃亏的事，做起来确实很难的事，也成全了周先生。在上演"评法批儒"闹剧时，全国很多单位很多人都卷进这一政治任务中，但是热闹之后，一片荒凉。周先生却把儿戏一样的东西做成真正学术著作，除了《韩非子校注》，更由此衍生出学术价值很高的《韩非子札记》。

周先生就是这样，开垦一处，收获一处。

荒唐的年代终于过去了，恢复实事求是优良传统时，周先生凭借多年来无心插柳的科研成果，被特批为教授，而后各种荣誉纷至沓来：第一批享受政府特殊津贴，出任南京大学研究生院副院长，江苏省政协委员、常委，江苏文史研究馆馆长……还有各种海外考察交流的机会，等等。周师母形象地比喻周先生是"风雨之后见彩虹"。比起同时代的很多人，十年蹉跎之后，学问中断了，什么都做不起来，然后碌碌一生，周先生何其幸运！但这幸运不是别的什么力量的赐予，只是因为热爱传统文化，因为执着这一念，逆流而上，之死靡它，周先生才见到美丽的七彩长虹，属于自己的彩虹。冰心说过，"成功的花，人们只惊羡她现实的明艳！然而当初她的芽儿，浸透了奋斗的泪泉，洒遍了牺牲的血雨。"诚然，没有谁是随随便便成功的！

薪火相传，重造东南学术的辉煌，一直是周先生的心愿，他以强烈的使命感做这件事。上世纪 60 年代，南大的中国古代文学，跌入谷底，1960 年，罗根泽先生去世，1962 年，胡小石先生去世，1964 年，方光焘先生去世，一时群星陨落，加上新中国成立伊始便陆续调出了一些著名教授，全国知名学者，此时所剩无几。"文革"以后，更是青黄不接，幸而程千帆先生此时来到南大。程先生来到南大之后，周先生便全力辅佐,与程先生共同培育人才。到了程先生晚年,周先生正担任研究生院副院长,考虑到程先生年老力衰,身体不好,任期尚未满,周先生便辞去了副院长职务,回到系里。作为东南学术承上启下的传承人,作为中国古代文学专业重点学科带头人,周先生做了太多的事情。于个人,周先生这以后的学术研究走上了更高的台阶,学术成果呈井喷之势,不断有新的论文、著作涌现。于学科,首先是着力打造南大古典文献研究所。根据文献所年轻教师的特点,周先生为他们每人选定偏重的研究方向,比如武秀成老师的版本目录、程章灿老师的石刻文献、曹虹老师的佛教文献、赵益老师的道教文献、严杰老师的唐宋笔记,大家的分工合作,使得古籍所在古籍研究整理方面,几乎涵盖了所有门类。由每个人的专门之长,合而为集体的整体之强,不能不说,周先生这一部署是具有高屋建瓴的战略眼光的。在古籍研究整理方面,周先生领衔主持了几项大型文献整理,诸如《册府元龟》《全唐五代诗》《唐人轶事汇编》《宋人轶事汇编》等,都获得了巨大的成功。其次在培养年轻人方面,周先生说,1956年底重回高校当研究生后,对中央大学的学统认识深入了一些,颇欲循此培育根本。本着从老师那儿传承下来的"有教无类"教育思想,周先生的学生,国内的、国外的、天资好的、资质平平的,周先生说,只要他们愿意学,我就愿意教。不光自己教,还给学生提供转益多师的机会,90年代初期,周先生在南大与日本奈良女大之间搭建桥梁,将学生送往国外学习,让她们开阔学术视野,这在南大交换留学生方面,是开先河的。对于青年学者,周先生热心提携奖掖,总是亲自向学术界推介,在会议上,在文章里。如果说程先生在南大培养了蜚声海内外的"程门弟子",对于东南学术起到了继往开来的作用,周先生在培养人才方面也同样做出了卓越的贡献。如今活跃在学术舞台上的中生代学者,很多都出于周先生门下。他们或早已是专业的领军人物,或已是各学校学科带头人、学术骨干。复旦大学傅杰老师评价周先生说,"在教书育人方面,他与程千帆先生共同培养了一批杰出的学生,成为国内古典文学的最为成功的范例……"称赞他为"教授之教授,博导之博导"。再次是在学术交流方面。为了让国外境外学界了解南大中国古代文学专业,传承弘扬南大学术传统,周先生筹办各种学术会议,国际的,两岸三地的,扩大交流,广交朋友。同时自己积极参加各种学术会议,周师母说,最多一年,先生飞往国外、省外36架次。那时飞机准点率很差,又时常因为天气原因,飞机迫降别的机场,当年没有手机,家中电话不能打长途,航班变化不能及时得知,常常在家里等得提心吊胆,甚而彻夜难眠。

2019年暮春4月,外子巩本栋邀请北京大学著名学者葛晓音教授到南大讲学,刚在宾馆安顿下来,晓音老师便提出拜访周先生。此前刚过去的一年,南京大学为周先生举办了隆重的九十寿辰庆祝活动,晓音老师因故没能参加,这次特意给周先生补了寿诞礼物,是一条鲜红的长围巾,洋溢着浓浓的喜庆。聊天时,晓音老师说起2010年邀请周先生到北大演讲,学生老师济济一堂。煞风景的是音响出了问题,怕没有音响周先生太吃力,晓音老师和陈平原老师两位当时的系领导,轮番上台讲话,填补修理音响的时间空白,偏偏音响修理很慢,二位老师又是毫无准备,晓音老师说挺狼狈的,尤其觉得对不起周先生。晓音老师说的那次讲演,是周先生最后一次外出学术报告,那年,周先生已经81岁了。

倏忽又是十年,如今已九秩高龄的周先生,精神矍铄,思维清晰,说话仍旧很快,浓重的入声字很多的南汇乡音,使周先生的表达显得急促,不满意时人时事,照例是口头禅"荒唐"打头,学生友人拜访,仍旧兴奋,滔滔不绝,"滔滔不绝"时间的长短,周师母视其劳累程度"控制"。尽管大部分时间居家,很多事仍旧都关心,只要是跟学生有关的，跟学科有关的。

我在写这篇文章的时候，看周先生这漫长而曲折的 90 年人生，像看一幅逐渐展开的长卷。我发现，周先生这一生，几乎都是在做一件回报的事情：少年时期患病，几不能治，得亲情呵护转危为安；大学时期因肺病复发，学习受到影响，得老师扶持而有转机，终于步入学术殿堂。这些亲身经历，让他对传统文化中孝悌、仁爱的思想观念认识更深，体会更切，从而深深地爱上了优秀的中国传统文化，并将其融入自己的生命意识和学术事业之中。所以，无论是在条件艰苦的五六十年代，还是动乱纷扰的六七十年代，他内心对学术的那种热忱、对优秀的中国传统思想文化的眷恋，都成为他默默前行的强大动力。他努力开拓学术，勤恳教书育人，"发愤忘食，乐以忘忧"，"造次必于是，颠沛必于是"，把自己的人生毫无保留地奉献给了学术事业，奉献给了他所深爱的中国优秀的传统思想文化。艾青的诗歌说，"为什么我的眼中饱含泪水，因为我对这片土地爱得深沉！"因为爱，所以奉献。周先生就是这样。

2020 年 7 月 24 日写毕　29 日改定

周勋初先生的学问天地

尧育飞

2019 年 10 月 18 日,南京。首届凤凰作者年会隆重举行,在雄壮的颁奖音乐声中,周勋初与刘东、孙晓云、格非、曹文轩一道荣获象征最高荣誉的"金凤凰"奖章。在所有获奖者中,周勋初是年纪最长的一位,组委会宣读的颁奖词赞誉他:"博综文史,融通古今,著作等身,桃李满门。"短短十六字,重如千钧,描绘出一位九旬老人辉煌的学问事业。

时间回到 2000 年,七卷本《周勋初文集》在江苏古籍出版社(后更名凤凰出版社)问世,涵括《九歌新考》《韩非子札记》等 16 种著作。这些著作时间跨度由先秦直至近现代,范围横跨文献学、文学、历史学等学科,具体包括楚辞学、诸子学、文学批评史、学术史等。如此广阔而精深的学术成果,在当今学界,罕见俪偶。至 2021 年,新版《周勋初文集》陆续问世,周勋初仅在凤凰出版社所出的著作已超过 30 种。著述等身,周勋初当之无愧;"专通结合,又专又通",周勋初实至名归。何以形容周勋初的学问天地?南京大学教授张伯伟曾在一次小型读书会上如是概括:"规模宏大,见解通达,常常能够从一般人意想不到处着眼,而结论却餍服人心。这是很难达到的一种学术境界。"

人生甘苦汇入学术长河

1953 年,正在南京大学中文系读三年级的周勋初,感到人生一片灰暗。在许多同学因国家建设需要提前毕业时,周勋初却因肺病多年而耽误学业被困于校园。前途茫茫,无所适从,周勋初思来想去,决定继续学习。

经时任南京大学中文系主任方光焘特别批准,周勋初得以留校学习,并集中精力向著名文史专家胡小石学习中国文学史。这是胡小石最后一次开设中国文学史课。可第一次上课,因一些原因,周勋初却被挡在教室门外。后得到方光焘的帮助,周勋初才获得宝贵的学习机会。在这门课上,根据胡小石的指引,周勋初不断在课外找书看,最终奠定了学问路上的第一块基石。

1954 年,周勋初从北京考回南京,跟随胡小石读副博士研究生。1959 年,周勋初全程听讲了胡小石开设的《楚辞》课,因急于接替重病在身的罗根泽上中国文学批评史课,便赶忙将研习《楚辞》的所思所想写了下来,后定稿为《九歌新考》。《九歌新考》以其综合性文化研究的特色,成为新时期"楚辞学"研究的重要创获,收入《楚辞著作提要》《中国诗学大辞典》等工具性著作词条中,广受赞誉。

人生的甘苦与学术的繁荣,在周勋初身上有着奇妙的融合。以至于晚年的周勋初在回首人生与治学时,常惊觉人生的匪夷所思,他评价自己大半生是"人生实难",总结个人的学术则是"艰辛与欢乐相随"。周勋初此语并非弘一法师"悲欣交集"的翻版,而是他人生真实的写照。

17 岁时,周勋初突然大口吐血,才知患了肺病,此后卧床整整三年,靠当时新输入的链霉素才挽救一命。为给周勋初治病,周家卖了20 亩土地,生活遂由小康转入困顿。而周勋初父亲虽毕业于光华大学国文系,但人至中年,每感捉襟见肘。在这种艰难的情况下,周勋初考入南京大学,得以享受国家医疗政策,方慢慢将病养好,算是保住了"革命的本钱"。

坎坷的遭遇，使周勋初对学问和人生有了更深的理解，他的论著常浸润着这些生命的体悟。周勋初说："我很珍惜在人生最黯淡时得到的温暖。"他写了一系列纪念方光焘、胡小石等老师的文章，固是出于学术史的自觉，也寄托了对老师的感恩之情。他写李白的一系列论文，揭示"诗仙"之于家人、之于亲情的爱护，也未尝不是因个人遭际而对人生的深入体味。

文史研究结出丰硕成果

20世纪70年代，周勋初写下《〈韩非子〉札记》一书，1980年在江苏人民出版社出版。1982年，日本东京大学法律系长尾龙一教授在美国国会图书馆读到此书，不禁赞叹："在那儿，我发现了研究韩非子的、具有敏锐智慧和渊博知识的大陆学者周勋初的著作。在特殊年代的狂风暴雨中，居然有这样的智慧幸存下来，这使我深为感动。"这段话，是周勋初丰硕著述显山露水的一个缩影。

1974年，周勋初奉命参加法家著作《韩非子》注释组，负责拟订体例和统稿等工作。尽管是奉命工作，却得以避开其他风波，专事读书写作。在注释过程中，他们向工农兵取经，外出征求国内数十所高校意见，因而得以饱览祖国山河。在外出访书过程中，周勋初亲手翻阅诸多珍善秘本，曾在北京图书馆发现翁同龢兄长翁同书批校的《韩非子》(《管子》《韩非子》合刻本)。翁同书时任安徽巡抚，正挥师与太平军作战，此时他一边校书，一边逐日记载与太平军战斗的进程，是书遂为古籍批校本之特例。此材料数十年无人问津，自周勋初披露后，直至2017年，北大博士冯坤才据此写成《翁同书的军中校书日记》，发表在《读书》杂志。

《韩非子校注》出版后，著名韩非子研究专家陈奇猷在介绍20世纪韩非子研究成果时说"其中最值得称道的,当然是《韩非子校注》"。彭鸿程在《近百年韩非研究综述》中说:"尽管'文革'给学术研究带来很大的影响,但压抑中自有一份韩非子的犀利在。1976年南京大学《韩非子》校注组编写完成的《韩非子校注》,'利用各大图书馆珍藏的韩子善本,吸收前人的研究成果,对《韩非子》加以全面整理',力求达到'科学性和通俗性相结合'。在当时产生的法家著作整理本中,惟有这本书'坚持实事求是的治学方针,后又作了反复的修改',受到了读者和专家的好评。"

在从事《韩非子校注》的工作中,周勋初思维极为活跃,心得极多,而《校注》一书无法全部吸纳,因而他效仿清儒治学,写下48篇札记,最终形成《〈韩非子〉札记》一书。《〈韩非子〉札记》综合运用版本目录学知识,在先秦思想史、文化史领域纵横驰骋,涉及政治、历史、哲学、经济、文学、文献等各个方面,抉微发覆、精见迭出。1980年,《〈韩非子〉札记》出版后,周勋初写了一本普及型著作《韩非》,从而形成个人独具特色的"韩非子研究系列"。

事实上,《〈韩非子〉札记》与收录在《周勋初文集》中的《九歌新考》《诗仙李白之谜》《唐诗文献综述》《唐人笔记小说考索》《唐代笔记小说叙录》《当代学术研究思辨》等16部书一样,体现一种文献学与文史综合研究的特色。周勋初认为:"在历史上,无论是一种风尚、一个流派、一部著作的形成、发展和变化,都是纷糅交错地呈现出来的,后人当然可以分别从文、史、哲等不同角度进行探讨,但若能作综合的研究,也就可以理解得更全面、更深入。"

从出版的著述看,周勋初在先秦、魏晋南北朝、宋代文学、近代学术以及文学批评史等方面均有专著,南京大学教授莫砺锋曾誉之为"贯通历代、弥纶群言"。其中以唐代研究成果最丰硕,也最能体现其"文献学与综合研究"的特色。除《高适年谱》、李白研究成果三种外,周勋初尚有《唐人笔记小说考索》《唐代笔记小说叙录》,古籍整理的典范之作《唐语林校证》,主编有《唐诗大辞典》《唐人轶事汇编》,以及《全唐五代诗》(第一主编)等。而这些著述,大部分都是周勋初50岁以后的作品。

这些著述不仅数量可观,成就同样令人惊叹。以李白研究三种——《李白评传》《诗仙李白之谜》《李白研究》为例,周勋初联系李白的家世、两次就婚相府所铸成的家庭悲剧、剔骨葬友的奇特行为等进行探索,涉及宗教信仰、仕宦出处、文艺爱好、民族观念等领域,从多种角度进行综合研究,发掘李白的文化特征,提出李白为多元文化的结晶之说。这些成果为李白研究提供了新的思路和视角。

周勋初文史研究成果丰硕,综合研究、锐意开拓,是他的终生追求。他也将屈原的"路漫漫其修远兮,吾将上下而求索"作为座右铭,勉励自己在学术上不断开拓创新。

绍述师说以弘扬优秀传统

20世纪80年代是中国现代学术再度崛起的时代,西学汹涌,百家争鸣,如何探索中国传统文史研究的基本方法,成为摆在学者面前的重要问题。此间,周勋初于西方理论潮流之外另辟蹊径,通过申述师说,唤醒传统治学法门,续接东南学统。

亲炙于胡小石、汪辟疆、罗根泽等老一辈学者门下,周勋初对东南学术均有继承。对罗根泽擅长的文学批评,周勋初早在1981年就出版了《中国文学批评小史》。对东南学术的重要代表人物黄侃,周勋初1985年写下《论黄侃〈文心雕龙札记〉的学术渊源》,此后上海古籍出版社重印《文心雕龙札记》,即以这篇文章为导读。此文源于1985年程千帆先生在中山陵举办的黄侃百年纪念会,当时与会代表提交的论文多为小学方面内容。程先生认为，黄侃建树多端，在文学上也卓有成就，就让周勋初写一篇有关《文心雕龙》的文章。周勋初通过黄侃在《文心雕龙札记》的信息，发现清末民初从京师大学堂到北京大学期间发生的纷争。这一时期，以姚永朴、林纾等人为代表的桐城派，逐渐被黄侃、刘师培所代表的文选派所取代。可时隔不久，新文化运动兴起，桐城、文选两派均退出历史舞台。周勋初认为"这是近代学风演变的一大交会"，而近代学术方法及关怀之一大转折也于此可见端倪。这种对师说的阐扬，因而有回归传统学术的微义。

绍述师说，还基于师生情感的真诚流露。周勋初走上教书与治学之路，受老师影响很大。为了让周勋初留校，方光焘等人甚至与人事秘书发生正面冲突。胡小石对上级表示，自己女儿毕业分配等问题从未提过要求，但这次希望组织慎重考虑周勋初。晚年回忆起这些往事时，周勋初深情地说："我在最艰难的时候能一步步走过来，也主要得益于老师们的帮助。"

在周勋初看来，绍述师说还是明学问之所出的一扇窗口。他写《九歌新考》一书，其中《东皇太一考》一文就是申述师说而成。他认为，学术传授就像接力赛跑中的传棒一样，老师探讨某一问题有些想法没深入下去，学生听后觉得还可开拓，应当继续发力，从而形成一种新的学说。

尊重老师、尊重学术，写纪念文章是一方面，更重要的还是不断总结老师们的治学经验，发扬学风，延续学脉。在这方面，周勋初与程千帆不谋而合，1990 年，周勋初操办"胡小石、陈中凡、汪辟疆三教授百年诞辰学术纪念会"，陆续出版《胡小石论文集》《汪辟疆文集》《胡小石文史论丛》等。直至 2018 年，周勋初在《人民日报》谈《守护我们的师道传统》，念及老师，他还深情地说："弘扬师道，不仅要把老师的教育理念和方法传承下去，也要注重学风传承，不断拓展师辈学术。"

周勋初所在的南京大学，是东南学术重镇。弘扬这一学术传统，并将这一传统与自身的研究相结合，是周勋初新时期以来自觉承担的重要学术责任。

20世纪东南学术，有黄侃等人的"选学派"，这一派因《文选》地位的升降而在地位上有浮沉，引起周勋初的思考。此后在《文选》研究方面，他花费许多功夫，较早揭示了《文选》在近代的遭际。

对那些隐而不彰的学术史，周勋初有意抉摘阐微。他敏锐地注意到胡小石特别善于讲课，在一众老辈学人中十分突出，因而在80年代写下《胡小石师的教学艺术》。

在"中国文学史"掀起研究热潮时，而东南学者的贡献未得重视之际，周勋初时常与程千帆讲起胡小石在文学史建设上的重大贡献，可惜只留下不易见的《中国文学史讲稿（上册）》，因而周勋初撰《文学"一代有一代之所胜"说的重要历史意义》《胡小石先生与中国文学史研究》，点明胡小石对早期中国文学史核心论述的重要贡献。

一千多年前，韩愈在《师说》中写下"古之学者必有师"。一千多年后，陈寅恪写下《论韩愈》一文，言简意赅，道尽这位古文大师的贡献。陈寅恪这篇文章，周勋初十分欣赏，因绍述师说也是他的学术旨趣所在。

"新朴学"里的金针度人

2021年7月9日，在江苏第十一届书展主场馆内，南京大学教授莫砺锋、徐兴无、童岭等周勋初及门和再传弟子，围绕新版《周勋初文集》，将周勋初治学经验总结为文与史、博通与专精、宏大与细致"三结合"。

周勋初治学"三结合"的融通之道，根本原因在于不赶时髦，不盲目追逐新理论，而是从传统方面寻求解决问题之道，始终重视文献学的基础。2000年，中华书局程毅中编审在《寻求新朴学发展的道路》一文中评价周勋初的研究是"文献学和综合研究，体现了一种具有朴学精神的治学方法，也许可以说是开拓了一条具有民族特色的文史研究的道路"。

这一鲜明的学术品格，与周勋初较早对研究方法形成自觉有关。早在1983年，周勋初就开设一门"近代学者治学方法研究"，选取王国维《殷卜辞中所见先公先王考》《汉魏博士考》二文，陈寅恪《陶渊明之思想与清谈之关系》《论韩愈》《韦庄秦妇吟校笺》三文，进行分析。课堂讲义后编入《当代学术研究思辨》中，重印数次，此书成为南京大学中文系研究生必读书目。

周勋初不仅善于私淑，更善于亲师取法。在从胡小石研治《楚辞》过程中，周勋初总结出胡小石研究的三个基本方法：开阔视野、理论启发、材料甄别。张伯伟认为："这是互有关联的非常重要的'金针'。"

善于从学术史中吸取经验，寻找突破，由此构成周勋初治学的一大特色。周勋初认为，文学问题不能仅限于纯文学方面的研究，还应从源头上探讨，从学术史的高度来俯视。

许多年后，周勋初的学生、南京大学文学院原院长徐兴无仍然记得老师课上的两个重要观点：一是中国传统学问归纳得多，演绎得少，至于胡适等人，始多运用推论、假设、演绎等方法；二是周先生区分了晚清到民国时期三个重要的学术流派，章黄学派、康有为一派、王国维陈寅恪一派，并认为今人应当做王国维、陈寅恪的学问，因其中既有最重要的学术问题，也有文化关怀在。

这种鲜明而自觉的学术意识，使得周勋初从不将学问之道视作枕秘之物，而是悉数公开，以示后学。马来西亚留学生余历雄是周勋初的"关门弟子"，在周勋初的指导下，他将2001年2月至2004年1月的问学笔记,整理成了《师门问学录》(目前已出第三版),成为古代文学研究生治学的津梁。

2011年9月至2014年11月,周勋初还应邀在《古典文学知识》上写了20篇谈治学经验的文章,后编为《艰辛与欢乐相随——周勋初治学经验谈》一书,由凤凰出版社于2016年9月出版。

这些著述的出版,显示周勋初的治学坦荡,鸳鸯绣罢,又何妨金针度人。

魏晋风度与君子之交

周勋初的治学是坦荡的,面对自己的研究成果,周勋初也十分坦然。他说:"人的一生,来也匆匆,去也匆匆,既不必为自己的点滴成就而自我陶醉,也不必故作谦虚而妄自菲薄。"这种清峻通脱的气质,好似魏晋中人,也令他收获许多君子之交。

提起老师周勋初的学术研究,南京大学古典文献研究所所长程章灿总不自觉地将其与魏晋风度联系起来。在他眼中,周先生身姿玉树临风,为人洒脱自然,文章简洁明快、清峻通脱,处处透着魏晋风度。而周勋初半生所处世情之险,却总能"以不变应万变",随顺世缘,最终达成"无为而不为"的境界。

南开大学教授罗宗强与周勋初因唐代文学结缘,晚年罗宗强患病在身,两人一年中不过有几次电话相叙。2019年底,作为粤东画派的重要传人之一,罗宗强想要出版画集,周勋初先生当即请著名书画收藏与鉴定专家萧平帮忙。他们通过视频连线的方式,挑选画作,最终完成了罗宗强画集的选定。

罗宗强去世后,周勋初在《中华读书报》发表《此情永忆》一文追念两人交谊。他说,罗宗强"对自然界的美景,总是尽情享受,即使体能有所透支也在所不惜"。他又把罗宗强和陶敏为其主编《全唐五代诗》申报国家出版基金写的推荐书附录文后。死生契阔,周勋初以文字悼老友。

20世纪80年代中期,卞孝萱拟从北京调回江苏老家工作,原本要去江苏教育学院工作,但卞孝萱到了南京之后,程千帆和周勋初认为卞孝萱到南京大学工作更好。由于程千帆的热心帮助,周勋初出面四处奔走,卞孝萱最终留在南京大学工作,从此开启二十多年的令学界称道的"南大缘"。

周勋初说,治学孤掌难鸣,需要"得道多助"。由于偶然的机缘,周勋初得到横山弘、兴膳宏、刘显叔等数十人帮助,编成《唐钞文选集注汇存》一书,为新时期的《文选》研究提供了珍贵的文献。为编成此书,周勋初调动了整个东亚汉文化圈的文脉,最终拼接起这一撕裂的宝贵残卷,为新时代的东亚文明交流写下漂亮的一笔。

以文会友,是周勋初一贯的坚持,但他并不乐意与人套近乎。然万法唯真,周勋初并不缺乏友谊,在学术路上甚至每多能与"古人"相亲。

在编辑《宋人轶事汇编》时,周勋初因上海古籍出版社原总编辑赵昌平的介绍,结识浙江平湖某航运公司驻沪办事人员葛渭君,赵昌平说"葛渭君是一个古人"。此后,周勋初与葛渭君两人仅在1998、2005、2013年见过三次面,而葛渭君就花了十多年时间整理笔记小说等内容,为这部书打下坚实的基础。最终,在王华宝、周子来、严杰等人的帮助下,周勋初主编的皇皇六大册二百多万字的《宋人轶事汇编》在2014年顺利完成,并获得2018年中国出版政府奖提名奖。

周勋初身躯伟岸,腰板挺直,银发纹丝不乱,这是他给人的一般印象。有一次出差,出租车司机忍不住据此推测周勋初是一位将军。笔者在拜访周勋初时,尽管早早预约,但进门相见时,周勋初仍专注地躺在床上看书。在学术高地上，周勋初恰似一位将军，而在生活中，周勋初又如魏晋人一般洒脱。他的举手投足之间，自具一种天然的趣味。

放手去写吧

因为自己的写作经历，也因为对于年轻人现实的关切，周勋初在学术问题上从不发迂腐之谈。他认为，在研究中只要有新发现，不妨多写一些。这是受到老师罗根泽的影响，罗根泽曾告诫他说："你们年轻人要多写东西。要趁着年轻写。年轻人顾虑少，年纪大了，顾虑多了，也就不太好动笔了。"这种经验之谈，鼓舞了周勋初，六十岁以后，周勋初屡有著作问世，直至年近九十，仍撰写《艰辛与欢乐相随——周勋初治学经验谈》一书。不能不说，这与罗根泽的教诲有关。

当然，放手写文章不意味着乱写，更不是说别人说过的话，而是讲自己确有心得的新见。这方面，周勋初服膺乃师胡小石"语不惊人死不休"的研究气概，故他自己写论文，最厌恶人云亦云，"总想发前人未发之覆"。而这就需要非功利地读书，以便读书得间。记得初次拜访时，周先生得知笔者研究清代文学后，仍不忘说，你应当熟读几部先秦的典籍，《孟子》《庄子》《韩非子》这些书总是要熟了，清代的研究才能做好。他曾把读书比喻为蜘蛛结网，以为书网越织越大，捕获有价值者的概率就越大，甚至还能收获意外之喜。

如今已是著名古代文学研究专家的蒋寅教授，20世纪80年代末前往中国社会科学院文学研究所工作时，周勋初叮嘱道："到文学所工作，自己一定要抓紧。"周勋初见过许多研究条件很好的学者，半生下来却成果寥寥，故蒋寅临行前，他忍不住以"蒋生勉乎哉"相勖。二十多年后，蒋寅回首在文学所工作的日子，对这段话有了更深入的体会，他认为："除了老师强调的勤奋之外，我更将写作视为一个知识酝酿和思想激发的过程,肤浅的认识和粗糙的想法可以通过写作过程的充实、磨砺、锤炼而臻深厚精善。"此言可谓深谙师说。

前些年,常有青年学人向周勋初抱怨写论文难,周勋初以早年迅速写完《九歌新考》为例予以劝说:"只要你对某一问题考虑成熟,找到了症结所在,那么行文之时必然势如破竹,几万字的文章不日即可完成。"

2015年,周勋初先生作为第一主编的《全唐五代诗》初盛唐部分出版,2022年这项卷帙浩繁的工程即将圆满完成。而周勋初担任学术指导委员会主任的"江苏文脉整理与研究工程"正在稳步推进,未来将有3000册成果面世。

年逾九旬的周勋初正以适合自己的方式,继续学术长青之旅,不断与学术事业一道谱写新的华章。

(原载于《中国社会科学报》,作者单位:华中科技大学人文学院)

古籍整理著作目录

《韩非子校注》(全书的校勘和文字统一工作),江苏人民出版社,1982 年 11 月,《韩非子校注》(修订本)(《韩非子校注》编写组编写,周勋初校订),凤凰出版社,2008 年

《唐语林校证》,中华书局,1987 年 7 月

《唐诗大辞典》(主编),江苏古籍出版社,1990 年 11 月

《唐人轶事汇编》(主编),上海古籍出版社,1995 年 12 月

《唐钞文选集注汇存》(整理),上海古籍出版社,2000 年 7 月

《册府元龟》校订本(主编),凤凰出版社,2006 年 12 月

《宋人轶事汇编》(主编),上海古籍出版社,2014 年 5 月

《文心雕龙解析》,凤凰出版社,2016 年 9 月

《全唐五代诗》(主编),2023 年即将出版